ITINÉRAIRE

DE

PARIS A JÉRUSALEM

ET DE

JÉRUSALEM A PARIS.

On trouve à Paris, chez LE NORMANT, rue de Seine, n° 8, près le pont des Arts ;
Et à Lyon, chez BALLANCHE père et fils, aux Halles de la Grenette :

Génie du Christianisme, ou *Beautés de la Religion Chrétienne*, par F. A. DE CHATEAUBRIAND. Cinquième édition, revue, corrigée et augmentée ; suivie des Imitations en vers français de différens morceaux de cet ouvrage, et d'une table des matières. Cinq vol. in-8°., caractères neufs, avec neuf gravures. Prix : 30 fr. — *Idem*, papier vélin, 48 fr.

Les Martyrs, ou *le Triomphe de la Religion Chrétienne* ; par le même. Troisième édition, revue, corrigée et augmentée de Remarques sur chaque Livre. Trois vol. in-8°. Prix : 15 fr.

On trouve chez LE NORMANT :

Atala-Réné, du même Auteur. Douzième et dernière édition. « J'ai passé quatre ans à revoir cet épisode ; mais aussi il est tel qu'il doit rester. C'est la seule Atala que je reconnoîtrai à l'avenir. » (Préface de cette nouvelle édition, très-bien imprimée sur papier fin d'Angoulême, ornée de six gravures, dessinées par E. B. Garnier, et gravées par P. P. Choffard.) Un vol. in-12. Prix : 6 fr. 50 cent. Cartonné à la Bradel, 7 fr.

ITINÉRAIRE

DE

PARIS A JÉRUSALEM

ET DE

JÉRUSALEM A PARIS,

EN ALLANT PAR LA GRÈCE, ET REVENANT PAR
L'ÉGYPTE, LA BARBARIE ET L'ESPAGNE;

Par F. A. DE CHATEAUBRIAND.

TOME PREMIER.

—

PARIS,
LE NORMANT, IMPRIMEUR-LIBRAIRE.
1811.

AVERTISSEMENT.

Si je disois que cet Itinéraire n'étoit point destiné à voir le jour, que je le donne au public à regret et comme malgré moi, je dirois la vérité, et vraisemblablement on ne me croiroit pas.

Je n'ai point fait un voyage pour l'écrire; j'avois un autre dessein : ce dessein je l'ai rempli dans les Martyrs. J'allois chercher des images; voilà tout.

Je n'ai pu voir Sparte, Athènes, Jérusalem, sans faire quelques réflexions. Ces réflexions ne pouvoient entrer dans le sujet d'une épopée; elles sont restées sur mon journal de route : je les publie aujourd'hui, dans ce que j'appelle *Itinéraire de Paris à Jérusalem*, faute d'avoir trouvé un titre plus convenable à mon sujet.

Je prie donc le lecteur de regarder cet Itinéraire, moins comme un Voyage que comme des Mémoires d'une année de ma vie. Je ne marche point sur les traces des Chardin, des Tavernier, des Chandler, des Mungo-Parck, des Humboldt : je n'ai point la prétention d'avoir connu des peuples chez lesquels je n'ai fait que passer. Un moment suffit au peintre de paysage pour crayonner un arbre, prendre une vue, dessiner une ruine ; mais les années entières sont trop courtes pour étudier les mœurs des hommes, et pour approfondir les sciences et les arts.

Toutefois je sais respecter le public, et l'on auroit tort de penser que je livre au jour un ouvrage qui ne m'a coûté ni soins, ni recherches, ni travail : on verra que j'ai scrupuleusement rempli mes devoirs d'écrivain. Quand je n'aurois

AVERTISSEMENT.

fait que déterminer l'emplacement de Lacédémone, découvrir un nouveau tombeau à Mycènes, indiquer les ports de Carthage, je mériterois encore la bienveillance des voyageurs.

J'avois commencé à mettre en latin les deux Mémoires de l'Introduction, destinés à une académie étrangère ; il est juste que ma patrie ait la préférence.

Cependant, je dois prévenir le lecteur que cette Introduction est d'une extrême aridité. Elle n'offre qu'une suite de dates et de faits dépouillés de tout ornement : on peut la passer sans inconvéniens, pour éviter l'ennui attaché à ces espèces de Tables Chronologiques.

Dans un ouvrage du genre de cet Itinéraire, j'ai dû souvent passer des réflexions les plus graves aux récits les plus familiers : tantôt m'abandonnant à mes rêveries sur les ruines de la Grèce, tantôt revenant aux soins du voyageur, mon style a suivi nécessairement le mouvement de ma pensée et de ma fortune. Tous les lecteurs ne s'attacheront donc pas aux mêmes endroits: les uns ne chercheront que mes sentimens; les autres n'aimeront que mes aventures; ceux-ci me sauront gré des détails positifs que j'ai donnés sur beaucoup d'objets; ceux-là s'ennuieront de la critique des arts, de l'étude des monumens, des digressions historiques. Au reste, c'est l'homme, beaucoup plus que l'auteur, que l'on verra partout; je parle éternellement de moi, et j'en parlois en sûreté, puisque je ne comptois point publier ces Mémoires. Mais comme je n'ai rien dans le cœur que je craigne de montrer au-dehors, je n'ai rien retranché de mes notes originales. Enfin, j'aurai atteint le but que je me propose, si l'on sent d'un bout à l'autre de cet ouvrage une parfaite sincérité. Un voyageur est une espèce d'his-

AVERTISSEMENT.

torien : son devoir est de raconter fidèlement ce qu'il a vu ou ce qu'il a entendu dire; il ne doit rien inventer, mais aussi il ne doit rien omettre ; et quelles que soient ses opinions particulières, elles ne doivent jamais l'aveugler au point de taire ou de dénaturer la vérité.

Je n'ai point chargé cet Itinéraire de notes; j'ai seulement réuni, à la fin du troisième volume, trois opuscules qui éclaircissent mes propres travaux :

1°. L'Itinéraire latin de Bordeaux à Jérusalem : il trace le chemin que suivirent depuis les Croisés, et c'est, pour ainsi dire le premier pélerinage à Jérusalem. Cet Itinéraire ne se trouvoit jusqu'ici que dans des livres connus des seuls savans;

2°. La Dissertation de d'Anville sur l'ancienne Jérusalem : dissertation très-rare, et que le savant M. de Sainte-

AVERTISSEMENT.

Croix regardoit, avec raison, comme le chef-d'œuvre de l'auteur;

3°. Un Mémoire inédit sur Tunis.

J'ai reçu beaucoup de marques d'intérêt durant le cours de mon voyage. M. le général Sébastiani, MM. Vial, Fauvel, Drovetti, S.-Marcel, Caffe, Devoise, etc., trouveront leurs noms cités avec honneur dans cet Itinéraire : rien n'est doux comme de publier les services qu'on a reçus.

La même raison m'engage à parler de quelques autres personnes à qui je dois aussi beaucoup de reconnoissance.

M. Boissonade s'est condamné, pour m'obliger, à la chose la plus ennuyeuse et la plus pénible qu'il y ait au monde : il a revu les épreuves des Martyrs et de l'Itinéraire. J'ai cédé à toutes ses observations, dictées par le goût le plus délicat, par la critique la plus éclairée et la plus saine. Si j'ai admiré sa rare complaisance, il a pu connoître ma docilité.

M. Guizot, qui possède aussi ces connoissances que l'on avoit toujours autrefois avant d'oser prendre la plume, s'est empressé de me donner les renseignemens qui pouvoient m'être utiles. J'ai trouvé en lui cette politesse et cette noblesse de caractère qui font aimer et respecter le talent.

Enfin, des savans distingués ont bien voulu éclaircir mes doutes et me faire part de leurs lumières : j'ai consulté MM. Malte-Brun et Langlès. Je ne pouvois mieux m'adresser pour tout ce qui concerne la géographie et les langues anciennes et modernes de l'Orient.

Tout le monde sait que M. Lapie, qui a tracé la carte de cet Itinéraire, est, avec M. Barbié du Bocage, un des plus dignes héritiers du talent de notre célèbre d'Anville.

Comme mille raisons peuvent m'arrêter dans la carrière littéraire au point où je suis parvenu, je veux payer ici toutes mes dettes. Des gens de lettres ont mis en vers plusieurs morceaux de mes ouvrages; j'avoue que je n'ai connu qu'assez tard le grand nombre d'obligations que j'avois aux Muses sous ce rapport. Je ne sais comment, par exemple, une pièce charmante intitulée : *le Voyage du Poëte*, a pu si long-temps m'échapper. L'auteur de ce petit poëme a bien voulu embellir mes descriptions sauvages, et répéter sur sa lyre une partie de ma chanson du désert. J'aurois dû l'en remercier plus tôt. Si donc quelques écrivains ont été justement choqués de mon silence, quand ils me faisoient l'honneur de perfectionner mes ébauches, ils verront ici la réparation de mes torts. Je n'ai jamais l'intention de blesser personne, encore moins les hommes de talent, qui me font jouir d'une partie de leur

AVERTISSEMENT.

gloire en empruntant quelque chose à mes écrits. Je ne veux point me brouiller avec les neuf Sœurs, même au moment où je les abandonne. Eh! comment n'aimerois-je pas ces nobles et généreuses Immortelles? Elles seules ne sont point devenues mes ennemies lorsque j'ai obtenu quelques succès; elles seules encore, sans s'étonner d'une vaine rumeur, ont opposé leur opinion au déchaînement de la malveillance. Si je ne puis faire vivre Cymodocée, elle aura du moins la gloire d'avoir été chantée par un des plus grands poëtes de nos jours, et par l'homme qui, de l'aveu de tous, juge et apprécie le mieux les ouvrages des autres.

Quant aux censeurs qui, jusqu'à présent, ont parlé de mes ouvrages, plusieurs m'ont traité avec une indulgence dont je conserverai une reconnoissance éternelle: je tâcherai d'ailleurs, dans tous les cas et dans tous les temps de mériter les éloges, de profiter des critiques, et de pardonner aux injures.

INTRODUCTION.

PREMIER MÉMOIRE.

Je diviserai cette Introduction en deux Mémoires : dans le premier, je prendrai l'histoire de Sparte et d'Athènes, à peu près au siècle d'Auguste, et je la conduirai jusqu'à nos jours. Dans le second, j'examinerai l'authenticité des traditions religieuses à Jérusalem.

Spon, Wheler, Fanelli, Chandler et Leroi ont, il est vrai, parlé du sort de la Grèce dans le moyen âge; mais le tableau tracé par ces savans hommes est bien loin d'être complet. Ils se sont contentés des faits généraux, sans se fatiguer à débrouiller la Byzantine ; ils ont ignoré l'existence de quelques Voyages au Levant : en profitant de leurs travaux, je tâcherai de suppléer à ce qu'ils ont omis.

Quant à l'histoire de Jérusalem, elle ne présente aucune obscurité dans les siècles barbares; jamais on ne perd de vue la Ville-Sainte. Mais lorsque les pélerins vous disent : « Nous nous » rendîmes au tombeau de Jésus-Christ ; nous » entrâmes dans la grotte où le Sauveur du » monde répandit une sueur de sang, etc. » un lecteur peu crédule pourroit s'imaginer que les pélerins sont trompés par des traditions incertaines ; or, c'est un point de critique que je me propose de discuter dans le second Mémoire de cette Introduction.

Je viens à l'histoire de Sparte et d'Athènes :

Lorsque les Romains commencèrent à se montrer dans l'Orient, Athènes se déclara leur ennemie, et Sparte embrassa leur fortune. Sylla brûla le Pirée et Munychie ; il saccagea la ville de Cécrops, et fit un si grand massacre des citoyens, que le sang, dit Plutarque, remplit tout le Céramique, et regorgea par les ports.

Av. J.-C. 87.
Plut. in Syl.
Appian.

INTRODUCTION.

Dans les guerres civiles de Rome, les Athéniens suivirent le parti de Pompée, qui leur sembloit être celui de la liberté : les Lacédémoniens s'attachèrent à la destinée de César. Celui-ci refusa de se venger d'Athènes. Sparte, fidèle à la mémoire de César, combattit contre Brutus, à la bataille de Philippe. Brutus avoit promis le pillage de Lacédémone à ses soldats, en cas qu'il obtînt la victoire. Les Athéniens élevèrent des statues à Brutus, s'unirent à Antoine, et furent punis par Auguste. Quatre ans avant la mort de ce prince, ils se révoltèrent contre lui.

Av. J.-C. 87.

Av. J.-C. 47.
Cæs. de Bell.
civil. Dion.
Appian. Plut.
in Vit. Brut.

Av. J.-C. 44.
Av. J.-C. 41.
Plut. in Ant.
Av. J.-C. 21.
Vell. Pat.
De J.-C. 10.
Suet. in Aug.

Athènes demeura libre pendant le règne de Tibère. Sparte vint plaider et perdre à Rome une petite cause contre les Messéniens, autrefois ses esclaves. Il s'agissoit de la possession du temple de Diane-Limnatide : précisément cette Diane dont la fête donna naissance aux guerres Messéniaques.

De J.-C. 25.
Tit.-Liv. an. 4.

Si l'on fait vivre Strabon sous Tibère, la description de Sparte et d'Athènes par ce géographe se rapportera au temps dont nous parlons.

De Sit. orb.
lib. 9.

b.

De J.-C. 18. Tacit. Ann. lib. 2.	Lorsque Germanicus passa chez les Athéniens, par respect pour leur ancienne gloire, il se dépouilla des marques de la puissance, et marcha précédé d'un seul licteur.
De J.-C. 56. De Sit. orb. lib. 2.	Pomponius Mela écrivoit vers le temps de l'empereur Claude. Il se contente de nommer Athènes en décrivant la côte de l'Attique.
De J.-C. 67. Xiphil. in Ner.	Néron visita la Grèce; mais il n'entra ni dans Athènes, ni dans Lacédémone.
De J.-C. 79. Dio.	Vespasien réduisit l'Achaïe en province romaine, et lui donna pour gouverneur un proconsul. Pline l'ancien, aimé de Vespasien et de Titus, parla sous ces princes de divers monumens de la Grèce.
De J.-C. 91. Philostr. in Vit. Apol. Thy.	Apollonius de Thyane, pendant le règne de Domitien, trouva les lois de Lycurgue en vigueur à Lacédémone.
De J.-C. 97. Eutr. Vict. Dio.	Nerva favorisa les Athéniens. Les monumens d'Hérode Atticus et le Voyage de Pausanias sont à peu près de cette époque.
De J.-C. 115. Plin. jeun. l. 8. c. 24.	Pline le jeune, sous Trajan, exhorte Maxime, proconsul d'Achaïe, à gouverner Athènes et la Grèce avec équité.

Adrien rétablit les monumens d'Athènes, acheva le temple de Jupiter-Olympien, bâtit une nouvelle ville auprès de l'ancienne, et fit refleurir dans la Grèce les sciences, les lettres et les arts. De J.-C. 134. Dio. Spart. Euseb.

Antonin et Marc-Aurèle comblèrent Athènes de bienfaits. Le dernier s'attacha surtout à rendre à l'Académie son ancienne splendeur : il multiplia les professeurs de philosophie, d'éloquence et de droit civil, et en porta le nombre jusqu'à treize : deux platoniciens, deux péripatéticiens, deux stoïciens, deux épicuriens, deux rhéteurs, deux professeurs de droit civil, et un préfet de la jeunesse. Lucien, qui vivoit alors, dit qu'Athènes étoit remplie de longues barbes, de manteaux, de bâtons et de besaces. De J.-C. 176. Capitol. Dio.

Le Polyhistor de Solin parut vers la fin de ce siècle. Solin décrit plusieurs monumens de la Grèce. Il n'a pas copié Pline le naturaliste aussi servilement qu'on s'est plu à le répéter.

Sévère priva Athènes d'une partie de ses priviléges, pour la punir de s'être déclarée en faveur de Pescennius Niger. De J.-C. 194. Herodian. Spart. Dio.

INTRODUCTION.

De J.-C. 214.
Herodian.
Sparte, tombée dans l'obscurité, tandis qu'Athènes attiroit encore les regards du monde, mérita la honteuse estime de Caracalla : ce prince avoit dans son armée un bataillon de Lacédémoniens, et une garde de Spartiates auprès de sa personne.

De J.-C. 260.
Trebell. Zon.
Les Scythes ayant envahi la Macédoine, au temps de l'empereur Gallien, mirent le siége devant Thessalonique. Les Athéniens, effrayés, se hâtèrent de relever les murs que Sylla avoit abattus.

De J.-C. 261.
Trebell.
Quelques années après, les Hérules pillèrent Sparte, Corinthe et Argos. Athènes fut sauvée par la bravoure d'un de ses citoyens nommé Dexippe, également connu dans les lettres et dans les armes.

Chandl. Trav.
L'archontat fut aboli à cette époque ; le stratège, inspecteur de l'*agora* ou du marché, devint le premier magistrat d'Athènes.

De J.-C. 269.
Zon.
Les Goths prirent cette ville sous le règne de Claude II. Ils voulurent brûler les bibliothèques ; mais un des Barbares s'y opposa : « Con-
» servons, dit-il, ces livres qui rendent les

» Grecs si faciles à vaincre, et qui leur ôtent l'a- De J.-C. 269.
» mour de la gloire. » Cléodème, Athénien,
échappé au malheur de sa patrie, rassembla
des soldats, fondit sur les Goths, en tua un
grand nombre, et dispersa le reste : il prouva
aux Goths que la science n'exclut pas le courage.

Athènes se remit promptement de ce désastre ; De J.-C. 323.
car on la voit peu de temps après offrir des   Liban. Or.
                                                                        Zon.
honneurs à Constantin et en recevoir des grâces.
Ce prince donna au gouverneur de l'Attique le
titre de Grand-Duc : titre qui, se fixant dans
une famille, devint héréditaire, et finit par trans-
former la république de Solon en une principauté gothique. Pite, évêque d'Athènes, parut
au Concile de Nicée.

Constance, successeur de Constantin, après De J.-C. 337.
la mort de ses frères Constantin et Constant, Eunopes. Zon.
                                                                       in Const.
fit présent de plusieurs îles à la ville d'Athènes.

Julien, élevé parmi les philosophes du Por- De J.-C. 354.
                                                               Zos. lib. 3.
tique, ne s'éloigna d'Athènes qu'en versant des Jul. Ep. ad.
larmes. Les Grégoire, les Cyrille, les Basile, Athen. Greg.
                                                              Cyr. Bas.
les Chrysostôme, puisèrent leur sainte élo- Chrys. Oper.
                                                             Ap. Bibl. Pat.
quence dans la patrie de Démosthènes.

<small>De J.-C. 377.
Zos. lib 4.
Chandl.
Inscript antiq.</small> Sous le règne du grand Théodose, les Goths ravagèrent l'Epire et la Thessalie. Ils se préparoient à passer dans la Grèce; mais ils en furent écartés par Théodore, général des Achéens. Athènes reconnoissante éleva une statue à son libérateur.

<small>De J.-C. 395.
Zos. lib. 5.</small> Honorius et Arcadius tenoient les rênes de l'empire, lorsqu'Alaric pénétra dans la Grèce. Zosime raconte que le conquérant aperçut, en approchant d'Athènes, Minerve qui le menaçoit du haut de la citadelle, et Achille qui se tenoit debout devant les remparts. Si l'on en croit le même historien, Alaric ne saccagea <small>Syn. Ep. Op. omn. à Pet. edit.</small> point une ville que protégeoient les héros et les dieux. Mais ce récit a bien l'air d'une fable. Synesius, plus près de l'évènement que Zosime, compare Athènes incendiée par les Goths à une victime que la flamme a dévorée, et dont <small>Chandl. Trav.</small> il ne reste plus que les ossemens. On croit que le Jupiter de Phidias périt dans cette invasion des Barbares.

Corinthe, Argos, les villes de l'Arcadie, de l'Elide et de la Laconie, éprouvèrent le sort

d'Athènes : « Sparte si fameuse, dit encore **De J.-C. 395.**
» Zosime, ne put être sauvée ; ses citoyens Zos. lib. 5.
» l'abandonnèrent, et ses chefs la trahirent :
» ses chefs, vils ministres des tyrans injustes et
» débauchés qui gouvernoient alors l'Etat. »

Stilicon, en venant chasser Alaric du Péloponèse, acheva de désoler cet infortuné pays.

Athénaïs, fille de Léonce le philosophe, **De J.-C. 433.**
connue sous le nom d'Eudoxie, étoit née à Zon. in Th. II.
Athènes, et elle épousa Théodose le jeune. (1)

Pendant que Léonce tenoit les rênes de l'em- **De J.-C. 430.**
pire d'Orient, Genseric se jeta de nouveau sur Procop. de
l'Achaïe. Procope ne nous dit point quel fut le Bell. Vand. l. I. cap. 5.

---

(1) On n'a pas fait attention à l'ordre chronologique, et l'on place mal à propos le mariage d'Eudoxie avant la prise d'Athènes, par Alaric. Zonare dit qu'Eudoxie, chassée par ses frères, Valérius et Genèse, avoit été obligée de fuir à Constantinople. Valérius et Genèse vivoient paisiblement dans leur patrie, et Eudoxie les fit élever aux dignités de l'empire. Toute cette histoire du mariage et de la famille d'Eudoxie ne prouveroit-elle pas qu'Athènes ne souffrit pas autant du passage d'Alaric que le dit Synésius, et que Zosime pourroit bien avoir raison, **du moins pour le fait?**

sort de Sparte et d'Athènes dans cette nouvelle invasion.

Le même historien fait ainsi la peinture des ravages des Barbares, dans son *Histoire secrète* : « Depuis que Justinien gouverne l'Empire, la » Thrace, la Chersonèse, la *Grèce*, et tout le » pays qui s'étend entre Constantinople et le » golfe d'Ionie ont été ravagés chaque année par » les Antes, les Slavons et les Huns. Plus de deux » cent mille Romains ont été tués ou faits pri- » sonniers à chaque invasion des Barbares, et » les pays que j'ai nommés sont devenus sem- » blables aux déserts de la Scythie. »

Justinien fit réparer les murailles d'Athènes et élever des tours sur l'isthme de Corinthe. Dans la liste des villes que ce prince embellit ou fortifia, Procope ne cite point Lacédémone. On remarque auprès des empereurs d'Orient une garde laconienne ou tzaconienne, selon la prononciation alors introduite. Cette garde, armée de piques, portoit une espèce de cuirasse ornée de figures de lion ; le soldat étoit vêtu d'une casaque de drap, et couvroit sa tête d'un capuchon. Le chef de cette milice s'appe- De J.-C. 527. loit *Stratopedarcha*.

L'empire d'Orient avoit été divisé en gouvernemens appelés *Thêmata*. Lacédémone devint l'apanage des frères ou des fils aînés de l'Empereur. Les princes de Sparte prenoient le titre de Despotes, leurs femmes s'appeloient Despœnes, et le gouvernement Despotat. Le despote résidoit à Sparte ou à Corinthe. (1)

Ici commence le long silence de l'histoire sur le pays le plus fameux de l'univers. Spon et Chandler pèrdent Athènes de vue pendant sept cents ans : « Soit, dit Spon, à cause du défaut Spon. Voy. » de l'histoire, qui est courte et obscure dans tom. 2. » ces siècles-là, ou que la fortune lui eût » accordé ce long repos. » Cependant on découvre dans le cours de ces siècles quelques traces de Sparte et d'Athènes.

---

(1) Ce titre de despote n'étoit pas cependant particulier à la principauté de Sparte, et l'on trouve des despotes d'Orient, de Thessalie, etc., qui jettent une grande confusion dans l'histoire.

De J.-C. 590.
Theoph. lib. 8.
cap. 12. ap.
Byz. Scrip.

Nous retrouvons d'abord le nom d'Athènes dans Theophylacte - Simocate, historien de l'empereur Maurice. Il parle des Muses *qui brillent à Athènes dans leurs plus superbes habits*, ce qui prouve que vers l'an 590, Athènes étoit encore le séjour des Muses.

De J.-C. 650.
Raven. Anon
lib. 4 et 6.

L'Anonyme de Ravenne, écrivain goth qui vivoit vraisemblablement au septième siècle, nomme trois fois Athènes dans sa Géographie; encore n'avons-nous de cette Géographie qu'un extrait mal fait par Galatéus.

De J.-C. 846.
Const. Porph.
de Adm. Imp.

Sous Michel III, les Esclavons se répandirent dans la Grèce. Théoctiste les battit et les poussa jusqu'au fond du Péloponèse. Deux hordes de ces peuples, les Ezerites et les Milinges, se cantonnèrent à l'orient et à l'occident du Taygète, qui se nommoit dès-lors Pentadactyle. Quoiqu'en dise Constantin-Porphyrogenète, ces Esclavons sont les ancêtres des Maïnotes, et ceux-ci ne sont point les descendans des anciens Spartiates, comme on le soutient aujourd'hui, sans savoir que ce n'est qu'une opinion ridicule de Constantin-Porphyrogenète (1). Ce sont sans doute ces Esclavons qui changèrent le nom d'Amyclée en celui de Sclabochôrion. *De J.-C. 846.*

Nous lisons dans Léon le grammairien, que les habitans de la Grèce ne pouvant plus supporter les injustices de Chasès, fils de Job et préfet d'Achaïe, le lapidèrent dans une église d'Athènes, pendant le règne de Constantin VII. *De J.-C. 915. Leo. Vit. Const. cap. 2.*

Sous Alexis Comnène, quelque temps avant les Croisades, nous voyons les Turcs ravager les îles de l'Archipel et toutes *les côtes de l'Occident*. *De J.-C. 1081. Leo. Ann. Comn. lib. 7.*

Dans un combat entre les Pisans et les Grecs, un comte, natif du *Péloponèse*, signala son courage vers l'an 1085 : ainsi le Péloponèse ne portoit point encore le nom de Morée. *De J.-C. 1085. An. Comn. lib. 11. cap. 9.*

Les guerres d'Alexis Comnène, de Robert et de Boëmond eurent pour théâtre l'Epire et la Thessalie, et ne nous apprennent rien de la *De J.-C. 1085. et seq. Ann. Comn. lib. 4–5, etc. Glycus.*

---

(1) L'opinion de Pauw qui fait descendre les Maïnotes, non des Spartiates, mais des Laconiens affranchis par les Romains, n'est fondée sur aucune vraisemblance historique.

De J.-C. 1085. Grèce proprement dite. Les premiers Croisés passèrent aussi à Constantinople, sans pénétrer dans l'Achaïe. Mais, sous le règne de Manuel Comnène, successeur d'Alexis, les rois de Sicile, les Vénitiens, les Pisans et les autres peuples occidentaux se précipitèrent sur le Péloponèse et sur l'Attique. Roger Ier, roi de Sicile, transporta à Palerme des artisans d'Athènes, habiles dans la culture de la soie. C'est à peu près à cette époque que le Péloponèse changea son nom en celui de Morée; du moins je trouve ce nom employé par l'historien Nicétas. Il est probable que les vers à soie venant à se multiplier dans l'Orient, on fut obligé de multiplier les mûriers : le Péloponèse prit son nouveau nom de l'arbre qui faisoit sa nouvelle richesse.

De J.-C. 1130.

Nicet. Hist. Bald. cap. 1.

De J.-C. 1140.
Nicet. Man. Comn. lib. 2. cap. 1.

Roger s'empara de Corfou, de Thèbes et de Corinthe, et eut la hardiesse, dit Nicétas, d'attaquer les villes les plus avancées dans le pays. Mais, selon les historiens de Venise, les Vénitiens secoururent l'empereur d'Orient,

Coron. p. 17. battirent Roger, et l'empêchèrent de prendre

Corinthe. Ce fut en raison de ce service qu'ils prétendirent, deux siècles après, avoir des droits sur Corinthe et sur le Péloponèse. *De J.-C. 1140.*

Il faut rapporter à l'an 1170 le voyage de Benjamin de Tudèle en Grèce : il traversa Patras, Corinthe et Thèbes. Il trouva dans cette dernière ville deux mille Juifs qui travailloient aux étoffes de soie, et s'occupoient de la teinture en pourpre. *De J.-C. 1170. Itiner. Benj. Tudel.*

Eustathe étoit alors évêque de Thessalonique. Les lettres étoient donc encore cultivées avec succès dans leur patrie, puisque cet Eustathe est le célèbre commentateur d'Homère.

Les Français ayant à leur tête Boniface, marquis de Mont-Ferrat, et Baudouin, comte de Flandre ; les Vénitiens, sous la conduite de Dandolo, chassèrent Alexis de Constantinople, et rétablirent Isaac l'Ange sur le trône. Ils s'emparèrent bientôt de la couronne pour leur propre compte. Baudouin, comte de Flandre, eut l'empire, et le marquis de Mont-Ferrat fut déclaré roi de Thessalonique. *De J.-C. 1204. Nicet. in Bald. Ville-Hard. cap. 136. et seq.*

Dans ce temps-là, un petit tyran de la Mo-

De J.-C. 1204.
Nicet. in Bald.
cap. 3.

rée, appelé Sgure, et natif de Napoli de Romanie, vint mettre le siége devant Athènes ; il en fut repoussé par l'archevêque Michel Choniate, frère de l'historien Nicétas. Cet archevêque avoit composé un poëme dans lequel il comparoit l'Athènes de Périclès à l'Athènes du douzième siècle. Il reste encore quelques vers de ce poëme manuscrit, in-4°, n°. 963, pag. 116, à la Bibliothèque Impériale.

Nicet. in Bald.
cap. 4.

Quelque temps après, Athènes ouvrit ses portes au marquis de Mont-Ferrat ; Boniface donna l'investiture de la seigneurie de Thèbes et d'Athènes à Othon de la Roche ; les successeurs d'Othon prirent le titre de ducs d'Athènes et de grands Sires de Thèbes. Au rapport de Nicétas, le marquis de Mont-Ferrat porta ses armes jusqu'au fond de la Morée, il se saisit d'Argos et de Corinthe, mais il ne put s'emparer du château de cette dernière ville, où Léon Sgure se renferma.

Ville-Hard.
cap. 173. et
seq. Ducang.
Hist. Const.
lib. 1.

Tandis que Boniface poursuivoit ses succès, un coup de vent amenoit d'autres Français à Modon. Geoffroi de Ville-Hardouin, qui les commandoit, et qui revenoit de la Terre-Sainte, se rendit auprès du marquis de Mont-Ferrat, alors occupé au siége de Napoli. Geoffroi, bien reçu de Boniface, entreprit avec Guillaume de Champlite la conquête de la Morée. Le succès répondit aux espérances ; toutes les villes se rendirent aux deux chevaliers, à l'exception de Lacédémone où régnoit un tyran nommé Léon Chamarète. Peu de temps après, la Morée fut remise aux Vénitiens, elle leur appartenoit, d'après le traité général conclu à Constantinople, entre les Croisés. Le corsaire génois, Léon Scutrano, se rendit maître un moment de Coron et de Modon ; mais il en fut bientôt chassé par les Vénitiens.

<small>De J.-C. 1204.</small>

<small>Nicet. in Bald. cap. 9.</small>

<small>Coronel. Giac. Died. Ist. de Venet.</small>

Guillaume de Champlite prit le titre de prince d'Achaïe. A la mort de Guillaume, Geoffroi de Ville-Hardouin hérita des biens de son ami et devint prince d'Achaïe et de Morée.

<small>De J.-C. 1210. Ducange. Hist. Const. lib. 2.</small>

La naissance de l'Empire ottoman se rapporte à peu près au temps dont nous parlons. Soliman Shah sortit des solitudes des Tartares-Oguziens, vers l'an 1214, et s'avança vers l'A-

<small>De J.-C. 1214. Cantem. Hist. de l'Emp. oth. liv. 1.</small>

De J.-C. 1214. sie-Mineure. Démétrius Cantemir, qui nous a donné l'histoire des Turcs d'après les auteurs originaux, mérite plus de confiance que Paul Jove et les auteurs grecs, qui confondent souvent les Sarrasins avec les Turcs.

Le marquis de Mont-Ferrat ayant été tué, sa veuve fut déclarée régente du royaume de Thessalonique. Athènes, lasse apparemment d'obéir à Othon de la Roche ou à ses descendans, voulut se donner aux Vénitiens; mais elle fut traversée dans ce dessein par Magaduce, tyran de Morée; ainsi la Morée avoit vraisem-

Died. Stor. del. blablement secoué le joug de Ville-Hardouin
Rep. lib. 5. ou des Vénitiens. Ce nouveau tyran, Magaduce, avoit sous lui d'autres tyrans ; car outre Léon Sgure, déjà nommé, on trouve un Etienne, pêcheur, *Signore di Molti stati nella Morea*, dit Giacomo Diedo.

Théodore Lascaris reconquit sur les Francs une partie de la Morée. La lutte entre les empereurs latins d'Orient et les empereurs grecs retirés en Asie, dura cinquante-sept années. Guillaume de Ville-Hardouin, successeur de Geoffroi, étoit devenu prince d'Achaïe; il tomba entre les mains de ce Michel Paleologue, empereur grec, qui rentra dans Constantinople au mois d'août de l'année 1261. Pour obtenir sa liberté, Guillaume céda à Michel les places qu'il possédoit en Morée; il les avoit conquises sur les Vénitiens et sur les petits princes qui s'élevoient et disparoissoient tour-à-tour : ces places étoient Monembasie, Maïna, Hiérace et Misitra. C'est la première fois qu'on lit ce nom de Misitra : Pachymère l'écrit sans réflexion, sans étonnement, et presque sans y penser : comme si cette Misitra, petite seigneurie d'un gentilhomme français, n'étoit pas l'héritière de Lacédémone. De J.-C. 1259. Pachy. lib. 1. 3. et 5. Ducang. Hist. Const. lib. 5.

Nous avons vu un peu plus haut, Lacédémone paroître sous son ancien nom, lorsqu'elle étoit gouvernée par Léon Chamarète : Misitra fut donc, pendant quelque temps, contemporaine de Lacédémone.

Guillaume céda encore à l'empereur Michel, Anaplion, et Argos; la contrée de Ciusterne, demeura en contestation. Guillaume est ce même

De J.-C. 1259.
Joinv. Hist. de saint Louis. Ducange. Annot.

prince de Morée dont parle le sire de Join-ville :

> Lors vint. . . . .
> Avec mainte armeure dorée,
> Celui qui prince est de la Morée.

Died. Stor. della. Rep. de Ven. lib. 6.

Diedo le nomme Guillaume *Ville*, en retranchant ainsi la moitié du nom.

Pachym. lib. 2.

Pachymère nomme, vers ce temps-là, un certain Théodose, moine de Morée, qui, dit l'historien, étoit issu *de la race des princes de ce pays :* nous voyons aussi l'une des sœurs de Jean, héritier du trône de Constantinople, épouser Mathieu de Valincourt, *Français venu de Morée*.

Michel fit équiper une flotte, et reprit les îles de Naxos, de Paros, de Céos, de Caryste

De J.-C. 1263.
Pachym. lib. 3.

et d'Orée; il s'empara en même temps de Lacédémone, différente ainsi de Misitra, cédée à l'empereur pour la rançon du prince d'Achaïe : on voit des Lacédémoniens servir sur la flotte de Michel; ils avoient, disent les historiens, été

Pachym. lib. 3.

tranférés de leur pays à Constantinople, en considération de leur valeur.

INTRODUCTION.   xxxvij

L'empereur fit ensuite la guerre à Jean Ducas Sebastocrator, qui s'étoit soulevé contre l'Empire ; ce Jean Ducas étoit fils naturel de Michel, despote d'Occident. Michel l'assiéga dans la ville de Duras. Jean trouva le moyen de s'enfuir à Thèbes, où régnoit un prince, sire Jean, que Pachymère appelle grand-seigneur de Thèbes, et qui étoit peut-être un descendant d'Othon de la Roche. Ce sire Jean fit épouser à son frère Guillaume la fille de Jean, bâtard du despote d'Occident.

<small>De J.-C. 1269. Pachym. lib. 4.</small>

Six ans après, un prince issu de *l'illustre famille des princes de Morée*, disputa à Veceus le patriarchat de Constantinople.

<small>De J.-C. 1275. Pachym. lib. 5.</small>

Jean, prince de Thèbes, mourut; son frère Guillaume fut son héritier. Guillaume devint aussi, par sa femme petite-fille du despote d'Occident, prince d'une partie de la Morée ; car le despote d'Occident, en dépit des Vénitiens et du prince d'Achaïe, s'étoit emparé de cette belle province.

Andronic, après la mort de Michel son père, monta sur le trône d'Orient. Nicéphore, des—

<small>De J.-C. 1293. Pachym. lib. 9.</small>

De J.-C. 1293. pote d'Occident, et fils de ce Michel, despote, qui avoit conquis la Morée, suivit Michel, empereur, dans la tombe ; il laissa pour héritier un fils nommé Thomas, et une fille appelée Itamar. Celle-ci épousa Philippe, petit-fils de Charles, roi de Naples : elle lui apporta en mariage plusieurs villes, et une grande étendue de pays. Il est donc probable que les Siciliens eurent alors quelques possessions en Morée.

De J.-C. 1300.
Pachym. l. 11.
Vers ce temps-là, je trouve une princesse d'Achaïe, veuve et fort avancée en âge, qu'Andronic vouloit marier à son fils Jean, despote : cette princesse étoit peut-être la fille ou même la femme de Guillaume, prince d'Achaïe, que nous avons vu faire la guerre à Michel, père d'Andronic.

De J.-C. 1305.
Pach. lib. 11.
Quelques années après, un tremblement de terre ébranla Modon et plusieurs autres villes de la Morée.

De J.-C. 1312.
Pachym. l. 11.
Athènes vit alors arriver de l'Occident de nouveaux maîtres. Des Catalans, cherchant aventure sous la conduite de Ximenès, de Roger et de Berenger, vinrent offrir leurs services

INTRODUCTION.

à l'empereur d'Orient. Mécontens d'Andronic, ils tournèrent leurs armes contre l'Empire. Ils ravagèrent l'Achaïe, et mirent Athènes au nombre de leurs conquêtes. C'est alors et non pas plus tôt qu'on y voit régner Delves, prince de la maison d'Arragon. L'histoire ne dit point s'il trouva les héritiers d'Othon de la Roche en possession de l'Attique et de la Béotie. De J.-C. 1312. Pacif. notiz. del duc. d'Ath. Farnel Aten. Attic. Spon. tom. 1. Chandl. tom. 2.

L'invasion de la Morée par Amurat, fils d'Orcan, doit être placée sous la même date: on ignore quel en fut le succès. (1) Cant. Hist. de l'Emp. oth. lib. 2.

Les empereurs Jean Paleologue et Jean Cantacuzène, voulurent porter la guerre dans l'Achaïe. Ils y étoient invités par l'évêque de Coronée et par Jean Sidère, gouverneur de plusieurs villes. Le grand-duc Apocauque, qui s'étoit révolté contre l'empereur, pilla la Morée, et y mit tout à feu et à sang. De J.-C. 1336. Cantac. lib. 3. cap. 11. De J.-C. 1342. Cantacuz. l. 3. cap. 71.

Reinier Acciaioli, Florentin, chassa les Catalans d'Athènes. Il gouverna cette ville pen- De J.-C. 1370. Pacif. Notiz. del duc. d'Ath.

---

(1) On voit quelques traces de cette invasion dans Cantacuzène, lib. I, cap. 39.

De J.-C. 1370. dant quelque temps, et n'ayant point d'héri-
Fanell. tiers légitimes, il la laissa par testament à la
Athen. Attic.
Mart. Crus. république de Venise ; mais Antoine, son fils
lib. 2. Spon.
Chaudl. etc. naturel qu'il avoit établi à Thèbes, enleva
Athènes aux Vénitiens.

De J.-C. 1390. Antoine, prince de l'Attique et de la Béo-
Jusqu'à 1400.
Auct. sup. cit. tie, eut pour successeur un de ses parens nommé Nérius. Celui-ci fut chassé de ses Etats par
son frère Antoine II, et il ne rentra dans sa
principauté qu'après la mort de l'usurpateur.

Bajazet faisoit alors trembler l'Europe et
l'Asie ; il menaçoit de se jeter sur la Grèce.
Mais je ne vois nulle part qu'il se soit emparé
d'Athènes, comme le disent Spon et Chandler :
ils ont d'ailleurs confondu l'ordre des temps en
faisant arriver les Catalans dans l'Attique après
le prétendu passage de Bajazet.

Quoi qu'il en soit, la frayeur que ce prince
répandit en Europe produisit un des évènemens
les plus singuliers de l'Histoire. Théodore Por-
phirogène, despote de Sparte, étoit frère d'Andronic et d'Emanuel, tour-à-tour empereurs de
Constantinople. Bajazet menaçoit la Morée

d'une invasion : Théodore ne croyant pas pouvoir défendre sa principauté, voulut la vendre aux chevaliers de Rhodes. Philibert de Naillac, prieur d'Aquitaine et grand-maître de Rhodes, acheta au nom de son Ordre, le despotat de Sparte. Il y envoya deux chevaliers français, Raymond de Leytoure, prieur de Toulouse, et Elie du Fossé, commandeur de Sainte-Maixance, prendre possession de la patrie de Lycurgue. Le traité fut rompu, parce que Bajazet, obligé de repasser en Asie, tomba entre les mains de Tamerlan. Les deux chevaliers, qui s'étoient déjà établis à Corinthe, rendirent cette ville, et Théodore remit de son côté l'argent qu'il avoit reçu pour le prix de Lacédémone.

De J.-C. 1400. Hist. des Chev. de Malt. La Guilletière. Lacéd. anc. et mod.

Le successeur de Théodore fut un autre Théodore, neveu du premier, et fils de l'empereur Emanuel. Théodore II épousa une Italienne de la maison de Malatesta. Les chefs de cette illustre maison prirent dans la suite, à cause de cette alliance, le titre de ducs de Sparte.

De J.-C. 1410 Mart. Crus. Turco-Græc. lib. 2. Guil. Lacéd. anc. et mod.

Théodore laissa à son frère Constantin, surnommé Dragazès, la principauté de la Laconie. Ce Constantin, qui monta sur le trône de Constantinople, fut le dernier empereur d'Orient.

<small>De J.-C. 1410.</small>

Tandis qu'il n'étoit encore que prince de Lacédémone, Amurat II envahit la Morée, et se rendit maître d'Athènes. Mais cette ville retourna promptement sous la domination de la famille de Reinier Acciaioli.

<small>De J.-C. 1420. Cantem. Hist. oth. lib. 2.</small>

L'Empire d'Orient n'existoit plus, et les derniers restes de la grandeur romaine venoient de s'évanouir; Mahomet II étoit entré à Constantinople. Toutefois la Grèce, menacée d'un prochain esclavage, ne portoit point encore les chaînes qu'elle se hâta de demander aux Musulmans. Francus, fils du second Antoine, appela Mahomet II à Athènes, pour dépouiller la veuve de Nérius (1). Le sultan, qui faisoit servir ces querelles intestines à l'accroissement de sa puissance, favorisa le parti de Francus, et relégua la veuve de Nérius à Mégare. Francus la fit empoisonner. Cette malheureuse prin-

<small>De J.-C. 1444. Cantem. Hist. otho. Mart. Crus. Turco-Græc. lib. 1. Fanel. Athen. Att. Pacific. Notiz. del duc. d'Ath. Spon. Chandl.</small>

---

(1) On ignore le temps de la mort de Nérius.

INTRODUCTION. xliij

cesse avoit un jeune fils, qui porta à son tour ses plaintes à Mahomet. Celui-ci, vengeur intéressé du crime, ôta l'Attique à Francus, et ne lui laissa que la Béotie. Ce fut en 1455 qu'Athènes passa sous le joug des Barbares. On dit que Mahomet parut enchanté de la ville, qu'il ne la ravagea point, et qu'il visita avec soin la citadelle. Il exempta de toute imposition le couvent de Cyriani, situé sur le mont Hymète, parce que les clefs d'Athènes lui furent présentées par l'abbé de ce couvent. Francus Acciaioli fut mis à mort quelque temps après, pour avoir conspiré contre le sultan. De J.-C. 1444.
De J.-C. 1455.
De J.-C. 1458.

Il ne nous reste plus à connoître que le sort de Sparte ou plutôt de Misitra. J'ai dit qu'elle étoit gouvernée par Constantin, surnommé Dragazès. Ce prince, étant allé prendre à Constantinople la couronne qu'il perdit avec la vie, partagea la Morée entre ses deux frères, Démétrius et Thomas. Démétrius s'établit à Misitra, et Thomas à Corinthe. Les deux frères se firent la guerre, et eurent recours à Mahomet, meurtrier de leur famille et destructeur de leur De J.-C. 1460.
Chalcond. Hist. Turc. lib. 10. Ducas Hist. cap. 45. Sansow. Ann. Turc. Mart. Crus. Turc. Græc. lib. 1.

De J.-C. 1460. Empire. Les Turcs chassèrent d'abord Thomas de Corinthe. Il s'enfuit à Rome, en emportant le chef de Saint-André, qu'il enleva à la ville de Patras. Mahomet vint alors à Misitra; il engagea le gouverneur à lui remettre la citadelle. Ce malheureux se laissa séduire; il se livra aux mains du sultan, qui le fit scier par le milieu du corps. Démétrius fut exilé à Andrinople, et sa fille devint la femme de Mahomet. Ce conquérant estima et craignit assez cette jeune princesse pour ne pas l'admettre à sa couche.

De J.-C. 1463.
Guillet. Lacéd. anc. et mod.

Trois ans après cet évènement, Sigismond Malatesta, prince de Rimini, vint mettre le siége devant Misitra: il emporta la ville, mais il ne put prendre le château, et il se retira en Italie.

De J.-C. 1464.
Chandl. Trav.

Les Vénitiens descendirent au Pirée en 1464, surprirent Athènes, la pillèrent, et se réfugièrent en Eubée avec leur butin.

De J.-C. 1555.
Cantem. Hist. oth. lib. 3.
Coron. Desc. de la Mor.

Sous le règne de Soliman Ier, ils ravagèrent la Morée et s'emparèrent de Coron; ils en furent peu après chassés par les Turcs.

Ils conquirent de nouveau Athènes et toute la Morée, en 1688; ils reperdirent la première presqu'aussitôt, mais ils gardèrent la seconde jusqu'à l'an 1715, qu'elle retourna au pouvoir des Musulmans. Catherine II, en soulevant le Péloponèse, fit faire à ce malheureux pays un dernier et inutile effort en faveur de la liberté. *De J.-C. 1688. Auct. sup. cit. De J.-C. 1770. Choiseul Voy. de la Gr.*

Je n'ai point voulu mêler aux dates historiques les dates des Voyages en Grèce. Je n'ai cité que celui de Benjamin de Tudèle : il remonte à une si haute antiquité, et il nous apprend si peu de choses, qu'il pouvoit être compris sans inconvénient dans la suite des faits et annales. Nous venons donc maintenant à la chronologie des Voyages et des ouvrages géographiques.

Aussitôt qu'Athènes, esclave des Musulmans, disparoît dans l'histoire moderne, nous voyons commencer pour cette ville un autre ordre d'illustration plus digne de son ancienne renommée : en cessant d'être le patrimoine de quelques princes obscurs, elle reprit, pour ainsi dire, son antique empire, et appela tous les arts

De J.-C. 1465.
Francesco Giambetti.

à ses vénérables ruines. Dès l'an 1465, Francesco Giambetti dessina quelques monumens d'Athènes. Le manuscrit de cet architecte étoit en vélin, et se voyoit à la bibliothèque Barberini, à Rome. Il contenoit, entr'autres choses curieuses, le dessin de la tour des Vents, à Athènes, et celui des masures de Lacédémone, à quatre ou cinq milles de Misitra : Spon observe à ce sujet que Misitra n'est point sur l'emplacement de Sparte, comme l'avoit avancé Guillet, d'après Sophianus, Niger, et Ortellius. Spon ajoute : « J'estime le manuscrit de » Giambetti d'autant plus curieux, que les » dessins en ont été tirés avant que les Turcs se » fussent rendus maîtres de la Grèce, et eussent » ruiné plusieurs beaux monumens qui étoient » alors en leur entier. » L'observation est juste quant aux monumens, mais elle est fausse quant aux dates : les Turcs étoient maîtres de la Grèce en 1465.

De J.-C. 1550.
Gerbel.

Nicolas Gerbel publia à Bâle, en 1550, son ouvrage intitulé : *Pro declaratione picturæ, sive descriptionis Græciæ Sophiani libri septem.* Cette

INTRODUCTION. xlvij

description, excellente pour le temps, est claire, De J.-C. 1550. courte, et pourtant substantielle. Gerbel ne parle guère que de l'ancienne Grèce ; quant à Athènes moderne, il dit : *Æneas Sylvius Athenas hodiè parvi oppiduli speciem gerere dicit, cujus munitissimam adhuc arcem Florentinus quidam Mahometi tradiderit, ut nimis verè Ovidius dixerit :*

Quid Pandioniæ restant, nisi nomen, Athenæ ? O rerum humanarum miserabiles vices ! O tragicam humanæ potentiæ permutationem ! Civitas olim muris, navalibus, ædificiis, armis, opibus, viris, prudentiâ, atque omni sapientiâ florentissima, in oppidulum, seu potiùs vicum, redacta est. Olim libera, et suis legibus vivens ; nunc immanissimis belluis, servitutis jugo obstricta. Proficiscere Athenas, et pro magnificentissimis operibus videto rudera, et lamentabiles ruinas. Noli, noli nimiùm fidere viribus tuis ; sed in eum confidito qui dicit : Ego Dominus Deus vester.

Cette apostrophe d'un vieux et respectable savant, aux ruines d'Athènes, est très-touchante : nous ne saurions avoir trop de recon-

De J.-C. 1550. noissance pour les hommes qui nous ont ouvert les routes de la belle antiquité.

De J.-C. 1554. Dupinet. Dupinet soutenoit qu'Athènes n'étoit plus qu'une petite bourgade, exposée aux ravages des renards et des loups.

De J.-C. 1557. Laurenberg. Laurenberg, dans sa Description d'Athènes, s'écrie : *Fuit quondam Græcia, fuerunt Athenæ: nunc neque in Græciâ Athenæ, neque in ipsâ Græciâ Græcia est.*

De J.-C. 1578. Ortellius. Ortellius, surnommé le Ptolomée de son temps, donna quelques nouveaux renseignemens sur la Grèce, dans son *Theatrum orbis terrarum*, et dans sa *Synonyma Geographia*, réimprimés sous le titre de *Thesaurus Geographicus*; mais il confond mal à propos Sparte et Misitra : il croyoit aussi qu'il n'y avoit plus à Athènes qu'un château et quelques chaumières : *Nunc casulæ tantùm supersunt quædam.*

De J.-C. 1584. Crusius ou Krams. Martin Crusius, professeur de grec et de latin à l'Université de Tubinge vers la fin du seizième siècle, s'informa diligemment du sort du Péloponèse et de l'Attique. Ses huit livres intitulés *Turcogræcia* rendent compte de l'état de la

Grèce depuis l'année 1444 jusqu'au temps où De J.-C. 1584. Crusius écrivoit. Le premier livre contient l'histoire politique, et le second l'histoire ecclésiastique de cet intéressant pays : les six autres livres sont composés de lettres adressées à différentes personnes par des Grecs modernes. Deux de ces lettres contiennent quelques détails sur Athènes, qui méritent d'être connus.

ΤΩι ΣΟΦΩι ΚΑΙ ΑΡΙΣΤΩι, κτλ.

Au docte Martin Crusius, professeur des lettres grecques et latines à l'Université de Tubinge, et très-cher en Jésus-Christ. Zygomalas.

. . . .

« Moi qui suis né à Nauplia, ville du Pélo-
» ponèse, peu éloignée d'Athènes, j'ai souvent
» vu cette dernière ville. J'ai recherché avec
» soin les choses qu'elle renferme, l'Aréopage,
» l'antique Académie, le Lycée d'Aristote ; enfin
» le Panthéon. Cet édifice est le plus élevé, et
» surpasse tous les autres en beauté. On y voit
» en dehors, sculptée tout autour, l'histoire

d

INTRODUCTION.

De J.-C. 1584. » des Grecs et des dieux. On remarque surtout
» au-dessus de la porte principale, des chevaux
» qui paroissent vivans et qu'on croiroit entendre
» hennir (1). On dit qu'ils sont l'ouvrage de
» Praxitèle : l'ame et le génie de l'homme ont
» passé dans la pierre. Il y a dans ce lieu plu-
» sieurs autres choses dignes d'être vues. Je ne
» parle point de la colline opposée, sur la-
» quelle croissent des simples de toute espèce,
» utiles à la médecine (2) : colline que j'appelle
» le jardin d'Adonis. Je ne parle pas non plus
» de la douceur de l'air, de la bonté des eaux
» et des autres agrémens d'Athènes : d'où il
» arrive que ses habitans, tombés maintenant

---

(1) Φρυασσομένυς ανδρομέαν σάρκα : je n'entends pas cela. La version latine donne : *Tanquam frementes in carnem humanam.* Spon, qui traduit une partie de ce passage, s'en est tenu à la version latine, tout aussi obscure pour moi que l'original. Spon dit : Qui semblent vouloir *se repaître de chair humaine.* Je n'ai osé admettre ce sens, qui me paroît bizarre, à moins qu'on ne dise que Zygomalas fait ici allusion aux jumens de Diomède.

(2) Apparemment le mont Hymette.

INTRODUCTION.

» dans la barbarie, conservent toutefois quel- De J.-C. 1584.
» ques souvenirs de ce qu'ils ont été. On les
» reconnoît à la pureté de leur langage : comme
» des sirènes, ils charment ceux qui les écoutent
» par la variété de leurs accens. . . . . . . Mais
» pourquoi parlerois-je davantage d'Athènes ?
» la peau de l'animal reste ; l'animal lui-même
» a péri. »

  Constantinople, 1575.

A jamais votre ami,

    Théodore ZYGOMALAS,
   Protonotaire de la grande église de
     Constantinople.

 Cette lettre fourmille d'erreurs ; mais elle est précieuse à cause de l'ancienneté de sa date. Zygomalas fit connoître l'existence du temple de Minerve que l'on croyoit détruit, et qu'il appelle mal à propos le Panthéon.

 La seconde lettre, écrite à Crusius par un Cabasilas. certain Cabasilas de la ville d'Acarnanie, ajoute quelque chose aux renseignemens du protonotaire.

lij INTRODUCTION.

De J.-C. 1584. « Athènes étoit composée autrefois de trois
» parties également peuplées. Aujourd'hui la
» première partie, située dans un lieu élevé,
» comprend la citadelle et un temple dédié au
» Dieu Inconnu : cette première partie est habi-
» tée par les Turcs. Entre celle-ci et la troi-
» sième se trouve la seconde partie, où sont
» réunis les Chrétiens. Après cette seconde par-
» tie, vient la troisième, sur la porte de laquelle
» on lit cette inscription :

C'EST ICI ATHÈNES,
L'ANCIENNE VILLE DE THÉSÉE.

» On voit dans cette dernière partie un palais
» revêtu de grands marbres et soutenu par des
» colonnes. On y voit encore des maisons ha-
» bitées. La ville entière peut avoir six à sept
» milles de tour ; elle compte environ douze
» mille citoyens. »

Siméon CABASILAS,
de la ville d'Acarnanie.

On peut remarquer quatre choses importan-
tes dans cette description : 1°. le Parthénon avoit

été dédié par les Chrétiens au Dieu Inconnu de De J.-C. 1584.
saint Paul. Spon chicane mal à propos Guillet
sur cette dédicace ; Deshayes l'a citée dans son
Voyage. 2°. Le temple de Jupiter-Olympien
(le palais revêtu de marbre) existoit en grande
partie du temps de Cabasilas : tous les autres
voyageurs n'en ont vu que les ruines. 3°. Athènes étoit divisée comme elle l'est encore aujourd'hui ; mais elle contenoit douze mille habitans,
et elle n'en a plus que huit mille. On voyoit plusieurs maisons vers le temple de Jupiter-Olympien : cette partie de la ville est maintenant déserte. 4°. Enfin, la porte avec l'inscription :

C'EST ICI ATHÈNES,
L'ANCIENNE VILLE DE THÉSÉE.

a subsisté jusqu'à nos jours. On lit sur l'autre
face de cette porte, du côté de l'Hadrianopolis,
ou de l'*Athenæ novæ :*

C'EST ICI LA VILLE D'ADRIEN,
ET NON PAS LA VILLE DE THÉSÉE.

Avant l'apparition de l'ouvrage de Martin   Belon.
Crusius, Belon avoit publié (1555) ses *Obser-*

De J.-C. 1584. vations de plusieurs singularités et choses mémorables trouvées en Grèce. Je n'ai point cité son ouvrage, parce que le savant botaniste n'a parcouru que les îles de l'Archipel, le mont Athos et une petite partie de la Thrace et de la Macédoine.

De J.-C. 1625. Deshayes. D'Anville, en les commentant, a rendu célèbres les travaux de Deshayes à Jérusalem; mais on ignore généralement que Deshayes est le premier voyageur moderne qui nous ait parlé de la Grèce proprement dite : son ambassade en Palestine a fait oublier sa course à Athènes. Il visita cette ville entre l'année 1621 et l'année 1630. Les amateurs de l'antiquité seront bien aises de trouver ici le passage original du premier Voyage à Athènes; car les lettres de Zygomalas et de Cabasilas ne peuvent pas être appelées des Voyages :

« De Mégare jusques à Athènes, il n'y a
» qu'une petite journée, qui nous dura moins
» que si nous n'eussions marché que deux lieues:
» il n'y a jardin en bois de haute futaie qui
» contente davantage la vue que fait ce chemin.

INTRODUCTION. lv

» L'on va par une grande plaine toute remplie De J.-C. 1625.
» d'oliviers et d'orangers, ayant la mer à main
» droite, et les collines à main gauche, d'où
» sortent tant de beaux ruisseaux, qu'il semble
» que la nature se soit efforcée à rendre ce pays
» aussi délicieux.

» La ville d'Athènes est située sur la pente
» et aux environs d'un rocher, qui est assis dans
» une plaine, laquelle est bornée par la mer
» qu'elle a au midi, et par les montagnes agréa-
» bles qui l'enferment du côté du septentrion.
» Elle n'est pas la moitié si grande qu'elle étoit
» autrefois, ainsi que l'on peut voir par les
» ruines, à qui le temps a fait moins de mal
» que la barbarie des nations qui ont tant de
» fois pillé et saccagé cette ville. Les bâtimens
» anciens qui y restent témoignent la magnifi-
» cence de ceux qui les ont faits ; car le marbre
» n'y est point épargné, non plus que les co-
» lonnes et les pilastres. Sur le haut du rocher
» est le château dont les Turcs se servent encore
» aujourd'hui. Entre plusieurs anciens bâtimens,
» il y a un temple qui est aussi entier et aussi

De J.-C. 1625. » peu offensé de l'injure du temps comme s'il
» ne venoit que d'être fait : l'ordre et la struc-
» ture en est admirable ; sa forme est ovale,
» et par-dehors aussi-bien que par-dedans, il est
» soutenu par trois rangs de colonnes de marbre,
» garnies de leurs bases et chapiteaux : derrière
» chaque colonne, il y a un pilastre qui en suit
» l'ordonnance et la proportion. Les Chrétiens
» du pays disent que ce temple est celui-là même
» qui étoit dédié au dieu inconnu, dans lequel
» saint Paul prêcha ; à présent il sert de mos-
» quée, et les Turcs y vont faire leurs oraisons.
» Cette ville jouit d'un air fort doux, et les
» astres les plus malfaisans se dépouillent de
» leurs mauvaises influences quand ils regardent
» cette contrée : ce que l'on peut connoître aisé-
» ment, tant par la fertilité du pays que par
» les marbres et les pierres qui, depuis un si
» long-temps qu'elles sont exposées à l'air, ne
» sont aucunement rongées ni endommagées.
» L'on dort à la campagne, la tête découverte,
» sans en recevoir nulle incommodité ; enfin,
» l'air que l'on y respire est si agréable et si tem-

» péré, que l'on y reconnoît beaucoup de chan- De J.-C. 1625.
» gemens lorsque l'on s'en éloigne. Quant aux
» habitans du pays, ce sont tous Grecs, qui
» sont cruellement et barbarement traités par
» les Turcs qui y demeurent, encore qu'ils soient
» en petit nombre. Il y a un cadi qui rend la
» justice, un prévôt appelé soubachy, et quel-
» ques janissaires que l'on y envoie de la Porte
» de trois mois en trois mois. Tous ces officiers
» firent beaucoup d'honneur au sieur Deshayes
» lorsque nous y passâmes, et le défrayèrent
» aux dépens du Grand-Seigneur.

» En sortant d'Athènes on traverse cette
» grande plaine, qui est toute remplie d'oliviers,
» et arrosée de plusieurs ruisseaux, qui en aug-
» mentent la fertilité. Après avoir marché une
» bonne heure, l'on arrive sur la marine, où il
» y a un grand port fort excellent, qui étoit
» autrefois fermé par une chaîne : ceux du pays
» l'appellent le port Lion, à cause d'un grand
» lion de pierre que l'on y voit encore aujour-
» d'hui ; mais les anciens le nommoient le port
» du Pirée : c'étoit en ce lieu que les Athéniens

» assembloient leurs flottes, et qu'ils s'embar-
» quoient ordinairement. »

L'ignorance du secrétaire de Deshayes (car ce n'est pas Deshayes lui-même qui écrit) est singulière ; mais on voit de quelle admiration profonde on étoit saisi à l'aspect des monumens d'Athènes, lorsque le plus beau de ces monumens existoit encore dans toute sa gloire.

Consuls français. L'établissement de nos consuls dans l'Attique précède le passage de Deshayes de quelques années.

De J.-C. 1630. Stochove. J'ai cru d'abord que Stochove avoit vu Athènes en 1630 ; mais en conférant son texte avec celui de Deshayes, je me suis convaincu que le gentilhomme flamand n'avoit fait que copier l'ambassadeur français.

De J.-C. 1636. Ant. Pacifiq. Le père Antoine Pacifique donna en 1636, à Venise, sa *Description de la Morée :* ouvrage sans méthode, où Sparte est prise pour Misitra.

De J.-C. 1645. Missionnaires. Quelques années après, nous voyons arriver en Grèce ces missionnaires qui portoient dans tous les pays, le nom, la gloire et l'amour de

INTRODUCTION.

la France. Les jésuites de Paris s'établirent à De J.-C. 1645.
Athènes vers l'an 1645 ; les capucins s'y fixèrent
en 1658, et, en 1669, le père Simon acheta la
Lanterne de Démosthènes, qui devint l'hospice
des étrangers.

De Monceaux parcourut la Grèce en 1668 : De J.-C. 1668.
nous avons l'extrait de son Voyage, imprimé De Monceaux.
à la suite du Voyage de Bruyn. Il a décrit des
antiquités, surtout dans la Morée, dont il ne
reste aucune trace. De Monceaux voyageoit avec
l'Aisné, par ordre de Louis XIV.

Au milieu des œuvres de la charité, nos missionnaires ne négligeoient point les travaux qui
pouvoient être honorables à leur patrie : le père
Babin, jésuite, donna, en 1672, une *Relation* De J.-C. 1672.
de l'état présent de la ville d'Athènes : Spon en Le père Babin.
fut l'éditeur; on n'avoit rien vu jusqu'alors
d'aussi complet et d'aussi détaillé sur les antiquités d'Athènes.

L'ambassadeur de France à la Porte, M. de De J.-C. 1674.
Nointel, passa à Athènes dans l'année 1674 : Nointel et Galland.
il étoit accompagné du savant orientaliste Galland. Il fit dessiner les bas-reliefs du Parthenon.

De J.-C. 1674. Ces bas-reliefs ont péri, et l'on est trop heureux d'avoir aujourd'hui les cartons du marquis de Nointel : ils sont pourtant demeurés inédits, à l'exception de celui qui représente les frontons du temple de Minerve. (1).

Guillet, ou la Guilletière. Guillet publia en 1675, sous le nom de son prétendu frère la Guilletière, l'*Athènes ancienne et moderne*. Cet ouvrage, qui n'est qu'un roman, fit naître une grande querelle parmi les antiquaires. Spon découvrit les mensonges de Guillet : celui-ci se fâcha, et écrivit une lettre en forme de dialogue, contre les Voyages du médecin lyonnais. Spon ne garda plus de ménagemens ; il prouva que Guillet ou la Guilletière n'avoit jamais mis le pied à Athènes ; qu'il avoit composé sa rapsodie sur des Mémoires demandés à nos missionnaires, et produisit une liste de questions envoyées par Guillet à un capucin de Patras : enfin, il donna un catalogue de cent douze erreurs, plus ou moins

---

(1) On peut le voir dans l'atlas de la nouvelle édition du Voyage d'Anacharsis.

INTRODUCTION.

grossières, échappées à l'auteur d'*Athènes an-*   De J.-C. 1674.
vienne et moderne dans le cours de son roman.

    Guillet ou la Guilletière ne mérite donc aucune confiance comme voyageur ; mais son ouvrage, à l'époque où il le publia, ne manquoit pas d'un certain mérite. Guillet fit usage des renseignemens qu'il obtint des pères Simon et Barnabé, l'un et l'autre missionnaires à Athènes ; et il cite un monument, le *Phanari tou Diogenis*, qui n'existoit déjà plus du temps de Spon.

    Le Voyage de Spon et de Wheler, exécuté   De J.-C. 1676.
dans les années 1675 et 1676, parut en 1678.   Spon, et Wheler.

    Tout le monde connoît le mérite de cet ouvrage, où l'art et l'antiquité sont traités avec une critique jusqu'alors ignorée. Le style de Spon est lourd et incorrect ; mais il a cette candeur et cette démarche aisée qui caractérisent les écrits de ce siècle.

    Le comte de Winchelseay, ambassadeur de   De J.-C. 1676.
la cour de Londres, visita Athènes dans cette   Winchelseay.
même année 1676, et fit transporter en Angleterre quelques fragmens de sculpture.

    Tandis que toutes les recherches se dirigeoient

INTRODUCTION.

De J.-C. 1676.
Guillet ou la Guilletière.

vers l'Attique, la Laconie étoit oubliée. Guillet, encouragé par le débit de ses premiers mensonges, donna, en 1676, *Lacédémone ancienne et nouvelle.* Meursius avoit publié ses différens Traités, *de Populis Atticœ, de Festis Grœcorum*, etc. etc. ; et il fournissoit ainsi une érudition toute préparée à quiconque vouloit parler de la Grèce. Le second ouvrage de Guillet est rempli de bévues énormes sur les localités de Sparte. L'auteur veut absolument que Misitra soit Lacédémone, et c'est lui qui a accrédité cette grande erreur. « Cependant, dit Spon, » Misitra n'est point sur le plan de Sparte, » comme je le sais de M. Giraud, de M. Ver- » non, et d'autres, etc. »

Giraud.

Giraud étoit consul de France à Athènes depuis dix-huit ans, lorsque Spon voyageoit en Grèce. Il savoit le turc, le grec vulgaire et le grec littéral. Il avoit commencé une description de la Morée ; mais comme il passa au service de la Grande-Bretagne, il est probable que ses manuscrits seront tombés entre les mains de ses derniers maîtres.

INTRODUCTION. lxiij

Il ne reste de Vernon (1), voyageur anglais, qu'une lettre imprimée dans les *Philosophical Transactions*, 24 avril 1676. Vernon trace rapidement le tableau de ses courses en Grèce :

De J.-C. 1676.
Vernon.

« Sparte, dit-il, est un lieu désert : Misitra
» qui en est éloignée de quatre milles, est ha-
» bitée. On voit à Sparte presque toutes les mu-
» railles des tours et des fondemens de temples,
» avec plusieurs colonnes démolies aussi-bien
» que leurs chapiteaux. Il y reste encore un
» théâtre tout entier. Elle a eu autrefois cinq
» milles de tour, et elle est située à un demi-
» quart de lieue de la rivière Eurotas. » (2)

On doit observer que Guillet indique dans la préface de son dernier ouvrage plusieurs Mémoires manuscrits sur Lacédémone : « Les
» moins défectueux, dit-il, sont entre les mains
» de M. Saint-Challier, secrétaire de l'ambas-
» sade de France en Piémont. »

---

(1) Spon écrit presque toujours *Vernhum*. Cette orthographe n'est point anglaise ; c'est une faute de Spon.
(2) Je me sers de la traduction de Spon, n'ayant point l'original.

De J.-C. 1676. Nous voici arrivés à une autre époque de l'histoire de la ville d'Athènes. Les voyageurs que nous avons cités jusqu'à présent avoient vu dans toute leur intégrité quelques-uns des plus beaux monumens de Périclès : Pococke, Chandler, Leroi, n'en ont plus admiré que les rui-
De J.-C. 1687. nes. En 1687, tandis que Louis XIV faisoit élever la colonnade du Louvre, les Vénitiens renversoient le temple de Minerve. Je parlerai dans l'Itinéraire de ce déplorable évènement, fruit des victoires de Koningsmarck et de Morosini.

Pierre Pacifique. Cette même année 1687 vit paroître à Venise la *Notizia del Ducato d'Atene*, de Pierre Pacifique : mince ouvrage, sans critique et sans recherches.

De J.-C. 1688. Coronelli. Le père Coronelli, dans sa *Description géographique de la Morée reconquise par les Vénitiens*, a montré du savoir ; mais il n'apprend rien de nouveau, et il ne faudroit pas suivre aveuglément ses citations et ses cartes. Les petits faits d'armes vantés par Coronelli font un contraste assez piquant avec les lieux célèbres qui en sont

INTRODUCTION. lxv

le théâtre. Cependant on remarque parmi les héros de cette conquête un prince de Turenne, qui combattit près de Pylos, dit Coronelli, avec cette bravoure naturelle à tous ceux de sa maison. Coronelli confond Sparte avec Misitra. — De J.-C. 1688.

L'*Atene Attica* de Fanelli prend l'histoire d'Athènes à son origine, et la mène jusqu'à l'époque où l'auteur écrivoit son ouvrage. Cet ouvrage est peu de chose, considéré sous le rapport des antiquités, mais on y trouve des détails curieux sur le siége d'Athènes par les Vénitiens en 1687, et un plan de cette ville, dont Chandler paroît avoir fait usage. — Fanelli.

Paul Lucas jouit d'une assez grande renommée parmi les voyageurs, et je m'en étonne. Ce n'est pas qu'il n'amuse par ses fables : les combats qu'il rend lui tout seul contre cinquante voleurs, les grands ossemens qu'il rencontre à chaque pas, les villes de géans qu'il découvre, les trois ou quatre mille pyramides qu'il trouve sur un grand chemin, et que personne n'avoit jamais vues, sont des contes divertissans ; mais du reste il estropie toutes les inscriptions qu'il — De J.-C. 1704. Paul Lucas.

e

De J.-C. 1704. rapporte : ses plagiats sont continuels, et sa description de Jérusalem est copiée mot à mot de celle de Deshayes ; enfin il parle d'Athènes comme s'il ne l'avoit jamais vue : ce qu'il en dit est un des contes les plus insignes que jamais voyageur se soit permis de débiter :

« Ses ruines, comme on le peut juger, sont
» la partie la plus remarquable. En effet, quoi-
» que les maisons y soient en grand nombre, et
» que l'air y soit admirable, il n'y a presque
» point d'habitans. Il y a une commodité que
» l'on ne trouve pas ailleurs ; y demeure qui
» veut, et les maisons s'y donnent sans que l'on
» en paie aucun loyer. Au reste, si cette ville
» célèbre est de toutes les anciennes celle qui a
» consacré le plus de monumens à la postérité,
» on peut dire que la bonté de son climat en a
» aussi conservé plus qu'en aucun autre endroit
» du monde ; au moins de ceux que j'ai vus. Il
» semble qu'ailleurs on se soit fait un plaisir de
» tout renverser, et la guerre a causé presque
» partout des ravages qui, en ruinant les peu-
» ples, ont défiguré tout ce qu'ils avoient de

INTRODUCTION. lxvij

« beau. Athènes seule, soit par le hasard, De J.-C. 1704.
» soit par le respect que l'on devoit naturelle-
» ment avoir pour une ville qui avoit été le
» siége des sciences, et à laquelle tout le monde
» avoit obligation, Athènes, dis-je, a été seule
» épargnée dans la destruction universelle; on
» y rencontre partout des marbres d'une beauté
» et d'une grandeur surprenantes; ils y ont été
» prodigués, et l'on y trouve à chaque pas des
» colonnes de granit et de jaspe. »

Athènes est fort peuplée; les maisons ne s'y donnent point; on n'y rencontre point à chaque pas des colonnes de granit et de jaspe; enfin, dix-sept ans avant l'année 1704, les monumens de cette ville célèbre avoient été renversés par les Vénitiens. Ce qu'il y a de plus étrange, c'est qu'on possédoit déjà les dessins de M. de Nointel et le Voyage de Spon, lorsque Paul Lucas imprima cette relation, digne des Mille et Une Nuits.

La *Relation du Voyage du sieur* Pellegrin *dans le royaume de Morée*, est de 1718. L'auteur paroît avoir été un homme de petite éducation, De J.-C. 1718. Pellegrin.

e.

INTRODUCTION.

De J.-C. 1718. et d'une science encore moins grande ; son misérable pamphlet de cent quatre-vingt-deux pages est un recueil d'anecdotes galantes, de chansons, et de mauvais vers. Les Vénitiens étoient restés maîtres de la Morée depuis l'an 1685 ; ils la perdirent en 1715. Pellegrin a tracé l'histoire de cette dernière conquête des Turcs : c'est la seule chose intéressante de sa Relation.

De J.-C. 1728.
Fourmont.
L'abbé Fourmont alla, par ordre de Louis XV, chercher au Levant des inscriptions et des manuscrits. Je citerai dans l'Itinéraire quelques-unes des découvertes faites à Sparte par ce savant antiquaire. Son Voyage est resté manuscrit, et l'on n'en connoît que des fragmens : il seroit bien à desirer qu'on le publiât ; car nous n'avons rien de complet sur les monumens du Péloponèse.

De J.-C. 1739.
Pococke.
Pococke visita Athènes en revenant de l'Egypte ; il a décrit les monumens de l'Attique avec cette exactitude qui fait connoître les arts sans les faire aimer.

De J.-C. 1740.
Wood, Awkins, et Bouvric.
Wood, Awkins et Bouvric faisoient alors leur beau Voyage en l'honneur d'Homère.

Le premier Voyage pittoresque de la Grèce

INTRODUCTION.

est celui de Leroi. Chandler accuse l'artiste français de manquer de vérité dans quelques dessins; moi-même je trouve dans ces dessins des ornemens superflus : les coupes et les plans de Leroi n'ont pas la scrupuleuse fidélité de ceux de Stuart; mais, à tout prendre, son ouvrage est un monument honorable pour la France. Leroi avoit vu Lacédémone, qu'il distingue fort bien de Misitra, et dont il reconnut le théâtre et le *dromos*. De J.-C. 1758. Leroi.

Je ne sais si les *Ruins of Athenes* de Robert Sayer ne sont point une traduction anglaise et une nouvelle gravure des planches de Leroi ; j'avoue également mon ignorance sur le travail de Pars, dont Chandler fait souvent l'éloge. De J.-C. 1759. Sayer. Pars.

L'an 1761, Stuart enrichit sa patrie de l'ouvrage si connu sous le titre de *Antiquities of Athenes* : c'est un grand travail, utile surtout aux artistes, et exécuté avec cette rigueur de mesures dont on se pique aujourd'hui ; mais l'effet général des tableaux n'est pas bon ; la vérité qui se trouve dans les détails manque dans l'ensemble : le crayon et le burin britannique n'ont De J.-C. 1761. Stuart.

INTRODUCTION.

De J.-C. 1761. point assez de netteté pour rendre les lignes si pures des monumens de Périclès; il y a toujours quelque chose de vague et de mou dans les compositions anglaises. Quand la scène est placée sous le ciel de Londres, ce style vaporeux a son agrément; mais il gâte les paysages éclatans de la Grèce.

De J.-C. 1764. Chandler. Le Voyage de Chandler, qui suivit de près les *Antiquités* de Stuart, pourroit dispenser de tous les autres. Le docteur anglais a déployé dans son travail une rare fidélité, une érudition facile et pourtant profonde, une critique saine, un jugement exquis. Je ne lui ferai qu'un reproche, c'est de parler souvent de Wheler, et de n'écrire le nom de Spon qu'avec une répugnance marquée. Spon vaut bien la peine qu'on parle de lui, quand on cite le compagnon de ses travaux. Chandler, comme savant et voyageur, auroit dû oublier qu'il étoit Anglais. Il a donné en 1805 un dernier ouvrage sur Athènes, que je n'ai pu me procurer.

De J.-C. 1773. Riedesel. Riedesel parcourut le Péloponèse et l'Attique dans l'année 1773 : il a rempli son petit ouvrage

de beaucoup de grandes réflexions sur les mœurs, De J.-C. 1773.
les lois, la religion des Grecs et des Turcs : le
baron allemand voyageoit dans la Morée trois
ans après l'expédition des Russes. Une foule de
monumens avoient péri à Sparte, à Argos, à
Mégalopolis, par une suite de cette invasion ;
comme les antiquités d'Athènes ont dû leur dernière destruction à l'expédition des Vénitiens.

 Le premier volume du magnifique ouvrage De J.-C. 1778.
de M. de Choiseul parut au commencement Choiseul, Chabert.
de l'année 1778. Je citerai souvent cet ouvrage
avec les éloges qu'il mérite, dans le cours de
mon Itinéraire. J'observe ici seulement que
M. de Choiseul n'a point encore donné les monumens de l'Attique et du Péloponèse. L'auteur étoit à Athènes en : ce fut, je crois
la même année que M. de Chabert détermina
la latitude et la longitude du temple de Minerve.

 Les recherches de MM. Foucherot et Fauvel De J.-C. 1780.
commencent vers l'année 1780, et se prolon- Foucherot et Fauvel.
gent dans les années suivantes. Les Mémoires
du dernier voyageur font connoître des lieux et

De J.-C. 1780.	des antiquités jusqu'alors ignorés. M. Fauvel a été mon hôte à Athènes, et je parlerai ailleurs de ses travaux.
Villoison.	Notre grand helléniste Danss de Villoison parcourut la Grèce à peu près à cette époque : nous n'avons point joui du fruit de ses études.
De J.-C. 1785. Lechevalier.	M. Lechevalier passa quelques momens à Athènes dans l'année 1785.
De J.-C. 1794. Scrofani.	Le voyage de M. Scrofani porte le cachet du siècle, c'est-à-dire qu'il est philosophique, politique, économique, etc. Il est nul pour l'étude de l'antiquité ; mais les observations de l'auteur sur le sol de la Morée, sur sa population, sur son commerce, sont excellentes et nouvelles.
	Au temps du voyage de M. Scrofani, deux Anglais montèrent à la cime la plus élevée du Taygète.
De J.-C. 1797. Dixo et Nicolo Stephanopoli.	En 1797, MM. Dixo et Nicolo Stephanopoli furent envoyés à la république de Maïna par le gouvernement français. Ces voyageurs font un grand éloge de cette république, sur laquelle on a tant discouru. J'ai le malheur de

INTRODUCTION.

regarder les Maniotes comme un assemblage de brigands, Sclavons d'origine, qui ne sont pas plus les descendans des anciens Spartiates que les Druses ne sont les enfans du comte de Dreux : je ne puis donc partager l'enthousiasme de ceux qui voient dans ces pirates du Taygète les vertueux héritiers de la liberté lacédémonienne.

De J.-C. 1797.

Le meilleur guide pour la Morée seroit certainement M. Poucqueville, s'il avoit pu voir tous les lieux qu'il a décrits. Malheureusement, il étoit prisonnier à Tripolizza.

De J.-C. 1798. Poucqueville.

Alors l'ambassadeur d'Angleterre à Constantinople, lord Elgin, faisoit faire en Grèce les travaux et les ravages que j'aurai occasion de louer et de déplorer. Peu de temps après lui, ses compatriotes Swinton et Hawkins visitèrent Athènes, Sparte et Olympie.

Lord Elgin, Swinton et Hawkins.

Les *Fragmens pour servir à la connoissance de la Grèce actuelle* terminent la liste de tous ces Voyages : ce ne sont en effet que des fragmens.

De J.-C. 1803. Bartholdi.

Résumons maintenant en peu de mots l'histoire des monumens d'Athènes. Le Parthénon, le temple de la Victoire, une grande partie du

De J.-C. 1803. temple de Jupiter-Olympien, un autre monument appelé par Guillet la *Lanterne de Diogène*, furent vus dans toute leur beauté par Zygomalas, Cabasilas et Deshayes.

De Monceaux, le marquis de Nointel, Galland, le père Babin, Spon et Wheler admirèrent encore le Parthénon dans son entier; mais la Lanterne de Diogène avoit disparu, et le temple de la Victoire avoit sauté en l'air par l'explosion d'un magasin de poudres (1); il n'en restoit plus que le fronton.

Pococke, Leroi, Stuart, Chandler, trouvèrent le Parthénon à moitié détruit par les bombes des Vénitiens, et le fronton du temple de la Victoire abattu. Depuis ce temps les ruines ont toujours été croissant. Je dirai comment lord Elgin les a augmentées.

L'Europe savante se console avec les dessins du marquis de Nointel, les voyages pittoresques de Leroi, et de Stuart : M. Fauvel a moulé deux cariatides du Pandroséum et quelques

---

(1) Cet accident arriva en 1656.

bas-reliefs du temple de Minerve : un métope du même temple est entre les mains de M. de Choiseul ; lord Elgin en a enlevé plusieurs autres qui ont peut-être péri dans un naufrage à Cérigo : M. Swinton et Hawkins possèdent un trophée de bronze trouvé à Olympie : la statue mutilée de Cérès Eleusine est aussi en Angleterre : enfin, nous avons en *terre cuite*, le monument choragique de Lysicrates. C'est une chose triste à remarquer, que les peuples civilisés de l'Europe ont fait plus de mal aux monumens d'Athènes dans l'espace de cent cinquante ans, que tous les Barbares ensemble dans une longue suite de siècles ; il est dur de penser qu'Alaric et Mahomet II avoient respecté le Parthénon, et qu'il a été renversé par Morosini et par lord Elgin.

SECOND MÉMOIRE.

J'ai dit que je me proposois d'examiner dans ce second Mémoire l'authenticité des traditions chrétiennes à Jérusalem. Quant à l'histoire de cette ville, comme elle ne présente aucune obscurité, elle n'a pas besoin d'explications préliminaires.

Les traditions de la Terre-Sainte tirent leur certitude de trois sources: de l'histoire, de la Religion, des lieux ou des localités. Considérons-les d'abord sous le rapport de l'histoire.

Jésus-Christ, accompagné de ses apôtres, accomplit à Jérusalem les mystères de la Passion. Les quatre Evangiles sont les premiers documens qui nous retracent les actions du Fils de l'Homme. Les actes de Pilate, conservés à Rome du temps de Tertullien (1), attestoient le principal fait de cette histoire; savoir : le crucifiement de Jésus de Nazareth.

Le Rédempteur expire; Joseph d'Arimathie obtient le corps sacré, et le fait ensevelir dans un tombeau au pied du Calvaire. Le Messie ressuscite le troisième jour; se montre à ses apôtres et à ses disciples, leur donne ses instructions, puis retourne à la droite de son Père. Dès lors l'Eglise commence à Jérusalem.

On croira aisément que les premiers apôtres et les parens du Sauveur, selon la chair, qui composoient cette première église du monde, n'ignoroient rien de la vie et de la mort de Jésus-Christ. Il est essentiel de remarquer que le Golgotha étoit hors de la ville, ainsi que la montagne des Oliviers : d'où il résultoit que les apôtres pouvoient plus librement prier aux lieux sanctifiés par le divin Maître.

La connoissance de ces lieux ne fut pas long-

---

(1) Apolog. advers. Gent.

temps renfermée dans un petit cercle de disciples : saint Pierre, en deux prédications, convertit huit mille personnes à Jérusalem (1); Jacques, frère du Sauveur, fut élu premier évêque de cette Eglise, l'an 35 de notre ère (2); il eut pour successeur Siméon, cousin de Jésus-Christ (3). On trouve ensuite une série de treize évêques de race juive, occupant un espace de cent vingt-trois ans, depuis Tibère jusqu'au règne d'Adrien. Voici le nom de ces évêques : Juste, Zachée, Tobie, Benjamin, Jean, Mathias, Philippe, Sénèque, Juste II, Lévi, Ephre, Joseph et Jude. (4)

Si les premiers Chrétiens de Judée consacrèrent des monumens à leur culte, n'est-il pas probable qu'ils les élevèrent de préférence aux endroits qu'avoient illustrés quelques miracles de la foi? Et comment douter qu'il y eût dès-lors des sanctuaires en Palestine, lorsque les

---

(1) Act. Apost. cap. 2 et 4.
(2) Eus. Hist. Eccl. lib. II, cap. 2.
(3) *Idem.* lib III, cap. 11-33.
(4) *Idem.* lib III, cap. 35 ; et lib. IV, cap. 5.

Fidèles en possédoient à Rome même et dans toutes les provinces de l'Empire? Quand saint Paul et les autres apôtres donnent des conseils et des lois aux Eglises d'Europe et d'Asie, à qui s'adressent-ils, si ce n'est à des congrégations de Fidèles, remplissant une commune enceinte sous la direction d'un pasteur? N'est-ce pas même ce qu'implique le mot *Ecclesia*, qui dans le grec signifie également *assemblée* et *lieu d'assemblée*? Saint Cyrille le prend dans ce dernier sens (1).

L'élection des sept diacres (2), l'an 33 de notre ère; le premier Concile tenu l'an 51 (3) annoncent que les apôtres avoient dans la Ville-Sainte des lieux particuliers de réunion. On peut même croire que le Saint-Sépulcre fut honoré dès la naissance du Christianisme sous le nom du *Martyrion* ou du *Témoignage*, μαρτύριον. Du moins, saint Cyrille, évêque de Jérusalem,

De J.-C. 33.
De J.-C. 51.

---

(1) Catech. XVIII.
(2) Act. Apost. cap. 6.
(3) *Idem.* cap. 15.

De J.-C. 51. prêchant en 347 dans l'église du Calvaire, dit: « Ce temple ne porte pas le nom d'*église* » comme les autres, mais il est appelé μαρτύριον, » *Témoignage*, comme le prophète l'avoit prédit. » (1)

Au commencement des troubles de la Judée, sous l'empereur Vespasien, les Chrétiens de
De J.-C. 70. Jérusalem se retirèrent à Pella (2), et aussitôt que la ville eut été renversée, ils revinrent habiter parmi ses ruines. Dans un espace de quelques mois (3), ils n'avoient pu oublier la position de leurs sanctuaires, qui se trouvant d'ailleurs hors de l'enceinte des murs, ne durent pas souffrir beaucoup du siége. Siméon, successeur de Jacques, gouvernoit l'Eglise de Judée lorsque Jérusalem fut prise, puisque nous voyons ce même Siméon, à l'âge de cent vingt années, re-
De J.-C. 117. cevoir la couronne du martyre pendant le règne

---

(1) S. Cyr. Cat. XVI. Illum.
(2) Eus. Hist. Eccl. lib. III, cap. 5.
(3) Titus parut devant Jérusalem vers le temps de la fête de Pâques de l'année 70, et la ville fut prise au mois de septembre de la même année.

de Trajan (1). Les autres évêques que j'ai nom- De J.-C. 117.
més, et qui nous conduisent au temps d'Adrien,
s'établirent sur les débris de la Cité-Sainte, et
ils en conservèrent les traditions chrétiennes.

 Que les Lieux-Sacrés fussent généralement
connus au siècle d'Adrien, c'est ce que l'on
prouve par un fait sans réplique. Cet Empereur,
en rétablissant Jérusalem, éleva une statue à De J.-C. 137.
Vénus sur le mont du Calvaire, et une statue
à Jupiter sur le Saint-Sépulcre. La grotte de
Bethléem fut livrée au culte d'Adonis (2). La
folie de l'idolâtrie publia ainsi, par ses profa-
nations imprudentes, cette folie de la Croix,
qu'elle avoit tant d'intérêt à cacher. La foi faisoit des progrès si rapides en Palestine, avant la
dernière sédition des Juifs, que Barcochebas,
chef de cette sédition, avoit persécuté les Chrétiens pour les obliger à renoncer à leur culte. (3)

---

(1) Eus. Hist. Eccl. lib. III, cap. 33.
(2) Hieron. Epist. ad Paul.; Ruff. Sozom. Hist. Eccl.
lib. II, cap. 1; Socrat. Hist. Eccl. lib. I, cap. 17; Sev.
lib. II; Niceph. lib. XVIII.
(3) Eus. lib. IV, cap. 8.

f.

lxxxij INTRODUCTION.

De J.-C. 137. A peine l'Eglise juive de Jérusalem fut-elle dispersée par Adrien, l'an 137 de Jésus-Christ, que nous voyons commencer l'Eglise des Gentils dans la Ville-Sainte. Marc en fut le premier évêque, et Eusèbe nous donne la liste de ses successeurs, jusqu'au temps de Dioclétien. Ce furent : Cassien, Publius, Maxime, Julien, Caïus, Symmaque, Caïus II, Julien II, Capi-

De J.-C. 162. ton, Valens, Dolichien, Narcisse, le tren-
Sous Comm.
De J.-C. 211. tième après les apôtres (1), Dius, Germa-
Sous Sévère.
De J.-C 217. nion, Gordius (2), Alexandre (3), Ma-
Sous Caracal.
De J.-C. 251. zabane (4), Hymenée (5), Zabdas, Her-
Sous Gallus.
Sous Macrin. mon (6), dernier évêque avant la persécution de Dioclétien.

De J.-C. 284. Cependant Adrien, si zélé pour ses dieux, ne persécuta point les Chrétiens, excepté ceux de Jérusalem, qu'il regarda sans doute comme

---

(1) Eus. lib. V, cap. 12.
(2) *Idem*. lib. VI, cap. 10.
(3) *Idem*. lib. VI, cap. 10 à 11.
(4) *Idem*. lib. VII, cap. 5.
(5) *Idem*. lib. VII, cap. 28.
(6) *Idem*. lib. VII, cap. 31.

des Juifs, et qui étoient en effet de nation israé- De J.-C. 284. lite. On croit qu'il fut touché des apologies de Quadrat et d'Aristide (1). Il écrivit même à Minucius Fundanus, gouverneur d'Asie, une lettre dans laquelle il défend de punir les Fidè- De J.-C. 126. les sans sujet. (2)

Il est probable que les Gentils, convertis à la foi, vécurent en paix dans Ælia, où la nouvelle Jérusalem, jusqu'au règne de Dioclétien; cela devient évident par le catalogue des évêques de cette église, que j'ai donné plus haut. Lorsque Narcisse occupoit la chaire épiscopale, les diacres manquèrent d'huile à la fête de Pâ- De J.-C. 162. ques: Narcisse fit à cette occasion un miracle (3). Sous Comm. Les Chrétiens, à cette époque, célébroient donc publiquement leurs mystères à Jérusalem; il y avoit donc des autels consacrés à leur culte.

Alexandre, autre évêque d'Ælia, sous le règne de l'empereur Sévère, fonda une biblio-

---

(1) Tillem. Persèc. sous Adr.; Eus. lib. IV, cap. 3.
(2) Eus. lib. IV, cap. 8.
(3) *Idem.* lib. VI, cap. 9.

f.

thèque dans son diocèse (1); or, cela suppose paix, loisirs, et prospérité; des proscrits n'ouvrent point une école publique de philosophie.

Si les Fidèles n'avoient plus alors, pour célébrer leurs fêtes, la jouissance du Calvaire, du Saint-Sépulcre et de Bethléem, ils ne pouvoient toutefois perdre la mémoire de ces sanctuaires : les idoles leur en marquoient la place. Bien plus, les païens même espéroient que le temple de Vénus, élevé au sommet du Calvaire, n'empêcheroit pas les Chrétiens de visiter cette colline sacrée; car ils se réjouissoient dans la pensée que les Nazaréens, en venant prier au Golgotha, auroient l'air d'adorer la fille de Jupiter (2). C'est une démonstration frappante de la connoissance entière que l'Eglise de Jérusalem avoit des Saints-Lieux.

Il y a des auteurs qui vont plus loin et qui prétendent qu'avant la persécution de Dioclé-

---

(1) Eus. lib. VI, cap. 20.
(2) Sozom. lib. II, cap. 1.

tien, les Chrétiens de la Judée étoient ren- De J.-C. 162.
trés en possession du Saint-Sépulcre (1). Il
est certain que saint Cyrille, en parlant de l'é-
glise du Saint-Sépulcre, dit positivement : « Il De J.-C. 326.
» n'y a pas long-temps que Bethléem étoit un Sous Const.
» lieu champêtre, et que la montagne du Cal-
» vaire étoit un jardin dont on voit encore des
» traces (2). » Qu'étoient donc devenus les édifices profanes ? Tout porte à croire que les
païens, en trop petit nombre à Jérusalem pour
se soutenir contre la foule croissante des Fidèles,
abandonnèrent peu à peu les temples d'Adrien.
Si l'Eglise encore persécutée n'osa relever ses
autels au Grand-Tombeau, elle eut du moins
la consolation de l'adorer sans obstacle et d'y
voir tomber en ruines les monumens de l'idolâtrie.

Nous voici parvenus à l'époque où les Saints-
Lieux commencent à briller d'un éclat qui ne
s'effacera plus. Constantin ayant fait monter la

---

(1) Epitom. Bell. Sacror. tom. VI.
(2) Cateches. XII et XIV.

De J.-C. 327. Religion sur le trône, écrivit à Macaire, évêque de Jérusalem. Il lui ordonna de décorer le Tombeau du Sauveur d'une superbe basilique (1). Hélène, mère de l'Empereur, se transporta en Palestine, et fit elle-même chercher le Saint-Sépulcre. Il avoit été caché sous la fondation des édifices d'Adrien. Un Juif, apparemment Chrétien, qui, selon Sozomène, *avoit gardé des Mémoires de ses pères*, indiqua la place où devoit se trouver le Tombeau. Hélène eut la gloire de rendre à la Religion le monument sacré. Elle découvrit encore trois croix, dont l'une se fit reconnoître à des miracles pour la croix du Rédempteur (2). Non-seulement on bâtit une magnifique église auprès du Saint-Sépulcre, mais Hélène en fit encore élever deux autres : l'une sur la crèche du Messie à Bethléem, l'autre sur la montagne des Oliviers, en mémoire de l'Ascension du Seigneur (3). Des

---

(1) Eus. in Const. lib. III, cap. 25-43 ; Socr. lib. I, cap. 9.
(2) Socr. cap. 17 ; Sozom. lib. II, cap. 1.
(3) Eus. in Const. lib. III, cap. 43.

chapelles, des oratoires, des autels marquèrent peu à peu tous les endroits consacrés par les actions du Fils de l'Homme : les traditions orales furent écrites et mises à l'abri de l'infidélité de la mémoire. De J.-C. 327.

En effet, Eusèbe, dans son *Histoire de l'Eglise*, dans sa *Vie de Constantin*, et dans son *Onomasticum urbium et locorum Sacræ Scripturæ*, nous décrit à peu près les Saints-Lieux tels que nous les voyons aujourd'hui. Il parle du Saint-Sépulcre, du Calvaire, de Bethléem, de la montagne des Oliviers, de la grotte où Jésus-Christ révéla les mystères aux apôtres (1). Après lui vient saint Cyrille, que j'ai déjà cité plusieurs fois : il nous montre les Stations-Sacrées, telles qu'elles étoient avant et après les travaux de Constantin et de sainte Hélène. Socrate, Sozomène, Théodoret, Evagre donnent ensuite la succession de plusieurs évêques depuis Constantin jusqu'à Justinien : Macaire (2), De J.-C. 347.
De J.-C. 328.

---

(1) Eus. in. Const. lib. III, cap. 43.
(2) Socrat. lib. I, cap. 17.

De J.-C. 328. Maxime (1), Cyrille (2), Herennius, Héra-
Sous Const.
De J.-C. 361. clius, Hilaire (3), Jean (4), Salluste, Marty-
Sous Julien.
De J.-C. 384. rius, Elie, Pierre, Macaire II (5), et Jean (6),
Sous Valent.
Théodose et quatrième du nom.
Arcadius.
De J.-C. 476. Saint Jérôme, retiré à Bethléem vers l'an 385,
Sous Justinien.
De J.-C. 579. nous a laissé en divers endroits de ses ouvrages
Sous Tibère II. le tableau le plus complet des Lieux-Saints (7).

« Il seroit trop long, dit-il dans une de ses let-
» tres (8), de parcourir tous les âges depuis l'As-
» cension du Seigneur jusqu'au temps où nous
» vivons, pour raconter combien d'évêques,
» combien de martyrs, combien de docteurs
» sont venus à Jérusalem; car ils auroient cru
» avoir moins de piété et de science, s'ils n'eus-
» sent adoré Jésus-Christ dans les lieux même où

---

(1) Socrat. lib. II, cap. 24; Sozom. lib. II, cap. 20.
(2) Socrat. lib. III. cap. 20.
(3) Sozom. lib. IV, cap. 30.
(4) *Idem.* lib. VII, cap. 14.
(5) Evagr. lib. IV, cap. 37.
(6) *Idem.* lib. V, cap. 14.
(7) Epist. XXII, etc. De situ et nom. loc. he-
braïc, etc.
(8) Epist. ad Marcel.

» l'Evangile commença à briller du haut de la De J.-C. 385.
» Croix. »

Saint Jérôme assure dans la même lettre qu'il venoit à Jérusalem des pélerins de l'Inde, de l'Ethiopie, de la Bretagne et de l'Hibernie (1); qu'on les entendoit chanter, dans des langues diverses, les louanges de Jésus-Christ autour de son Tombeau. Il dit qu'on envoyoit de toutes parts des aumônes au Calvaire; il nomme les principaux lieux de dévotion de la Palestine, et il ajoute que, dans la seule ville de Jérusalem, il y avoit tant de sanctuaires, qu'on ne pouvoit les parcourir dans un seul jour. Cette lettre est adressée à Marcelle, et censée écrite par sainte Paule et sainte Eustochie, quoique des manuscrits l'attribuent à saint Jérôme. Je demande si les Fidèles qui, depuis les temps apostoliques jusqu'à la fin du quatrième siècle, avoient visité le Tombeau du Sauveur, je demande s'ils ignoroient la place de ce Tombeau ?

---

(1) Epist. XXII.

De J.-C. 404. Le même Père de l'Eglise, dans sa lettre à Eustochie sur la mort de Paule, décrit ainsi les Stations où la sainte Dame romaine s'arrêta :

« Elle se prosterna, dit-il, devant la Croix,
» au sommet du Calvaire ; elle embrassa, au
» Saint-Sépulcre, la pierre que l'ange avoit dé-
» rangée lorsqu'il ouvrit le Tombeau, et baisa
» surtout avec respect l'endroit touché par le
» corps de Jésus-Christ. Elle vit, sur la mon-
» tagne de Sion, la colonne où le Sauveur
» avoit été attaché et battu de verges : cette
» colonne soutenoit alors le portique d'une
» église. Elle se fit conduire au lieu où les disciples
» étoient rassemblés lorsque le Saint-Esprit
» descendit sur eux. Elle se rendit ensuite à Beth-
» léem, et s'arrêta en passant au sépulcre de
» Rachel. Elle adora la crèche du Messie, et il
» lui sembloit y voir encore les mages et les
» pasteurs. A Bethphagé, elle trouva le monu-
» ment de Lazare et la maison de Marthe et de
» Marie. A Sychar, elle admira une église bâ-
» tie sur le puits de Jacob, où Jésus-Christ
» parla à la Samaritaine : enfin, elle trouva

» à Samarie le tombeau de saint Jean-Bap- De J.-C. 404.
» tiste. » (1)

Cette lettre est de l'an 404; il y a par conséquent 1406 ans qu'elle est écrite. On peut lire toutes les Relations de la Terre-Sainte, depuis le Voyage d'Arculfe jusqu'à mon Itinéraire, et l'on verra que les pèlerins ont constamment retrouvé et décrit les lieux marqués par saint Jérôme. Certes, voilà du moins une belle et imposante antiquité.

Une preuve que les pélerinages à Jérusalem avoient précédé le temps même de saint Jérôme, comme le dit très-bien le savant docteur, se tire de l'Itinéraire de Bordeaux à Jérusalem. Cet Itinéraire, selon les meilleurs critiques, fut composé en 333, pour l'usage des pèlerins des Gaules (2). Mannert (3) pense que c'étoit un tableau de route pour quelque personne chargée d'une mission du prince : il est bien plus na-

---

(1) Epist ad Eustoch.
(2) Voy. Wess. Præf. in Itin. pag. 5, 37, 47; Bergier, Chem. de l'Emp. On trouvera l'*Itinéraire* à la fin de cet ouvrage.
(3) Geog. I.

De J.-C. 404. turel de supposer que cet Itinéraire avoit un but général ; cela est d'autant plus probable que les Lieux-Saints y sont décrits.

Il est certain que saint Grégoire de Nysse
De J.-C. 379. blâme déjà l'abus des pélerinages à Jérusalem (1). Lui-même avoit visité les Saints-Lieux en 379 : il nomme en particulier le Calvaire, le Saint-Sépulcre, la montagne des Oliviers et Bethléem. Nous avons ce Voyage parmi les œuvres du saint évêque, sous le titre d'*Iter Hierosolymæ*. Saint Jérôme cherche aussi à détourner saint Paulin du pélerinage de Terre-Sainte. (2)

Ce n'étoient pas seulement les prêtres, les solitaires, les évêques, les docteurs, qui se rendoient de toutes parts en Palestine à l'époque dont nous parlons ; c'étoient des dames illustres, et jusqu'à des princesses et des impératrices : j'ai déjà nommé sainte Paule et sainte Eustochie ; il faut compter encore les deux Mélanie (3). Le monastère de Bethléem se remplit

---

(1) Epist. ad Ambros.
(2) Epist. ad Paulin.
(3) Epist. XXII.

des plus grandes familles de Rome, qui fuyoient De J.-C. 404.
devant Alaric. Cinquante ans auparavant, Eutropie, veuve de Maximien Hercule, avoit fait le voyage des Saints-Lieux et détruit les restes de l'idolâtrie qui se montroient encore à la foire du Térébinthe, près d'Hébron.

Le siècle qui suivit celui de saint Jérôme ne nous laisse point perdre de vue le Calvaire: c'étoit alors que Théodoret écrivoit son Histoire Ecclésiastique, où nous retrouvons souvent la chrétienne Sion. Nous l'apercevons mieux encore dans la *Vie des Solitaires*, par le même au- De J.-C. 430. teur. Saint Pierre, anachorète, accomplit le voyage sacré (1). Théodoret passa lui-même en Palestine, où il contempla avec étonnement les ruines du Temple (2). Les deux pèlerinages de l'impératrice Eudoxie, femme de Théodose le jeune, sont de ce siècle. Elle fit bâtir des monastères à Jérusalem, et y finit ses jours dans De J.-C. 450. la retraite. (3)

---

(1) Hist. Relig. cap. 6.
(2) Serm. II. De Fine et Judicio.
(3) Evagr. cap. 20; Zonar. in Theod. II, *sub fin.*

De J.-C. 500. Le commencement du sixième siècle nous fournit l'Itinéraire d'Antonin de Plaisance : il décrit toutes les Stations, comme saint Jérôme. Je remarque dans ce Voyage un *cimetière des Pélerins*, à la porte de Jérusalem, ce qui indique assez l'affluence de ces pieux voyageurs. L'auteur trouva la Palestine couverte d'églises et de monastères. Il dit que le Saint-Sépulcre étoit orné de pierreries, de joyaux, de couronnes d'or, de bracelets et de colliers. (1)

De J.-C. 573. Le premier historien de notre monarchie, Grégoire de Tours, nous parle aussi dans ce siècle des pélerinages à Jérusalem. Un de ses diacres étoit allé en Terre-Sainte, et, avec quatre autres voyageurs, ce diacre avoit vu une étoile miraculeuse à Bethléem (2). Il y avoit alors à Jérusalem, selon le même historien, un grand monastère où l'on recevoit les voya-

---

C'est cette illustre Athénienne dont nous avons parlé dans le premier Mémoire de l'Introduction.

(1) Itin. de Loc. Terr.-Sanct. quos peramb. Ant. Plac.

(2) Greg. Tur. de Martyr. lib. I, cap. 10.

geurs (1) : c'est sans doute ce même hospice que Brocard retrouva deux cents ans après. *De J.-C. 573.*

Ce fut encore dans ce même siècle que Justinien éleva l'évêque de Jérusalem à la dignité patriarcale. L'empereur renvoya au Saint-Sépulcre les vases sacrés que Titus avoit enlevés du Temple. Ces vases, tombés en 455 dans les mains de Genseric, furent retrouvés à Carthage par Bélisaire. (2) *De J.-C. 593.*

Cosroës prit Jérusalem en 613; Héraclius rapporta au tombeau de Jésus-Christ la vraie Croix que le roi des Perses avoit enlevée. Vingt-trois ans après Omar s'empara de la Cité-Sainte, qui demeura sous le joug des Sarrasins jusqu'au temps de Godefroy de Bouillon. On verra dans l'Itinéraire, l'histoire de l'église du Saint-Sépulcre, pendant ces siècles de calamités. Elle fut sauvée par la constance invincible des Fidèles de la Judée : jamais ils ne l'abandonnèrent; et les pélerins rivalisant de zèle avec *De J.-C. 600. De J.-C. 615. De J.-C. 636.*

---

(1) Greg. Tur. de Martyr. lib. I, cap. 11.
(2) Procop. de Bell. Vandal. lib. XI.

De J.-C. 636. eux, ne cessèrent point d'accourir au saint rivage.

Quelques années après la conquête d'Omar, Arculfe visita la Palestine. Adamannus, abbé de Jona en Angleterre, écrivit, d'après le récit de l'évêque français, une Relation de la Terre-Sainte. Cette Relation curieuse nous a été conservée. Seranius la publia à Ingolstadt, en 1619, sous ce titre : *De Locis Terræ-Sanctæ, lib. III.* On en trouve un extrait dans les Œuvres du vénérable Bède : *De Situ Hierusalem et Locorum-Sanctorum liber.* Mabillon a transporté l'ouvrage d'Adamannus dans sa grande collection : *Acta SS. Ordin. S. Benedicti. II.* 514.

Arculfe décrit les Lieux-Saints tels qu'ils étoient du temps de saint Jérôme, et tels que nous les voyons aujourd'hui. Il parle de la basilique du Saint-Sépulcre comme d'un monument de forme ronde : il trouva des églises et des oratoires à Béthanie, sur la montagne des Oliviers, dans le jardin du même nom, et dans celui de Gethsémani, etc. Il admira la superbe église de Bethléem, etc. C'est exactement tout

INTRODUCTION. xcvij

ce que l'on montre de nos jours; et pourtant ce Voyage est à peu près de l'an 690, si l'on fait mourir Adamannus au mois d'octobre de l'année 704 (1). Au reste, du temps de saint Arculfe, Jérusalem s'appeloit encore Ælia. — De J.-C. 690.

Nous avons, au huitième siècle, deux relations du *Voyage à Jérusalem*, de saint Guillebaud (2): toujours description des mêmes lieux, toujours même fidélité de traditions. Ces relations sont courtes, mais les Stations essentielles sont marquées. Le savant Guillaume Cave (3) indique un manuscrit du vénérable Bède, *in bibliothecâ Gualtari Copi, cod.* 169, sous le titre de *Libellus de Sanctis Locis*. Bède naquit en 672, et mourut en 732. Quel que soit ce petit livre sur les Lieux-Saints, il faut le rapporter au huitième siècle. — De J.-C. 700. De J.-C. 765.

Sous le règne de Charlemagne, au commen- — De J.-C. 800.

---

(1) Guill. Cav. Script. Eccl. Hist. littera. pag. 328.
(2) Canisii Thesaur. Monument. Eccles. et Hist. seu Lect. Antiq.; A. S. Barn. tom. II, pag. 1; Mabil. II, 372.
(3) Guill. Cav. Script. Eccl. Hist. litter. pag. 336.

De J.-C. 800. cement du neuvième siècle, le calife Haroun-al-Raschid céda à l'Empereur français la propriété du Saint-Sépulcre. Charles envoyoit des aumônes en Palestine, puisqu'un de ses Capitulaires reste avec cet énoncé : *De Eleemosyná mittendá ad Jerusalem.* Le patriarche de Jérusalem avoit réclamé la protection du monarque d'Occident. Eginard ajoute que Charlemagne protégeoit les Chrétiens d'outre-mer (1). A cette époque les pèlerins latins possédoient un hospice au nord du Temple de Salomon, près du couvent de Sainte - Marie ; et Charlemagne avoit fait don à cet hospice d'une bibliothèque.

De J.-C. 870. Nous apprenons ces particularités de Bernard, le moine, qui se trouvoit en Palestine vers l'an 870. Sa relation, fort détaillée, donne toutes les positions des Lieux-Saints. (2)

De J.-C. 900.
De J.-C. 905. Elie, troisième du nom, patriarche de Jérusalem, écrivit à Charles-le-Gros au commencement du dixième siècle. Il lui demandoit des

---

(1) In Vit. Car. Mag.
(2) Mabill. Act. SS. Ord. S. Ben. sect. III, part. 2.

INTRODUCTION. xcix

secours pour le rétablissement des églises de Ju- De J.-C. 905.
dée : « Nous n'entrerons point, dit-il, dans le
» récit de nos maux; ils vous sont assez connus
» par les pélerins qui viennent tous les jours
» visiter les Saints-Lieux, et qui retournent
» dans leur patrie. » (1)

Le onzième siècle, qui finit par les Croisades, De J.-C. 1000.
nous donne plusieurs voyageurs en Terre-
Sainte. Oldric, évêque d'Orléans, fut témoin
de la cérémonie du feu sacré au Saint-Sépulcre (2). Il est vrai que la chronique de Glaber doit être lue avec précaution; mais ici, il
s'agit d'un fait et non d'un point de critique.
Allatius, *in Symmictis sive Opusculis*, etc. nous a
conservé l'Itinéraire de Jérusalem du Grec Eu-
gisippe. La plupart des Lieux-Saints y sont décrits, et ce récit est conforme à tout ce que
nous connoissons. Guillaume-le-Conqué-
rant envoya, dans le cours de ce siècle,

---

(1) Acherii Spicileg. tom. II. Edit. à Barr.
(2) Glaber. Chronic. lib. IV. Apud. Duch. Hist.
Franc.

INTRODUCTION.

De J.-C. 1000. des aumônes considérables en Palestine. Enfin, le Voyage de Pierre l'hermite qui eut un
De J.-C. 1099. si grand résultat, et les Croisades elles-mêmes prouvent à quel point le monde étoit occupé de cette région lointaine où s'opéra le mystère du salut.
De J.-C. 1100. Jérusalem demeura entre les mains des princes français l'espace de quatre-vingt-huit ans ; et durant cette période, les historiens de la collection *Gesta Dei per Francos*, ne nous laissent rien ignorer de la Terre-Sainte. Benjamin
De J.-C. 1173. de Tudèle passa en Judée vers l'an 1173.
De J.-C. 1187. Lorsque Saladin eut repris Jérusalem sur les Croisés, les Syriens rachetèrent par une somme considérable l'église du Saint-Sépulcre (1); et, malgré les dangers de l'entreprise, les pélerins continuèrent à visiter la Palestine.
De J.-C. 1200. Phocas en 1208 (2), Willebrand d'Oldenbourg en 1211, Jacob Vetraco ou de Vetri en

---

(1) Sanut. Lib. Secret. Fidel. Cruc. Sup. Terr. Sanct. II.
(2) Itiner. Hieros. ap. Allat. Symnicth.

INTRODUCTION.

1231 (1), Brocard, religieux dominicain, en De J.-C. 1200.
1283 (2), reconnurent et consignèrent dans leurs Voyages tout ce qu'on avoit dit avant eux sur les Lieux-Saints.

Pour le quatorzième siècle, nous avons Lu- De J.-C. 1300.
dolphe (3), Maudeville (4) et Sanuto. (5)

Pour le quinzième, Breidenbach (6), Tu- De J.-C. 1400.
chor (7), Langi. (8)

Pour le seizième, Heyter (9), Salignac (10), De J.-C. 1500.
Pascha (11), etc.

Pour le dix-septième, Cotovic, Nau, et cent De J.-C. 1600.
autres.

---

(1) Lib. de Terr.-Sanct.
(2) Descript. urb. Jerus. et Loc. Terr.-Sanc. exact.
(3) De Terr.-Sanct. et Itin. Hierosol.
(4) Descript. Jerusalem Loc.-Sacr.
(5) Lib. Secret., etc. Vid. Sup.
(6) Opus transmar. Peregrinat. ad Sepulch. Dom. in Hierus.
(7) Raise-Besch. Zum. Heil. Grab.
(8) Hierosolym. Urb. Templique.
(9) Lib. Hist. Partium Orient., etc.
(10) Itiner. Jerosol. et Terr.-Sanct., etc.
(11) Peregrinatio cum exact. Descript. Jerusalem, etc.

INTRODUCTION.

De J.-C 1700. Pour le dix-huitième, Maundrel, Pococke, Shaw et Hasselquits. (1)

Ces Voyages, qui se multiplient à l'infini, se répètent tous les uns les autres, et confirment les traditions de Jérusalem de la manière la plus invariable et la plus frappante.

Quel étonnant corps de preuves en effet! Les apôtres ont vu Jésus-Christ ; ils connoissent les lieux honorés par les pas du Fils de l'Homme ; ils transmettent la tradition à la première église chrétienne de Judée ; la succession des évêques s'établit, et garde soigneusement cette tradition sacrée. Eusèbe paroît, et l'histoire des Saints-Lieux commence. Socrate, Sozomène, Théodoret, Evagre, saint Jérôme la continuent. Les pélerins accourent de toutes parts. Depuis ce moment jusqu'à nos jours, une suite de Voyages non interrompue nous donne, pendant quatorze siècles, et les

---

(1) Je ne cite plus, et j'ai peut-être déjà trop cité ; on verra dans l'Itinéraire une foule d'autres voyageurs que j'omets ici.

mêmes faits et les mêmes descriptions. Quelle tradition fut jamais appuyée d'un aussi grand nombre de témoignages ? Si l'on doute ici, il faut renoncer à croire quelque chose : encore ai-je négligé tout ce que j'aurois pu tirer des Croisades. J'ajouterai à tant de preuves historiques quelques considérations sur la nature des traditions religieuses, et sur le local de Jérusalem.

Il est certain que les souvenirs religieux ne se perdent pas aussi facilement que les souvenirs purement historiques : ceux-ci ne sont confiés en général qu'à la mémoire d'un petit nombre d'hommes instruits qui peuvent oublier la vérité ou la déguiser selon leurs passions ; ceux-là sont livrés à tout un peuple qui les transmet machinalement à ses fils. Si le principe de la Religion est sévère, comme dans le Christianisme ; si la moindre déviation d'un fait ou d'une idée devient une hérésie, il est probable que tout ce qui touche cette Religion se conservera d'âge en âge avec une rigoureuse exactitude.

Je sais qu'à la longue, une piété exagérée,

un zèle mal entendu, une ignorance attachée aux temps et aux classes inférieures de la société, peuvent surcharger un culte de traditions qui ne tiennent pas contre la critique; mais le fond des choses reste toujours. Dix-huit siècles, qui tous indiquent aux mêmes lieux les mêmes faits et les mêmes monumens, ne peuvent tromper. Si quelques objets de dévotion se sont trop multipliés à Jérusalem, ce n'est pas une raison de rejeter le tout comme une imposture. N'oublions pas d'ailleurs que le Christianisme fut persécuté dans son berceau, et qu'il a presque toujours continué de souffrir à Jérusalem; or, l'on sait quelle fidélité règne parmi des hommes qui gémissent ensemble : tout devient sacré alors, et la dépouille d'un martyr est conservée avec plus de respect que la couronne d'un monarque. L'enfant qui peut à peine parler, connoît déjà cette dépouille; porté la nuit, dans les bras de sa mère à de périlleux autels, il entend des chants, il voit des pleurs qui gravent à jamais dans sa tendre mémoire des objets qu'il n'oubliera plus; et quand il ne devroit encore

INTRODUCTION.

montrer que la joie, l'ouverture de cœur et la légèreté de son âge, il apprend à devenir grave, discret et prudent : le malheur est une vieillesse prématurée.

Je trouve dans Eusèbe une preuve remarquable de cette vénération pour une relique sainte. Il rapporte que, de son temps, les Chrétiens de la Judée conservoient encore la chaise de saint Jacques, frère du Sauveur, et premier évêque de Jérusalem. Gibbon lui-même n'a pu s'empêcher de reconnoître l'authenticité des traditions religieuses en Palestine : « *They fixed* (*Christians*), dit-il, *by unquestionable tradition, the scene of each memorable event.* » — « Ils fixèrent (les Chrétiens), par une tradition non douteuse, la scène de chaque évènement mémorable (1). » Aveu d'un poids considérable dans la bouche d'un écrivain aussi instruit que l'historien anglais, et d'un homme en même temps si peu favorable à la Religion.

Enfin les traditions de lieux ne s'altèrent pas

---

(1) Gibb. tom. IV, pag. 101.

comme celle des faits, parce que la face de la terre ne change pas aussi facilement que celle de la société. C'est ce que remarque très-bien d'Anville, dans son excellente Dissertation sur l'ancienne Jérusalem : « Les circonstances lo-
» cales, dit-il, et dont la nature même décide,
» ne prennent aucune part aux changemens que
» le temps et la fureur des hommes ont pu ap-
» porter à la ville de Jérusalem (1). » Aussi, d'Anville retrouve-t-il avec une sagacité merveilleuse tout le plan de l'ancienne Jérusalem dans la nouvelle.

Le théâtre de la Passion, à l'étendre depuis la montagne des Oliviers jusqu'au Calvaire, n'occupe pas plus d'une lieue de terrain; et voyez combien de choses faciles à signaler dans ce petit espace! C'est d'abord une montagne appelée la montagne des Oliviers, qui domine la ville et le Temple à l'orient; cette montagne est là, et n'a pas changé : c'est un torrent du Cé-

―――――――――――――――――――――

(1) D'Anv. Diss. sur l'anc. Jérus. pag. 4. On peut voir cette Dissertation à la fin de cet Itinéraire.

dron ; et ce torrent est encore le seul qui passe à Jérusalem ; c'est un lieu élevé à la porte de l'ancienne cité, où l'on mettoit à mort les criminels ; or, ce lieu élevé est aisé à retrouver entre le mont Sion et la porte Judicielle, dont il existe encore quelques vestiges. On ne peut méconnoître Sion, puisqu'elle étoit encore la plus haute colline de la ville. « Nous sommes, » dit notre grand géographe, assurés des li- » mites de cette ville dans la partie que Sion » occupoit. C'est le côté qui s'avance le plus » vers le midi ; et non-seulement on est fixé de » manière à ne pouvoir s'étendre plus loin de » ce côté-là ; mais encore l'espace de l'empla- » cement que Jérusalem peut y prendre en lar- » geur se trouve déterminé, d'une part par la » pente ou l'escarpement de Sion qui regarde le » couchant, et de l'autre par son extrémité » opposée vers Cédron. » (1)

Tout ce raisonnement est excellent, et on

---

(1) D'Anv. Diss. sur l'anc. Jérus. pag. 4.

diroit que d'Anville l'a fait d'après l'inspection des lieux.

Le Golgotha étoit donc une petite croupe de la montagne de Sion : à l'orient de cette montagne et à l'occident de la porte de la ville : cette éminence qui porte maintenant l'église de la Résurrection, se distingue parfaitement encore. On sait que Jésus-Christ fut enseveli dans un jardin au bas du Calvaire : or, ce jardin et la maison qui en dépendoit ne pouvoient disparoître au pied du Golgotha, monticule dont la base n'est pas assez large pour qu'on y perde un monument.

La montagne des Oliviers et le torrent de Cédron donnent ensuite la vallée de Josaphat : celle-ci détermine la position du Temple sur le mont Moria. Le Temple fournit la porte Triomphale et la maison d'Hérode, que Josephe place à l'orient, au bas de la ville et près du Temple. Le Prétoire de Pilate touchoit presque à la tour Antonia, et on connoît les fondemens de cette tour. Ainsi, le tribunal de Pilate et le Calvaire étant trouvés, on place aisément la dernière scène de la Passion sur le chemin qui conduit de l'un à l'autre ; surtout ayant encore pour témoin un fragment de la porte Judicielle. Ce chemin est cette *Via Dolorosa*, si célèbre dans toutes les relations des pélerins.

Les actions de Jésus-Christ hors de la Cité-Sainte ne sont pas indiquées par les lieux avec moins de certitude. Le jardin des Oliviers, de l'autre côté de la vallée de Josaphat et du torrent de Cédron, est visiblement aujourd'hui dans la position que lui donne l'Evangile.

Je pourrois ajouter beaucoup de faits, de conjectures et de réflexions à tout ce que je viens de dire ; mais il est temps de mettre un terme à cette Introduction, déjà trop longue. Quiconque examinera avec candeur les raisons déduites dans ce Mémoire, conviendra que s'il y a quelque chose de prouvé sur la terre, c'est l'authenticité des traditions chrétiennes à Jérusalem.

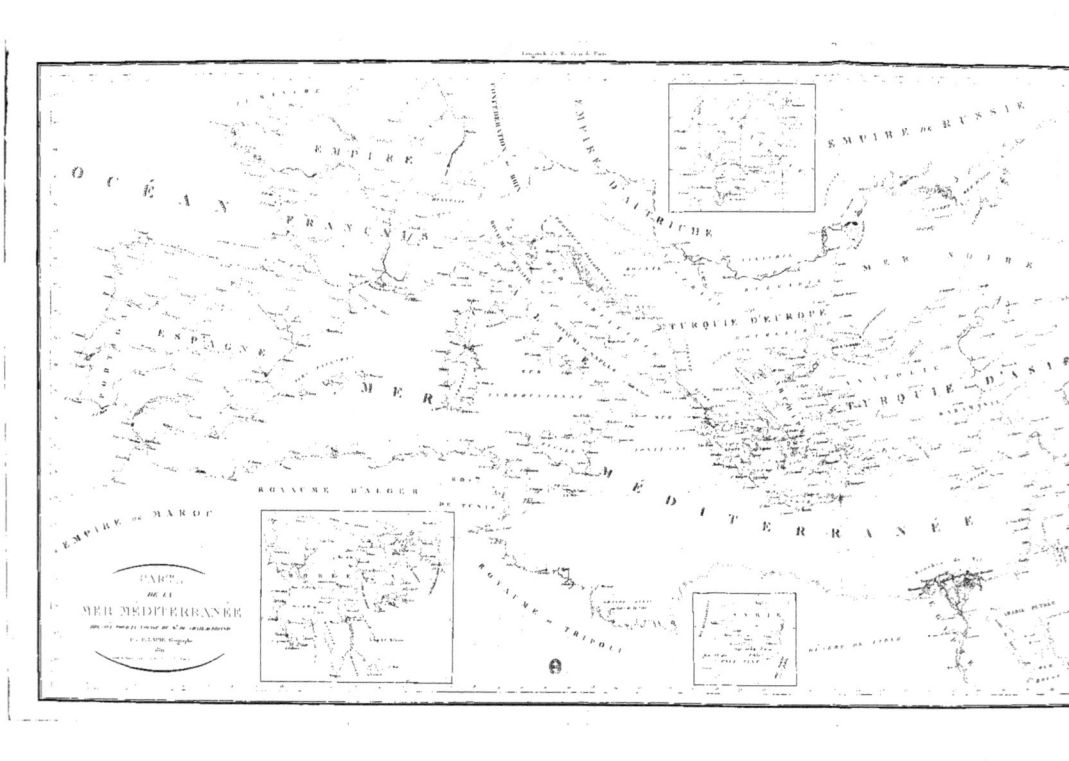

ITINÉRAIRE

DE PARIS A JÉRUSALEM

ET

DE JÉRUSALEM A PARIS,

EN ALLANT PAR LA GRÈCE, ET REVENANT PAR
L'ÉGYPTE, LA BARBARIE ET L'ESPAGNE.

~~~~~~~~~~~~~~~~~~~~~~~~~~~~~~~~~~

PREMIÈRE PARTIE.

VOYAGE DE LA GRÈCE.

J'avois arrêté le plan des Martyrs : la plupart des livres de cet ouvrage étoient ébauchés; je ne crus pas devoir y mettre la dernière main sans avoir vu les pays où ma scène étoit placée. D'autres ont leurs ressources en eux-mêmes; moi j'ai besoin de suppléer à ce qui me manque par toutes sortes de travaux. Ainsi, quand on ne trouvera pas dans cet Itinéraire la description de tels ou tels lieux célèbres, il la faudra chercher dans les Martyrs.

Au principal motif qui me faisoit, après tant de courses, quitter de nouveau la France, se joignoient d'autres considérations : un voyage en Orient complétoit le cercle des études que je m'étois toujours promis d'achever. J'avois contemplé dans les déserts de l'Amérique les monumens de la nature : parmi les monumens des hommes, je ne connoissois encore que deux sortes d'antiquités, l'antiquité celtique et l'antiquité romaine; il me restoit à parcourir les ruines d'Athènes, de Memphis, et de Carthage. Je voulois aussi accomplir le pélerinage de Jérusalem :

. . . . Qui devoto
Il grand Sepolcro adora, e scioglie il voto.

Il peut paroître étrange aujourd'hui de parler de vœux et de pélerinages; mais sur ce point je suis sans pudeur, et je me suis rangé depuis long-temps dans la classe des superstitieux et des foibles. Je serai peut-être le dernier Français sorti de mon pays pour voyager en Terre-Sainte, avec les idées, le but et les sentimens d'un ancien pélerin. Mais si je n'ai point les vertus qui brillèrent jadis dans les sires de Coucy, de Nesle, de Chastillon, de Montfort, du moins la foi me reste ; et à cette marque, je pourrois encore me faire reconnoître des antiques Croisés.

« Et quant je voulu partir et me mettre à
» la voye, dit le sire de Joinville, je envoyé
» quérir l'abbé de Cheminon, pour me re-
» concilier à lui. Et me bailla et ceignit mon
» escherpe, et me mit mon bourdon en la
» main. Et tantôt je m'en pars de Jonville,
» sans ce que rentrasse onques puis au chastel,
» jusques au retour du veage d'outre-mer.
» Et m'en allay premier à de saints véages,
» qui estoient illeques près... tout à pié des-
» chaux, et en lange. Et ainsi que je allois de
» Bleicourt à Saint-Urban, qu'il me failloit
» passer auprès du chastel de Jonville, je
» n'ozé onques tourner la face devers Jon-
» ville, de paeur d'avoir trop grant regret,
» et que le cueur me attendrist. »

En quittant de nouveau ma patrie, le 13

juillet 1806, je ne craignis point de tourner la tête, comme le sénéchal de Champagne: presqu'étranger dans mon pays, je n'abandonnois après moi ni château, ni chaumière.

De Paris à Milan, je connoissois la route. A Milan, je pris le chemin de Venise: je vis partout, à peu près comme dans le Milanais, un marais fertile et monotone. Je m'arrêtai quelques instans aux monumens de Vérone, de Vicence et de Padoue. J'arrivai à Venise le 23; j'examinai pendant cinq jours les restes de sa grandeur passée: on me montra quelques bons tableaux du Tintoret, de Paul Véronèse et de son frère, du Bassan et du Titien. Je cherchai dans une église déserte le tombeau de ce dernier peintre, et j'eus quelque peine à le trouver: la même chose m'étoit arrivée à Rome, pour le tombeau du Tasse. Après tout, les cendres d'un poëte religieux et infortuné ne sont pas trop mal placées dans un hermitage: le chantre de la Jérusalem semble s'être réfugié dans cette sépulture ignorée, comme pour échapper aux persécutions des hommes; il remplit le monde de sa renommée, et repose lui-même inconnu sous l'oranger de saint Onuphre.

Je quittai Venise le 28, et je m'embarquai à dix heures du soir, pour me rendre en terre ferme. Le vent de sud-est souffloit assez pour enfler la voile, pas assez pour troubler la mer. A mesure que la barque s'éloignoit, je voyois s'enfoncer à l'horizon les lumières de Venise, et je distinguois, comme des taches sur les flots, les différentes ombres des îles dont la plage est semée. Ces îles, au lieu d'être couvertes de forts et de bastions, sont occupées par des églises et des monastères. Les cloches des hospices et des lazarets se faisoient entendre, et ne rappeloient que des idées de calme et de secours au milieu de l'empire des tempêtes et des dangers. Nous nous approchâmes assez d'une de ces retraites, pour entrevoir des moines qui regardoient passer notre gondole; ils avoient l'air de vieux nautoniers, rentrés au port après de longues traverses : peut-être bénissoient-ils le voyageur, car ils se souvenoient d'avoir été comme lui étrangers dans la terre d'Egypte : « *Fuistis enim et vos advenæ in terrâ Ægypti.* »

J'arrivai avant le lever du jour en terre ferme, et je pris un chariot de poste qui devoit me conduire à Trieste. Je ne me détournai point de mon chemin pour passer à Aquilée; je ne fus point tenté de visiter la brèche par où des Goths et des Huns pénétrèrent dans la patrie d'Horace et de Virgile, ni de chercher les traces de ces armées qui exécutoient la vengeance de Dieu. J'entrai à Trieste, le 29, à midi. Cette ville, régulièrement bâtie, est située sous un assez beau ciel, au pied d'une chaîne de montagnes stériles : elle ne possède aucun monument. Le dernier souffle de l'Italie vient expirer sur ce rivage où la Barbarie commence.

M. Séguier, consul de France à Trieste, eut la bonté de me faire chercher un bâtiment; on en trouva un prêt à mettre à la voile pour Smyrne : le capitaine me prit à son bord avec mon domestique. Il fut convenu qu'il me jetteroit en passant sur les côtes de la Morée; que je traverserois par terre le Péloponèse; que le vaisseau m'attendroit quelques jours à la pointe de l'Attique, au bout desquels jours, si je ne paroissois point, il poursuivroit son voyage.

Nous appareillâmes le 1er août, à une heure du matin. Nous eûmes les vents contraires en sortant du port. L'Istrie présentoit le long de la mer une terre basse, appuyée dans l'intérieur sur une chaîne de montagnes. La Méditerranée, placée au centre des pays civilisés, semée d'îles riantes, et baignant des côtes plantées de myrtes, de palmiers et d'oliviers, donne sur-le-champ l'idée de cette mer où naquirent Apollon, les Néréides et Vénus; tandis que l'Océan, livré aux tempêtes, environné de terres inconnues, devoit être le berceau des fantômes de la Scandinavie, ou le domaine de ces peuples chrétiens, qui se font une idée si imposante de la grandeur et de la toute-puissance de Dieu.

Le 2, à midi, le vent devint favorable; mais les nuages qui s'assembloient au couchant, nous annoncèrent un orage. Nous entendîmes les premiers coups de foudre sur les côtes de la Croatie. A trois heures on plia les voiles, et l'on suspendit une petite lumière dans la chambre du capitaine, aux pieds d'une image de la Sainte-Vierge. J'ai fait remarquer ailleurs combien il est touchant ce culte qui soumet l'empire des tempêtes, ou plutôt le pouvoir de les apaiser, à une foible femme. Des marins à terre peu-

vent devenir des esprits forts comme tout le monde; mais ce qui déconcerte la sagesse humaine, ce sont les périls: l'homme dans ce moment devient religieux; et le flambeau de la philosophie le rassure moins au milieu de la tempête, que la lampe allumée devant la Madone.

A sept heures du soir, l'orage étoit dans toute sa force. Notre capitaine autrichien commença une prière au milieu des torrens de pluie et des coups de tonnerre. Nous priâmes pour l'Empereur François II, pour nous et pour les marins « *sepolti in questo sacro mare.* » Les matelots, les uns debout et découverts, les autres prosternés sur des canons, répondoient au capitaine.

L'orage continua une partie de la nuit. Toutes les voiles étant pliées, et l'équipage retiré, je restai presque seul auprès du matelot qui tenoit la barre du gouvernail. J'avois ainsi passé autrefois des nuits entières sur des mers plus orageuses; mais j'étois jeune alors; et le bruit des flots, la solitude de l'Océan, les vents, les écueils, les périls, étoient pour moi autant de jouissances. Je me suis aperçu dans ce dernier voyage que la face des objets a changé pour moi. Je sais ce que valent à présent toutes ces rêveries de la première jeunesse; et pourtant telle est l'inconséquence humaine, que je traversois encore la mer, que je me livrois encore à l'espérance, que j'allois encore recueillir des images, chercher des couleurs pour orner des tableaux qui devoient m'attirer peut-être des chagrins et des persécutions (1). Je me promenois sur le gaillard d'arrière, et de temps en temps je venois crayonner une note à la lueur de la lampe qui éclairoit le compas du pilote. Ce matelot me regardoit avec étonnement; il me prenoit, je crois, pour quelque officier de la marine française, occupé comme lui de la course du vaisseau : il ne savoit pas que ma boussole n'étoit pas aussi bonne que la sienne, et qu'il trouveroit le port plus sûrement que moi.

Le lendemain, 3 août, le vent s'étant fixé

---

(1) Je lis cette phrase prophétique exactement comme elle est ici dans mes notes originales; et l'on sait ce qui m'est arrivé pour les Martyrs.

au nord-ouest, nous passâmes rapidement l'île du Pommo et celle de Pelagosa. Nous laissâmes à gauche les dernières îles de la Dalmatie; et nous découvrîmes à droite le mont Saint-Angelo, autrefois le mont Gargane, qui couvre Manfredonia, près des ruines de Sipontum, sur les côtes de l'Italie.

Le 4, nous tombâmes en calme; le mistrale se leva au coucher du soleil, et nous continuâmes notre route. A deux heures, la nuit étant superbe, j'entendis un mousse chanter le commencement du septième chant de la Jérusalem :

<small>Intanto Erminia infra l'ombrose piante, etc.</small>

L'air étoit une espèce de récitatif très-élevé dans l'intonation, et descendant aux notes les plus graves à la chute du vers. Ce tableau du bonheur champêtre, retracé par un matelot au milieu de la mer, me parut encore plus enchanteur. Les anciens, nos maîtres en tout, ont connu ces oppositions de mœurs: Théocrite a quelquefois placé ses bergers au bord des flots, et Virgile se plaît à rapprocher les délassemens du laboureur des travaux du marinier:

Invitat genialis hyems, curasque resolvit:
Ceu pressæ cum jam portum tetigere carinæ,
Puppibus et læti nautæ imposuére coronas.

Le 5, le vent souffla avec violence ; il nous apporta un oiseau grisâtre, assez semblable à une alouette. On lui donna l'hospitalité. En général, ce qui forme contraste avec leur vie agitée, plaît aux marins : ils aiment tout ce qui se lie dans leur esprit aux souvenirs de la vie des champs, tels que les aboiemens du chien, le chant du coq, le passage des oiseaux de terre. A onze heures du matin de la même journée, nous nous trouvâmes aux portes de l'Adriatique, c'est-à-dire, entre le cap d'Otrante en Italie, et le cap de la Linguetta en Albanie.

J'étois là sur les frontières de l'antiquité grecque, et aux confins de l'antiquité latine. Pythagore, Alcibiade, Scipion, César, Pompée, Cicéron, Auguste, Horace, Virgile, avoient traversé cette mer. Quelles fortunes diverses tous ces personnages célèbres ne livrèrent-ils point à l'inconstance de ces mêmes flots ! Et moi, voyageur obscur, passant sur la trace effacée des vaisseaux qui portèrent les grands hommes de la Grèce et de l'Italie, j'allois chercher les Muses dans leur patrie; mais je ne suis pas Virgile, et les dieux n'habitent plus l'Olympe.

Nous avancions vers l'île de Fano. Elle porte, avec l'écueil de Merlère, le nom d'Othonos ou de Calypso, dans quelques cartes anciennes. D'Anville semble l'indiquer sous ce nom, et M. Lechevalier s'appuie de l'autorité de ce géographe pour retrouver dans Fano le séjour où Ulysse pleura si long-temps sa patrie. Procope observe quelque part dans son *Histoire mêlée*, que si l'on prend pour l'île de Calypso une des petites îles qui environnent Corfou, cela rendra probable le récit d'Homère. En effet, un bateau suffiroit alors pour passer de cette île à celle de Schérie (Corcyre ou Corfou); mais cela souffre de grandes difficultés. Ulysse part avec un vent favorable, et après dix-huit jours de navigation il aperçoit les terres de Schérie qui s'élève comme un bouclier au-dessus des flots:

Εἴσατο δ' ὡς ὅτε ῥινὸν ἐν ἠεροειδέϊ πόντῳ.

Or, si Fano est l'île de Calypso, cette île touche à Schérie. Loin de mettre dix-huit jours entiers de navigation pour découvrir les côtes de Corfou, Ulysse devoit les voir de la forêt même où il bâtissoit son vaisseau. Pline, Ptolémée, Pomponius Mela, l'Anonyme de Ravenne ne donnent sur ce point aucune lumière ; mais on peut consulter Wood et les modernes, touchant la géographie d'Homère, qui placent tous avec Strabon l'île de Calypso sur la côte d'Afrique, dans la mer de Malte.

Au reste, je veux de tout mon cœur que Fano soit l'île enchantée de Calypso, quoique je n'y aie découvert qu'une petite masse de roches blanchâtres : j'y planterai, si l'on veut, avec Homère, « une forêt desséchée par les feux du soleil, des pins et des aulnes chargés du nid des corneilles marines, » ou bien, avec Fénélon, j'y trouverai des bois d'orangers et « des montagnes dont la figure bizarre forme un horizon à souhait pour le plaisir des yeux. » Malheur à qui ne verroit pas la nature avec les yeux de Fénélon et d'Homère !

Le vent étant tombé vers les huit heures du soir, et la mer s'étant aplanie, le vaisseau demeura immobile. Ce fut là que je jouis du premier coucher du soleil et de la première nuit dans le ciel de la Grèce. Nous avions à gauche l'île de Fano et celle de Corcyre qui s'allongeoit à l'orient : on découvroit par-dessus ces îles les hautes terres du continent de l'Epire ; les monts Acrocérauniens que nous avions passés, formoient au nord, derrière nous, un cercle qui se terminoit à l'entrée de l'Adriatique ; à notre droite, c'est-à-dire à l'occident, le soleil se couchoit par-delà les côtes d'Otrante ; devant nous étoit la pleine mer qui s'étendoit jusqu'aux rivages de l'Afrique.

Les couleurs au couchant n'étoient point vives : le soleil descendoit entre des nuages qu'il peignoit de rose ; il s'enfonça sous l'horizon, et le crépuscule le remplaça pendant une demi-heure. Durant le passage de ce court crépuscule, le ciel étoit blanc au couchant, bleu pâle au zénith, et gris de perle au levant. Les étoiles percèrent l'une après l'autre cette admirable tenture ; elles sembloient petites, peu rayonnantes, mais leur lumière étoit dorée, et d'un éclat si doux que je ne puis en donner une idée. Les horizons de la mer, légèrement vaporeux, se confondoient avec ceux du ciel. Au pied de l'île de Fano ou de Calypso, on apercevoit une flamme allumée par des pêcheurs. Avec un peu d'imagination, j'aurois pu voir les Nymphes embrasant le vaisseau de Télémaque; il n'auroit aussi tenu qu'à moi d'entendre Nausicaa folâtrer avec ses compagnes, ou Andromaque pleurer au bord du faux Simoïs, puisque j'entrevoyois au loin, dans la transparence des ombres, les montagnes de Schérie et de Buthrotum: (1)

Prodigiosa veterum mendacia vatum.

Les climats influent plus ou moins sur le goût des peuples. En Grèce, par exemple, tout est suave, tout est adouci, tout est plein de calme dans la nature comme dans les écrits des anciens. On conçoit presque comment l'architecture du Parthénon a des proportions si heureuses; comment la sculpture antique est si peu tourmentée, si paisible, si simple, lorsqu'on a vu le ciel pur et les paysages gracieux d'Athènes, de Corinthe et de l'Io-

---

(1) Voyez, pour les nuits de la Grèce, les Martyrs, troisième édition, tom. 1, pag. 16-17 et 403.

nie. Dans cette patrie des Muses, la nature ne conseille point les écarts; elle tend au contraire à ramener l'esprit à l'amour des choses uniformes et harmonieuses.

Le calme continua le 6, et j'eus tout le loisir de considérer Corfou, appelée tour-à-tour, dans l'antiquité, Drepanum, Macria, Schérie, Corcyre, Ephise, Cassiopée, Ceraunia et même Argos. C'est dans cette île qu'Ulysse fut jeté nu après son naufrage: plût à Dieu que la demeure d'Alcinoüs n'eût jamais été célèbre que par les fictions du malheur! Je me rappelois malgré moi les troubles de Corcyre, que Thucydide a si éloquemment racontés. Il semble au reste qu'Homère, en chantant les jardins d'Alcinoüs, eût attaché quelque chose de poétique et de merveilleux aux destinées de Schérie: Aristote y vint expier dans l'exil les erreurs d'une passion que la philosophie ne surmonte pas toujours; Alexandre, encore jeune, éloigné de la cour de Philippe son père, descendit à Corcyre, et les Corcyréens virent le premier pas de ce voyageur armé qui devoit visiter tous les peuples de la terre. Plusieurs citoyens de Corcyre remportèrent des couronnes aux jeux olympiques : leurs noms furent immortalisés par les vers de Simonide et les statues de Polyclète. Fidèle à sa double destinée, Corcyre continua d'être sous les Romains le théâtre de la gloire et du malheur. Caton, après la bataille de Pharsale, rencontra Cicéron à Corcyre. Ce seroit un bien beau tableau à faire que celui de l'entrevue de ces deux Romains! Quels hommes! Quelle douleur! Quels coups de la fortune! On verroit Caton, voulant céder à Cicéron le commandement des dernières légions républicaines, parce que Cicéron avoit été consul. Ils se séparent ensuite : l'un va se déchirer les entrailles à Utique, et l'autre porter sa tête aux Triumvirs. Peu de temps après, Antoine et Octavie célébrèrent à Corcyre ces noces fatales qui coûtèrent tant de larmes au monde; et à peine un demi-siècle s'étoit écoulé, qu'Agrippine vint étaler au même lieu les funérailles de Germanicus: comme si cette île devoit fournir à deux historiens rivaux de génie, dans deux langues rivales (1), le sujet du plus admirable de leurs tableaux.

---

(1) Thucydide et Tacite.

Un autre ordre de choses et d'évènemens, d'hommes et de mœurs, ramène souvent le nom de Corcyre (alors Corfou) dans la Byzantine, dans les histoires de Naples et de Venise, et dans la collection : *Gesta Dei per Francos*. Ce fut de Corfou que partit cette armée de Croisés qui mit un gentilhomme français sur le trône de Constantinople. Mais si je venois à parler d'Apollidore, évêque de Corfou, qui se distingua par sa doctrine au Concile de Nicée, de saint Arsène et de Georges, autres évêques de cette île célèbre ; si je disois que l'église de Corfou fut la seule qui échappa à la persécution de Dioclétien ; qu'Hélène, mère de Constantin, commença à Corfou son pélerinage en Orient ; j'aurois bien peur de faire sourire de pitié les esprits forts. Quel moyen de nommer saint Jason et saint Sopistrate, apôtres des Corcyréens, sous le règne de Claude, après avoir parlé d'Homère, d'Aristote, d'Alexandre, de Cicéron, de Caton, de Germanicus ? Et pourtant un martyr de l'indépendance est-il plus grand qu'un martyr de la vérité ? Caton, se dévouant à la liberté de Rome, est-il plus héroïque que Sopistrate, se laissant brûler dans un taureau d'airain, pour annoncer aux hommes qu'ils sont frères, qu'ils doivent s'aimer, se secourir, et s'élever jusqu'à la présence du vrai Dieu par la pratique des vertus ?

J'avois le temps de repasser dans mon esprit tous ces souvenirs, à la vue des rivages de Corfou, devant lesquels nous étions arrêtés par un calme profond. Le lecteur desire peut-être qu'un bon vent me porte en Grèce, et le débarrasse de mes digressions : c'est ce qui arriva le 7 au matin. La brise du nord-ouest se leva et nous mîmes le cap sur Céfalonie. Le 8, nous avions à notre gauche, Leucate, aujourd'hui Sainte-Maure, qui se confondoit avec un haut promontoire de l'île d'Ithaque et les terres basses de Céfalonie. On ne voit plus dans la patrie d'Ulysse, ni la forêt du mont Nérée, ni les treize poiriers de Laërte : ceux-ci ont disparu, ainsi que ces deux poiriers, plus vénérables encore, que Henri IV donna pour ralliement à son armée, lorsqu'il combattit à Ivry. Je saluai de loin la chaumière d'Eumée, et le tombeau du chien fidèle. On ne cite qu'un seul chien célèbre par son ingratitude : il s'appeloit Math, et son maître étoit, je crois, un roi d'Angleterre, de la maison de Lancastre. L'histoire s'est plue à retenir le nom de ce chien ingrat, comme elle conserve le nom d'un homme resté fidèle au malheur.

Le 9, nous longeâmes Céfalonie, et nous avancions rapidement vers Zante, *Nemorosa Zacynthos*. Les habitans de cette île passoient dans l'antiquité pour avoir une origine troyenne; ils prétendoient descendre de Zacynthus, fils de Dardanus, qui conduisit à Zacynthe, une colonie. Ils fondèrent Sagonte, en Espagne; ils aimoient les arts et se plaisoient à entendre chanter les vers d'Homère; ils donnèrent souvent asile aux Romains proscrits: on veut même avoir retrouvé chez eux les cendres de Cicéron. Si Zante a réellement été le refuge des bannis, je lui voue volontiers un culte, et je souscris à ses noms d'*Isola d'oro*, de *Fior di Levante*. Ce nom de fleur me rappelle que l'hyacinthe étoit originaire de l'île de Zante, et que cette île reçut son nom de la plante qu'elle avoit portée: c'est ainsi que pour louer une mère, dans l'antiquité, on joignoit quelquefois à son nom le nom de sa fille. Dans le moyen âge, on trouve sur l'île de Zante une autre tradition assez peu connue. Robert Guiscard, duc de la Pouille, mourut à Zante, en allant en Palestine. On lui avoit prédit qu'il *trépasseroit* à Jérusalem ; d'où l'on a conclu que Zante portoit le nom de Jérusalem au quatorzième siècle, ou qu'il y avoit dans cette île quelque lieu appelé Jérusalem. Au reste, Zante est célèbre aujourd'hui par ses sources d'huile de pétrole, comme elle l'étoit du temps d'Hérodote ; et ses raisins rivalisent avec ceux de Corinthe.

Du pélerin normand Robert Guiscard jusqu'à moi, pélerin breton, il y a bien quelques années ; mais dans l'intervalle de nos deux voyages, le seigneur de Villamont, mon compatriote, passa à Zante. Il partit *de la duché de Bretagne*, en 1588, pour Jérusalem. « Bening lecteur, dit-il, à la tête
» de son Voyage, tu recevras ce mien petit
» labeur, et suppléras (s'il te plaist) aux
» fautes qui s'y pourroient rencontrer ; et le
» recevant d'aussi bon cœur que je te le pré-
» sente, tu me donneras courage à l'advenir,
» de n'estre chiche de ce que j'aurai plus ex-
» quis rapporté du temps et de l'occasion ; ser-
» vant à la France selon mon desir. A Dieu. »

Le seigneur de Villamont ne s'arrêta point à Zante ; il vint comme moi à la vue de cette île, et comme moi le vent du *Ponent magistral* le poussa vers la Morée. J'attendois avec impatience le moment où je découvrirois les côtes de la Grèce ; je les cherchois des yeux à l'horizon, et je les voyois dans tous les nuages. Le 10, au matin, j'étois sur le pont avant le lever du soleil. Comme il sortoit de la mer, j'aperçus dans le lointain des montagnes confuses et élevées : c'étoient celles de l'Elide : il faut que la gloire soit quelque chose de réel, puisqu'elle fait ainsi battre le cœur de celui qui n'en est que le juge. A dix heures, nous passâmes devant Navarin, l'ancienne Pylos, couverte par l'île de Sphacterie ; noms également célèbres, l'un dans la fable, l'autre dans l'histoire. A midi, nous jetâmes l'ancre devant Modon, autrefois Méthone, en Messénie. A une heure, j'étois descendu à terre, je foulois le sol de la Grèce, j'étois à dix lieues d'Olympie, à trente de Sparte, sur le chemin que suivit Télémaque pour aller demander des nouvelles d'Ulysse à Ménélas : il n'y avoit pas un mois que j'avois quitté Paris.

Notre vaisseau avoit mouillé à une demi-lieue de Modon, entre le canal formé par le continent et les îles Sapienza et Cabrera, autrefois Œnussæ. Vues de ce point, les côtes du Péloponèse, vers Navarin, paroissent sombres et arides. Derrière ces côtes, s'élèvent, à quelque distance dans les terres, des montagnes qui semblent être d'un sable blanc, recouvert d'une herbe flétrie : c'étoient-là cependant les monts Egalées, aux pieds desquels Pylos étoit bâtie. Modon ne présente aux regards qu'une ville du moyen âge, entourée de fortifications gothiques, à moitié tombantes. Pas un bateau dans le port ; pas un homme sur la rive : partout le silence, l'abandon et l'oubli.

Je m'embarquai dans la chaloupe du bâtiment, avec le capitaine, pour aller prendre langue à terre. Nous approchions de la côte : j'étois prêt à m'élancer sur un rivage désert et à saluer la patrie des arts et du génie, lorsqu'on nous héla d'une des portes de la ville. Nous fûmes obligés de tourner la proue vers le château de Modon. Nous distinguâmes de loin, sur la pointe d'un rocher, des janissaires armés de toutes pièces, et des Turcs, attirés par la curiosité. Aussitôt qu'ils furent à la portée de la voix, ils nous crièrent en italien : *Ben venuti!* Comme un véritable Grec, je fis attention à ce premier mot de bon augure, entendu sur le rivage de la Messénie. Les Turcs se jetèrent dans l'eau pour tirer notre chaloupe à terre, et ils nous aidèrent à sauter sur le rocher. Ils parloient tous à la fois, et faisoient mille questions au capitaine, en grec et en italien. Nous entrâmes par la porte à demi ruinée de la ville. Nous pénétrâmes dans une rue, ou plutôt dans un véritable camp qui me rappela sur-le-champ la belle expression de M. de Bonald : « Les Turcs sont campés en Europe. » Il est incroyable à quel point cette expression est juste dans toute son étendue et sous tous ses rapports. Ces Tartares de Modon étoient assis devant leurs portes, les jambes croisées, sur des espèces d'échoppes ou de tables de bois, à l'ombre de méchantes toiles tendues d'une maison à l'autre. Ils fumoient leurs pipes, buvoient le café, et, contre l'idée que je m'étois formée de la taciturnité des Turcs, ils rioient, causoient ensemble, et faisoient grand bruit.

Nous nous rendîmes chez l'aga, pauvre hère, juché sur une sorte de lit de camp, dans un hangard; il me reçut avec assez de cordialité. On lui expliqua l'objet de mon voyage. Il répondit qu'il me feroit donner des chevaux et un janissaire pour me rendre à Coron, auprès du consul français, M. Vial; que je pourrois aisément traverser la Morée, parce que les chemins étoient libres, vu qu'on avoit coupé la tête à trois ou quatre cents brigands, et que rien n'empêchoit plus de voyager.

Voici l'histoire de ces trois ou quatre cents brigands. Il y avoit, vers le mont Ithome, une troupe d'une cinquantaine de voleurs qui infestoient les chemins. Le pacha de Morée, Osman-Pacha, se transporta sur les lieux; il fit cerner les villages où les voleurs avoient coutume de se cantonner. Il eût été trop long et trop ennuyeux pour un Turc de distinguer l'innocent du coupable : on assomma comme des bêtes fauves tout ce qui se trouva dans la battue du pacha. Les brigands périrent, il est vrai, mais avec trois cents paysans grecs qui n'étoient pour rien dans cette affaire.

De la maison de l'aga nous allâmes à l'habitation du vice-consul d'Allemagne. La France n'avoit point alors d'agent à Modon. Il demeuroit dans la bourgade des Grecs, hors de la ville. Dans tous les lieux où le poste est militaire, les Grecs sont séparés des Turcs. Le vice-consul me confirma ce que m'avoit dit l'aga sur l'état de la Morée; il m'offrit l'hospitalité pour la nuit; je l'acceptai, et je retournai un moment au vaisseau, sur un caïque qui devoit ensuite me ramener au rivage.

Je laissai à bord Julien, mon domestique français, que j'envoyai m'attendre avec le vaisseau à la pointe de l'Attique, ou à Smyrne si je manquois le passage du vaisseau. J'attachai autour de moi une ceinture qui renfermoit ce que je possédois en or; je m'armai de pied en cap, et je pris à mon service un Milanais, nommé Joseph, marchand d'étain à Smyrne: cet homme parloit un peu le grec moderne, et il consentit, pour une somme convenue, à me servir d'interprète. Je dis adieu au capitaine, et je descendis avec Joseph dans le caïque. Le vent étoit violent et contraire. Nous mîmes cinq heures pour gagner le port dont nous n'étions éloignés que d'une demi-lieue, et nous fûmes deux fois près de chavirer. Un vieux Turc, à barbe grise, les yeux vifs et enfoncés sous d'épais sourcils, montrant de longues dents extrêmement blanches, tantôt silencieux, tantôt poussant des cris sauvages, tenoit le gouvernail: il représentoit assez bien le Temps passant dans sa barque un voyageur aux rivages déserts de la Grèce. Le vice-consul m'attendoit sur la grève. Nous allâmes loger au bourg des Grecs. Chemin faisant j'admirai des tombeaux turcs, qu'ombrageoient de grands cyprès aux pieds desquels la mer venoit se briser. J'aperçus parmi ces tombeaux des femmes enveloppées de voiles blancs, et semblables à des ombres: ce fut la seule chose qui me rappela un peu la patrie des Muses. Le cimetière des Chrétiens touche à celui des Musulmans; il est délabré, sans pierres sépulcrales et sans arbres; des melons d'eau qui végètent çà et là sur ces tombes abandonnées, ressemblent, par leur forme et leur pâleur, à des crânes humains qu'on ne s'est pas donné la peine d'ensevelir. Rien n'est triste comme ces deux cimetières, où l'on remarque, jusque dans l'égalité et l'indépendance de la mort, la distinction du tyran et de l'esclave.

L'abbé Barthélemy a trouvé Méthone si peu intéressante dans l'antiquité, qu'il s'est contenté de faire mention de son puits d'eau bitumineuse. Sans gloire, au milieu de toutes ces cités bâties par les dieux ou célébrées par les poëtes, Méthone ne se retrouve point dans les chants de Pindare, qui forment, avec les ouvrages d'Homère, les brillantes archives de la Grèce. Démosthènes, haranguant pour les Mégalopolitains et rappelant l'histoire de la Messénie, ne parle point de Méthone. Polybe, qui étoit de Mégalopolis et qui donne de très-bons conseils aux Messéniens, garde le même silence. Plutarque et Diogène-Laërce ne citent aucun héros, aucun philosophe de cette ville. Athénée, Aulu-Gelle et Macrobe ne rapportent rien de Méthone. Enfin, Pline, Ptolémée, Pomponius Méla et l'Anonyme de Ravenne ne font que la nommer dans le dénombrement des villes de la Messénie; mais Strabon et Pausanias veulent retrouver Méthone dans la Pédase d'Homère. Selon Pausanias, le nom de Méthone ou de Mothone lui vient d'une fille d'Œneus, compagnon de Diomède, ou d'un rocher qui ferme l'entrée du port. Méthone reparoît assez souvent dans l'histoire ancienne, mais jamais pour aucun fait important. Thucydide cite quelques corps d'Hoplites, de Méthone, dans la guerre du Péloponèse. On voit par un fragment de Diodore de Sicile, que Brasidas défendit cette ville contre les Athéniens. Le même Diodore l'appelle une ville de la Laconie, parce que la Messénie étoit une conquête de Lacédémone; celle-ci envoya à Méthone une colonie de Naupliens qui ne furent point chassés de leur nouvelle patrie lorsqu'Epaminondas rappela les Messéniens. Méthone suivit le sort de la Grèce quand celle-ci passa sous le joug des Romains. Trajan accorda des priviléges à Méthone. Le Péloponèse, étant devenu l'apanage de l'empire d'Orient, Méthone subit les révolutions de la Morée: dévastée par Alaric, peut-être plus maltraitée par Stilicon, elle fut démembrée de l'empire grec, en 1124, par les Vénitiens. Rendue à ses anciens maîtres l'année d'après, elle retomba au pouvoir des Vénitiens en 1204. Un corsaire génois l'enleva aux Vénitiens, en 1208. Le doge Dandolo la reprit sur les Génois. Mahomet II l'enleva aux Vénitiens, ainsi que toute la Grèce, en 1498. Morosini la reconquit sur les Turcs, en 1686, et les Turcs y rentrèrent de nouveau, en 1715. Trois ans après, Pellegrin passa dans cette ville dont il nous a fait la description, en y mêlant la chronique scandaleuse de tous les consuls français : ceci forme, depuis Homère jusqu'à nous, la suite de l'obscure histoire de Méthone. Pour ce qui regarde le sort de Modon pendant l'expédition des Russes en Morée, on peut consulter le premier volume du Voyage de M. de Choiseul, et l'Histoire de Pologne, par Rhullières.

Le vice-consul allemand, logé dans une méchante cahutte de plâtre, m'offrit de très-bon cœur un souper composé de pastèques, de raisins et de pain noir : il ne faut pas être difficile sur les repas lorsqu'on est si près de Sparte. Je me retirai ensuite dans la chambre que l'on m'avoit préparée, mais sans pouvoir fermer les yeux. J'entendois les aboiemens du chien de la Laconie, et le bruit du vent de l'Elide : comment aurois-je pu dormir ? Le

11, à trois heures du matin, la voix du janissaire de l'aga m'avertit qu'il falloit partir pour Coron.

Nous montâmes à cheval à l'instant. Je vais décrire l'ordre de la marche, parce qu'il a été le même dans tout le voyage.

A notre tête paroissoit le guide ou le postillon grec à cheval, tenant un autre cheval en lesse : ce second cheval devoit servir de remonte en cas qu'il arrivât quelque accident aux chevaux des voyageurs. Venoit ensuite le janissaire, le turban en tête, deux pistolets et un poignard à la ceinture, un sabre au côté, et un fouet à la main pour faire avancer les chevaux du guide. Je suivois à peu près armé comme le janissaire, portant de plus un fusil de chasse. Joseph fermoit la marche : ce Milanais étoit un petit homme blond, à gros ventre, le teint fleuri, l'air affable ; il étoit tout habillé de velours bleu ; deux longs pistolets d'arçon, passés dans une étroite ceinture, relevoient sa veste d'une manière si grotesque, que le janissaire ne pouvoit jamais le regarder sans rire. Mon équipage consistoit en un tapis pour m'asseoir, une pipe, un poêlon à café, et quelques schalls pour m'envelopper la tête pendant la nuit. Nous partions au signal donné par le guide; nous grimpions au grand trot les montagnes, et nous les descendions au galop, à travers les précipices. Il faut prendre son parti : les Turcs militaires ne connoissent pas d'autre manière d'aller, et le moindre signe de frayeur, ou même de prudence, vous exposeroit à leur mépris. Vous êtes assis, d'ailleurs, sur des selles de Mameloucks dont les étriers larges et courts vous plient les jambes, vous rompent les pieds, et déchirent les flancs de votre cheval. Au moindre faux mouvement, le pommeau élevé de la selle vous crève la poitrine; et, si vous vous renversez en arrière, le haut rebord de la selle vous brise les reins. On finit pourtant par trouver ces selles utiles, à cause de la solidité qu'elles donnent à cheval, surtout dans des courses aussi hasardeuses.

Les courses sont de huit à dix lieues avec les mêmes chevaux : on leur laisse prendre haleine sans manger, à peu près à moitié chemin; on remonte ensuite, et l'on continue sa route. Le soir on arrive quelquefois à un kan, masure abandonnée où l'on dort parmi toutes sortes d'insectes et de reptiles sur un plancher vermoulu. On ne vous doit rien dans ce kàn, lorsque vous n'avez pas de firman de poste : c'est à vous de vous procurer des vivres comme vous pouvez ; mon janissaire alloit à la chasse dans les villages ; il rapportoit quelquefois des poulets que je m'obstinois à payer; nous les faisions rôtir sur des branches vertes d'olivier, ou bouillir avec du riz pour en faire un pilau. Assis à terre autour de ce festin, nous le déchirions avec nos doigts; le repas fini, nous allions nous laver la barbe et les mains au premier ruisseau. Voilà comme on voyage aujourd'hui dans le pays d'Alcibiade et d'Aspasie.

Il faisoit encore nuit quand nous quittâmes Modon ; je croyois errer dans les déserts de l'Amérique : même solitude, même silence. Nous traversâmes des bois d'oliviers, en nous dirigeant au midi. Au lever de l'aurore, nous nous trouvâmes sur les sommets aplatis des montagnes les plus arides que j'aie jamais vues. Nous y marchâmes pendant deux heures: ces sommets labourés par les torrens avoient l'air de guérets abandonnés; le jonc marin et une espèce de bruyère épineuse et flétrie y croissoient par touffes et par bouquets. De gros caïeux de lis de montagne déchaussés par les pluies, paroissoient çà et là à la surface de la terre. Nous découvrîmes la mer vers l'Est, à travers un bois d'oliviers clair-semé; nous descendîmes ensuite dans une gorge de vallon où l'on voyoit quelques champs d'orge et de coton. Nous passâmes un torrent desséché : son lit étoit rempli de lauriers rose et de gatilliers (l'agnus-castus), arbuste à feuille longue, pâle et menue, dont la fleur lilas un peu cotonneuse s'allonge en forme de quenouille. Je cite ces deux arbustes, parce qu'on les retrouve dans toute la Grèce, et qu'ils décorent presque seuls ces solitudes jadis si riantes et si parées, aujourd'hui si nues et si tristes. A propos de torrent desséché, je dois dire aussi que je n'ai vu dans la patrie de l'Ilissus, de l'Alphée et de l'Erymanthe que trois fleuves dont l'urne ne fût pas tarie : le Pamisus, le Céphise et l'Eurotas. Il faut qu'on me pardonne encore l'espèce d'indifférence et presque d'impiété avec laquelle j'écrirai quelquefois les noms les plus célèbres ou les plus harmonieux : on se familiarise malgré soi en Grèce avec Thémistocle, Epaminondas, Sophocle, Platon, Thucydide, et il faut une grande religion pour ne pas franchir le Cithéron, le Ménale ou le Lycée, comme on passe des monts vulgaires.

Au sortir du vallon dont je viens de parler, nous commençâmes à gravir de nouvelles montagnes : mon guide me répéta plusieurs fois des noms inconnus ; mais, à en juger par leur position, ces montagnes devoient faire une partie de la chaîne du mont Témathia. Nous ne tardâmes pas à entrer dans un bois d'oliviers, de lauriers rose, d'esquine, d'agnus-castus et de cornouillers. Ce bois étoit dominé par des sommets rocailleux. Parvenus à cette dernière cime, nous découvrîmes le golfe de Messénie, bordé de toutes parts par des montagnes entre lesquelles l'Ithome se distinguoit par son isolement, et le Taygète par ses deux flèches aiguës : je saluai ces monts fameux par tout ce que je savois de beaux vers à leurs louanges.

Un peu au-dessous du sommet du Témathia, en descendant vers Coron, nous aperçûmes une misérable ferme grecque dont les habitans s'enfuirent à notre approche. A mesure que nous descendions, nous décou-

3.

vrions au-dessous de nous la rade et le port de Coron, où l'on voyoit quelques bâtimens à l'ancre; la flotte du capitan-pacha étoit mouillée de l'autre côté du golfe vers Calamate. En arrivant à la plaine qui est au pied des montagnes, et qui s'étend jusqu'à la mer, nous laissâmes sur notre droite un village, au centre duquel s'élevoit une espèce de château fort: le tout, c'est-à-dire le village et le château, étoit comme environné d'un immense cimetière turc couvert de cyprès de tous les âges. Mon guide, en me montrant ces arbres, me les nommoit Parissos. Un ancien habitant de la Messénie m'auroit autrefois conté l'histoire entière du jeune homme d'Amyclée, dont le Messénien d'aujourd'hui n'a retenu que la moitié du nom: mais ce nom tout défiguré qu'il est, prononcé sur les lieux, à la vue d'un cyprès et des sommets du Taygète, me fit un plaisir que les poëtes comprendront. J'avois une consolation en regardant les tombes des Turcs: elles me rappeloient que les barbares conquérans de la Grèce avoient aussi trouvé leur dernier jour dans cette terre ravagée par eux. Au reste, ces tombes étoient fort agréables: le laurier rose y croissoit au pied des cyprès qui ressembloient à de grands obélisques noirs; des tourterelles blanches et des pigeons bleus voltigeoient et roucouloient dans ces arbres; l'herbe flottoit autour des petites colonnes funèbres que surmontoit un turban; une fontaine bâtie par un chérif, répandoit son eau dans le chemin pour le voyageur: on se seroit volontiers arrêté dans ce cimetière où le laurier de la Grèce, dominé par le cyprès de l'Orient, sembloit rappeler la mémoire des deux peuples dont la poussière reposoit dans ce lieu.

De ce cimetière à Coron il y a près de deux heures de marche : nous cheminâmes à travers un bois continuel d'oliviers, planté de froment à demi moissonné. Le terrain, qui de loin paroît une plaine unie, est coupé par des ravines inégales et profondes. M. Vial, alors consul de France à Coron, me reçut avec cette hospitalité si remarquable dans les consuls du Levant. Je lui remis une des lettres de recommandation que M. de Taleyrand, sur la prière de M. d'Hauterive, m'avoit poliment accordées pour les consuls français dans les Echelles.

M. Vial voulut bien me loger chez lui. Il renvoya mon janissaire de Modon, et me donna un de ses propres janissaires pour traverser avec moi la Morée, et me conduire à Athènes. Le capitan-pacha étant en guerre avec les Maniottes, je ne pouvois me rendre à Sparte par Calamate, que l'on prendra, si l'on veut, pour Calathion, Cardamyle ou Thalames, sur la côte de la Laconie, presqu'en face de Coron. Il fut donc résolu que je ferois un long détour; que j'irois chercher le défilé des portes de Léondari, l'un des Hermæum de la Messénie; que je me rendrois à Tripolizza, afin d'obtenir du pacha de Morée le firman nécessaire pour passer l'Isthme; que je reviendrois de Tripolizza à Sparte, et que de Sparte je prendrois par la montagne le chemin d'Argos, de Mycènes et de Corinthe.

Coroné, ainsi que Messène et Mégalopolis, ne remonte pas à une grande antiquité, puisqu'elle fut fondée par Epaminondas sur les ruines de l'ancienne Epéa. Jusqu'ici on a pris Coron pour Coroné, d'après l'opinion de d'Anville. J'ai quelques doutes sur ce point: selon Pausanias, Coroné étoit située au bas du mont Témathia, vers l'embouchure du

Pamisus : or, Coron est assez éloigné de ce fleuve; il est bâti sur une hauteur à peu près dans la position où le même Pausanias place le temple d'Apollon Corinthus, ou plutôt dans la position de Colonides (1). On trouve vers le fond du golfe de Messénie des ruines au bord de la mer, qui pourroient bien être celles de la véritable Coroné, à moins qu'elles n'appartiennent au village d'Ino. Coronelli s'est trompé en prenant Coroné pour Pédase, qu'il faut, selon Strabon et Pausanias, retrouver dans Méthone.

L'histoire moderne de Coron ressemble à peu près à celle de Modon : Coron fut tour-à-tour, et aux mêmes époques que cette dernière ville, possédée par les Vénitiens, les Génois et les Turcs. Les Espagnols l'assiégèrent et l'enlevèrent aux Infidèles en 1633. Les chevaliers de Malte se distinguèrent à ce siége assez mémorable. Vertot fait à ce sujet une singulière faute, en prenant Coron pour Chéronée, patrie de Plutarque, qui n'est pas elle-même la Chéronée, où Philippe donna des chaînes à la Grèce. Retombée au pouvoir

---

(1) Cette opinion est aussi celle de M. de Choiseul.

des Turcs, Coron fut assiégée et prise de nouveau par Morosini en 1685 : on remarque à ce siége deux de mes compatriotes. Coronelli ne cite que le commandeur de la Tour qui y périt glorieusement ; mais Giacomo Diedo parle encore du marquis de Courbon : j'aimois à retrouver les traces de l'honneur français dès mes premiers pas dans la véritable patrie de la gloire, et dans le pays d'un peuple qui fut si bon juge de la valeur. Mais où ne retrouve-t-on pas ces traces ? A Constantinople, à Rhodes, en Syrie, en Egypte, à Carthage, par tout où j'ai abordé, on m'a montré le camp des Français, la tour des Français, le château des Français : l'Arabe m'a fait voir les tombes de nos soldats, sous les sycomores du Caire ; et le Siminole, sous les chênes de la Floride.

C'est encore dans cette même ville de Coron que M. de Choiseul a commencé ses Tableaux. Ainsi le sort me conduisoit au même lieu où mes compatriotes avoient cueilli cette double palme des talens et des armes dont la Grèce aimoit à couronner ses enfans. Si j'ai moi-même parcouru sans gloire, mais non sans honneur, les deux carrières où les citoyens d'Athènes et de Sparte acquirent tant de renommée, je m'en console en songeant que d'autres Français ont été plus heureux que moi.

M. Vial se donna la peine de me montrer Coron, qui n'est qu'un amas de ruines modernes ; il me fit voir aussi l'endroit d'où les Russes canonnèrent la ville en 1770, époque fatale à la Morée dont les Albanais ont depuis massacré la population. La relation des voyages de Pellegrin date de 1715 et de 1719 : le ressort de Coron s'étendoit alors, selon ce voyageur, à quatre-vingts villages ; je ne sais si l'on en trouveroit aujourd'hui cinq ou six dans le même arrondissement. Le reste de ces champs dévastés appartient à des Turcs qui possèdent trois ou quatre mille pieds d'oliviers, et qui dévorent dans un harem à Constantinople l'héritage d'Aristomène. Les larmes me venoient aux yeux en voyant les mains du Grec esclave inutilement trempées de ces flots d'huile, qui rendoient la vigueur au bras de ses pères pour triompher des tyrans.

La maison du consul dominoit le golfe de Coron : je voyois de ma fenêtre la mer de

Messénie peinte du plus bel azur ; devant moi, de l'autre côté de cette mer, s'élevoit la haute chaîne du Taygète couvert de neige, et justement comparé aux Alpes par Polybe, mais aux Alpes sous un plus beau ciel. A ma droite s'étendoit la pleine mer ; et à ma gauche, au fond du golfe je découvrois le mont Ithome, isolé comme le Vésuve, et tronqué comme lui à son sommet. Je ne pouvois m'arracher à ce spectacle : quelles pensées n'inspire point la vue de ces côtes désertes de la Grèce, où l'on n'entend que l'éternel sifflement du mistrale et le gémissement des flots! Quelques coups de canon que le capitan-pacha faisoit tirer de loin à loin contre les rochers des Maniottes, interrompoient seuls ces tristes bruits par un bruit plus triste encore : on n'apercevoit sur toute l'étendue de la mer que la flotte de ce chef des Barbares : elle me rappeloit le souvenir de ces pirates américains qui plantoient leur drapeau sanglant sur une terre inconnue, en prenant possession d'un pays enchanté au nom de la servitude et de la mort ; ou plutôt je croyois voir les vaisseaux d'Alaric s'éloigner de la Grèce en cendres, en emportant la dépouille des temples, les trophées d'Olympie, et les statues brisées de la Liberté et des Arts. (1)

Je quittai Coron le 12 à deux heures du matin, comblé des politesses et des attentions de M. Vial qui me donna une lettre pour le pacha de Morée, et une autre lettre pour un Turc de Misitra. Je m'embarquai avec Joseph et mon nouveau janissaire dans un caïque qui devoit me conduire à l'embouchure du Pamisus, au fond du golfe de Messénie. Quelques heures d'une belle traversée me portèrent dans le lit du plus grand fleuve du Péloponèse, où notre petite barque échoua faute d'eau. Le janissaire alla chercher des chevaux à Nissi, gros village éloigné de trois ou quatre milles de la mer, en remontant le Pamisus. Cette rivière étoit couverte d'une multitude d'oiseaux sauvages dont je m'amusai à observer les jeux jusqu'au retour du janissaire. Rien ne seroit agréable comme l'histoire naturelle, si on la rattachoit toujours à l'histoire des hommes : on aimeroit à voir les oi-

---

(1) Voyez la description de la Messénie dans les Martyrs, troisième édition, tom. 1, pag. 8-42 et 43.

seaux voyageurs quitter les peuplades ignorées de l'Atlantique, pour visiter les peuples fameux de l'Eurotas et du Céphise. La Providence, afin de confondre notre vanité, a permis que les animaux connussent avant l'homme la véritable étendue du séjour de l'homme ; et tel oiseau américain attiroit peut-être l'attention d'Aristote dans les fleuves de la Grèce, lorsque le philosophe ne soupçonnoit même pas l'existence d'un monde nouveau. L'antiquité nous offriroit dans ses annales une foule de rapprochemens curieux; et souvent la marche des peuples et des armées se lieroit aux pélerinages de quelque oiseau solitaire, ou aux migrations pacifiques des gazelles et des chameaux.

Le janissaire revint au rivage avec un guide et cinq chevaux : deux pour le guide et les trois autres pour moi, le janissaire et Joseph. Nous passâmes à Nissi qui me semble inconnue dans l'antiquité. Je vis un moment le vayvode; c'étoit un jeune Grec fort affable qui m'offrit des confitures et du vin: je n'acceptai point son hospitalité, et je continuai ma route pour Tripolizza.

Nous nous dirigeâmes sur le mont Ithome;

en laissant à gauche les ruines de Messène. L'abbé Fourmont, qui visita ces ruines, il y a soixante-dix ans, y compta trente-huit tours encore debout. Je ne sais si M. Vial ne m'a point assuré qu'il en existe aujourd'hui neuf entières et un fragment considérable du mur d'enceinte. M. Poucqueville, qui traversa la Messénie dix ans avant moi, ne passa point à Messène. Nous arrivâmes vers les trois heures de l'après-midi au pied de l'Ithome, aujourd'hui le mont Vulcano, selon d'Anville. Je me convainquis, en examinant cette montagne, de la difficulté de bien entendre les auteurs anciens sans avoir vu les lieux dont ils parlent. Il est évident, par exemple, que Messène et l'ancienne Ithome ne pouvoient embrasser le mont dans leur enceinte, et qu'il faut expliquer la particule grecque περι, comme l'explique M. Lechevalier, à propos de la course d'Hector et d'Achille, c'est-à-dire qu'il faut traduire *devant* Troie, et non pas *autour* de Troie.

Nous traversâmes plusieurs villages, Chafasa, Scala, Cyparissa, et quelques autres récemment détruits par le pacha, lors de sa dernière expédition contre les brigands. Je ne vis dans tous ces villages qu'une seule femme : elle ne démentoit point le sang des Héraclides, par ses yeux bleus, sa haute taille et sa beauté. La Messénie fut presque toujours malheureuse : un pays fertile est souvent un avantage funeste pour un peuple. A la désolation qui régnoit autour de moi, on eût dit que les féroces Lacédémoniens venoient encore de ravager la patrie d'Aristodème. Un grand homme se chargea de venger un grand homme : Epaminondas éleva les murs de Messène. Malheureusement on peut reprocher à cette ville la mort de Philopœmen. Les Arcadiens tirèrent vengeance de cette mort, et transportèrent les cendres de leur compatriote à Mégalopolis. Je passois, avec ma petite caravane, précisément par les chemins où le convoi funèbre du dernier des Grecs avoit passé, il y a environ deux mille ans.

Après avoir longé le mont Ithome, nous traversâmes un ruisseau qui couloit au nord, et qui pourroit bien être une des sources du Balyra. Je n'ai jamais défié les Muses; elles ne m'ont point rendu aveugle comme Thamyris; et si j'ai une lyre, je ne l'ai point jetée dans le Balyra, au risque d'être changé après ma mort en rossignol. Je veux encore suivre le culte des neuf Sœurs pendant quelques années; après quoi j'abandonnerai leurs autels. La couronne de rose d'Anacréon ne me tente point: la plus belle couronne d'un vieillard ce sont ses cheveux blancs et les souvenirs d'une vie honorable. (1)

Andanies devoit être plus bas, sur le cours du Balyra. J'aurois aimé à découvrir au moins l'emplacement des palais de Mérope:

J'entends des cris plaintifs. Hélas, dans ces palais,
Un dieu persécuteur habite pour jamais!

Mais Andanies étoit trop loin de notre route pour essayer d'en trouver les ruines. Une plaine inégale couverte de grandes herbes et de troupeaux de chevaux, comme les savanes de la Floride, me conduisit vers le fond du bassin où se réunissent les hautes montagnes de l'Arcadie et de la Laconie. Le

---

(1) L'auteur travailloit alors aux Martyrs, pour lesquels il avoit entrepris ce voyage. Son dessein étoit de renoncer aux sujets d'imagination après la publication des Martyrs. On peut voir ses adieux à la Muse, dans le dernier livre de cet ouvrage.

Lycée étoit devant nous, cependant un peu sur notre gauche, et nous foulions probablement le sol de Stényclare. Je n'y entendis point Tyrtée chanter à la tête des bataillons de Sparte, mais à son défaut je fis en cet endroit la rencontre d'un Turc monté sur un bon cheval, et accompagné de deux Grecs à pied. Aussitôt qu'il m'eut reconnu à mon habit franc, il piqua vers moi et me cria en français : « C'est un beau pays pour voyager » que la Morée ! En France, de Paris à Mar- » seille, je trouvois des lits et des auberges » partout. Je suis très-fatigué ; je viens de » Coron par terre, et je vais à Léondari. Où » allez-vous ? » Je répondis que j'allois à Tripolizza. — « Eh bien, dit le Turc, nous » irons ensemble jusqu'au kan des Portes ; » mais je suis très-fatigué, mon cher sei- » gneur. » Ce Turc courtois étoit un marchand de Coron qui avoit été à Marseille ; de Marseille à Paris et de Paris à Marseille. (1)

---

(1) Il est remarquable que M. Poucqueville rencontra, à peu près au même endroit, un Turc qui parloit français. C'étoit peut-être le même.

Il étoit nuit lorsque nous arrivâmes à l'entrée du défilé, sur les confins de la Messénie, de l'Arcadie et de la Laconie. Deux rangs de montagnes parallèles forment cet Hermæum qui s'ouvre du nord au midi. Le chemin s'élève par degrés du côté de la Messénie, et redescend par une pente assez douce vers la Laconie. C'est peut-être l'Hermæum, où, selon Pausanias, Oreste troublé par la première apparition des Euménides, se coupa un doigt avec les dents.

Notre caravane s'engagea bientôt dans cet étroit passage. Nous marchions tous en silence et à la file (1). Cette route, malgré la justice expéditive du pacha, n'étoit pas sûre, et nous nous tenions prêts à tout évènement. A minuit, nous arrivâmes au kan, placé au milieu du défilé : un bruit d'eaux et un gros arbre nous annoncèrent cette pieuse fondation d'un serviteur de Mahomet. En Turquie,

---

(1) Je ne sais si c'est le même Hermæum que M. Poucqueville et ses compagnons d'infortune passèrent en venant de Navarin. Voyez, pour la description de cette partie de la Messénie, les Martyrs, troisième édition, tom. 2, pag. 337.

toutes les institutions publiques sont dues à des particuliers; l'Etat ne fait rien pour l'Etat. Ces institutions sont le fruit de l'esprit religieux et non de l'amour de la patrie : car il n'y a point de patrie. Or, il est remarquable que toutes ces fontaines, tous ces kans, tous ces ponts, tombent en ruines et sont des premiers temps de l'Empire : je ne crois pas avoir rencontré sur les chemins une seule fabrique moderne. D'où l'on doit conclure que chez les Musulmans la religion s'affoiblit, et qu'avec la religion l'état social des Turcs est au moment de s'écrouler.

Nous entrâmes dans le kan par une écurie; une échelle en forme de pyramide renversée nous conduisit dans un grenier poudreux. Le marchand turc se jeta sur une natte, en s'écriant : « C'est le plus beau kan de la » Morée! De Paris à Marseille je trouvois » des lits et des auberges partout. » Je cherchai à le consoler en lui offrant la moitié du souper que j'avois apporté de Coron. « Eh, » mon cher seigneur, s'écria-t-il, je suis si » fatigué, que je vais mourir! » Et il gémissoit, et il se prenoit la barbe, et il s'essuyoit le front avec un schall, et il s'écrioit: « Allah! »

DE PARIS A JÉRUSALEM. 51

Toutefois il mangeoit d'un grand appétit la part du souper qu'il avoit refusée d'abord.

Je quittai ce bonhomme (1) le 13, au lever du jour, et je continuai ma route. Notre course étoit fort ralentie : au lieu du janissaire de Modon, qui ne demandoit qu'à tuer son cheval, j'avois un janissaire d'une toute autre espèce. Mon nouveau garde étoit un petit homme maigre, fort marqué de petite vérole, parlant bas et avec mesure, et si plein de la dignité de son turban, qu'on l'eût pris pour un parvenu. Un aussi grave personnage ne se mettoit au galop que lorsque l'importance de l'occasion l'exigeoit ; par exemple, lorsqu'il apercevoit quelque voyageur. L'irrévérence avec laquelle j'interrompois l'ordre de la marche, courant en avant, à droite et à gauche, partout où je croyois découvrir quelques vestiges d'antiquité, lui déplaisoit fort, mais il n'osoit se

---

(1) Ce Turc, moitié Grec, comme M. Fauvel me l'a dit depuis, est toujours par voie et par chemin : il ne jouit pas d'une réputation très-sûre, pour s'être mêlé, fort à son avantage, des approvisionnemens d'une armée.

plaindre. Du reste, je le trouvai fidèle et assez désintéressé pour un Turc.

Une autre cause retardoit encore notre marche : le velours dont Joseph étoit vêtu dans la canicule en Morée, le rendoit fort malheureux ; au moindre mouvement du cheval, il s'accrochoit à la selle ; son chapeau tomboit d'un côté, ses pistolets de l'autre ; il falloit ramasser tout cela et remettre le pauvre Joseph à cheval. Son excellent caractère brilloit d'un nouveau lustre au milieu de toutes ses peines, et sa bonne humeur étoit inaltérable.

Nous mîmes donc trois mortelles heures pour sortir de l'Hermæum, assez semblable dans cette partie au passage de l'Apennin, entre Pérouse et Tarni. Nous entrâmes dans une plaine cultivée qui s'étend jusqu'à Léondari. Nous étions là en Arcadie, sur la frontière de la Laconie.

On convient généralement, malgré l'opinion de d'Anville, que Léondari n'est point Mégalopolis. On veut retrouver dans la première l'ancienne Leuctres de la Laconie, et c'est le sentiment de M. Barbié du Bocage. Où est donc Mégalopolis ? Peut-être au village de Sinano. Il eût fallu sortir de mon chemin et faire des recherches qui n'entroient point dans l'objet de mon voyage. Mégalopolis, qui n'est d'ailleurs célèbre par aucune action mémorable ni par aucun chef-d'œuvre des arts, n'eût tenté ma curiosité que comme monument du génie d'Epaminondas, et patrie de Philopœmen et de Polybe.

Laissant à droite Léondari, ville tout-à-fait moderne, nous traversâmes un bois de vieux chênes verts; c'étoit le reste vénérable d'une forêt sacrée : un énorme vautour, perché sur la cime d'un arbre mort, y sembloit encore attendre le passage d'un Augure. Nous vîmes le soleil se lever sur le mont Borée, nous mîmes pied à terre au bas de ce mont pour gravir un chemin taillé dans le roc : ces chemins étoient appelés chemins de l'Echelle en Arcadie.

Je n'ai pu reconnoître en Morée ni les chemins grecs ni les voies romaines. Des chaussées turques de deux pieds et demi de large servent à traverser les terrains bas et marécageux ; comme il n'y a pas une seule voiture à roue dans cette partie du Péloponèse, ces chaussées suffisent aux ânes des paysans et aux chevaux des soldats. Cependant Pausanias et la carte de Peuttinger marquent plusieurs routes dans les lieux où j'ai passé, surtout aux environs de Mantinée. Bergier les a très-bien suivies dans ses Chemins de l'Empire. (1)

Nous nous trouvions dans le voisinage d'une des sources de l'Alphée ; je mesurois avidement des yeux les ravines que je rencontrois : tout étoit muet et desséché. Le chemin qui conduit du Borée à Tripolizza, traverse d'abord des plaines désertes, et se plonge ensuite dans une longue vallée de pierres. Le soleil nous dévoroit ; à quelques buissons rares et brûlés étoient suspendues des cigales qui se taisoient à notre approche ; elles recommençoient leurs cris dès que nous étions passés : on n'entendoit que ce bruit

---

(1) La carte de Peuttinger ne peut pas tromper, du moins quant à l'existence des routes, puisqu'elles sont tracées sur ce monument curieux, qui n'est qu'un livre de poste des anciens. La difficulté n'existe que dans le calcul des distances, et surtout pour ce qui regarde les Gaules, où l'abréviation *leg* peut se prendre quelquefois pour *lega* ou *legio*.

monotone, les pas de nos chevaux et la complainte de notre guide. Lorsqu'un postillon grec monte à cheval, il commence une chanson qu'il continue pendant toute la route. C'est presque toujours une longue histoire rimée qui charme les ennuis des descendans de Linus: les couplets en sont nombreux, l'air triste, et assez ressemblant aux airs de nos vieilles romances françaises. Une entr'autres qui doit être fort connue, car je l'ai entendue depuis Coron jusqu'à Athènes, rappelle d'une manière frappante l'air :

 Mon cœur charmé de sa chaîne, etc......

Il faut seulement s'arrêter aux quatre premiers vers sans passer au refrain :

 Toujours! Toujours!

Ces airs auroient-ils été apportés en Morée par les Vénitiens? Seroit-ce que les Français, excellant dans la romance, se sont rencontrés avec le génie des Grecs? Ces airs sont-ils antiques? Et, s'ils sont antiques, appartiennent-ils à la seconde école de la musique chez les Grecs, ou remontent-ils jusqu'au temps d'Olympe? Je laisse ces questions à décider aux habiles. Mais il me semble encore ouir le chant de mes malheureux guides, la nuit, le jour, au lever, au coucher du soleil, dans les solitudes de l'Arcadie, sur les bords de l'Eurotas, dans les déserts d'Argos, de Corinthe, de Mégare: lieux où la voix des Ménades ne retentit plus, où les concerts des Muses ont cessé, où le Grec infortuné semble seulement déplorer dans de tristes complaintes les malheurs de sa patrie.

. . . . . Soli periti cantare Arcades! (1)

A trois lieues de Tripolizza, nous rencontrâmes deux officiers de la garde du pacha, qui couroient comme moi en poste: ils assommoient les chevaux et le postillon à coups de fouets de peau de rhinocéros. Il

---

(1) Voyez, sur ce passage, les Martyrs, troisième édition, tom. 2, pag. 371. Spon avoit remarqué en Grèce un air parfaitement semblable à celui de *Réveillez-vous, belle endormie;* et il s'amusa même à composer des paroles en grec moderne, sur cet air.

s'arrêtèrent en me voyant, et me demandèrent mes armes: je refusai de les donner. Le janissaire me fit dire par Joseph que ce n'étoit qu'un pur objet de curiosité, et que je pouvois aussi demander les armes de ces voyageurs. A cette condition je voulus bien satisfaire les spahis : nous changeámes d'armes ; ils examinèrent long-temps mes pistolets, et finirent par me les tirer au-dessus de la tête.

J'avois été prévenu de ne me laisser jamais plaisanter par un Turc, si je ne voulois m'exposer à mille avanies. J'ai reconnu plusieurs fois dans la suite combien ce conseil étoit utile : un Turc devient aussi souple, s'il voit que vous ne le craignez pas, qu'il est insultant, s'il s'aperçoit qu'il vous fait peur. Je n'aurois pas eu besoin d'ailleurs d'être averti dans cette occasion, et la plaisanterie m'avoit paru trop mauvaise pour ne pas la rendre coup sur coup. Enfonçant donc les éperons dans les flancs de mon cheval, je courus sur les Turcs et leur lâchai les coups de leurs propres pistolets en travers, si près du visage, que l'amorce brûla les moustaches du plus jeune spahi. Une explication s'ensuivit entre ces officiers et le janissaire qui leur dit que j'étois Français : à ce nom de Français il n'y eut point de politesses turques qu'ils ne me firent. Ils m'offrirent la pipe, chargèrent mes armes et me les rendirent : je crus devoir garder l'avantage qu'ils me donnoient, et je fis simplement charger leurs pistolets par Joseph. Ces deux étourdis voulurent m'engager à courir avec eux : je les refusai, et ils partirent. On va voir que je n'étois pas le premier Français dont ils eussent entendu parler, et que leur pacha connoissoit bien mes compatriotes.

On peut lire dans M. Poucqueville une description exacte de Tripolizza, capitale de la Morée. Je n'avois pas encore vu de ville entièrement turque : les toits rouges de celle-ci, ses minarets et ses dômes me frappèrent agréablement au premier coup d'œil. Tripolizza est pourtant située dans une partie assez aride du vallon de Tégée, et sous une des croupes du Ménale qui m'a paru dépouillée d'arbres et de verdure. Mon janissaire me conduisit chez un Grec de la connoissance de M. Vial. Le consul, comme je l'ai dit, m'avoit donné une lettre pour le pacha.

Le lendemain de mon arrivée, 14 août, je me rendis chez le drogman de Son Excellence : je le priai de me faire délivrer le plus tôt possible mon firman de poste, et l'ordre nécessaire pour passer l'isthme de Corinthe. Ce drogman, jeune homme d'une figure fine et spirituelle, me répondit en italien que d'abord il étoit malade ; qu'ensuite le pacha venoit d'entrer chez ses femmes ; qu'on ne parloit pas comme cela à un pacha ; qu'il falloit attendre ; que les Français étoient toujours pressés.

Je répliquai que je n'avois demandé les firmans que pour la forme, que mon passeport français me suffisoit pour voyager en Turquie, maintenant en paix avec mon pays ; que puisqu'on n'avoit pas le temps de m'obliger, je partirois sans les firmans, et sans remettre la lettre du consul au pacha.

Je sortis : une heure après le drogman me fit rappeler ; je le trouvai plus traitable, soit qu'à mon ton il m'eût pris pour un personnage d'importance, soit qu'il craignît que je ne trouvasse quelque moyen de porter mes plaintes à son maître ; il me dit qu'il alloit se rendre chez Sa Grandeur, et lui parler de mon affaire.

En effet, deux heures après, un Tartare me vint chercher et me conduisit chez le pacha. Son palais est une grande maison de bois carrée, ayant au centre une vaste cour et des galeries régnant sur les quatre faces de cette cour. On me fit attendre dans une salle où je trouvai des papas et le patriarche de la Morée. Ces prêtres et leur patriarche parloient beaucoup, et avoient parfaitement les manières déliées et aviles des courtisans grecs, sous le Bas-Empire. J'eus lieu de croire, aux mouvemens que je remarquai, qu'on me préparoit une réception brillante; cette cérémonie m'embarrassoit. Mes vêtemens étoient délabrés, mes bottes poudreuses, mes cheveux en désordre, et ma barbe comme celle d'Hector : *barba squalida*. Je m'étois enveloppé dans mon manteau, et j'avois plutôt l'air d'un soldat qui sort du bivouac, que d'un étranger qui se rend à l'audience d'un grand seigneur.

Joseph, qui disoit se connoître aux pompes de l'Orient, m'avoit forcé de prendre ce manteau : mon habit court lui déplaisoit; lui-même voulut m'accompagner avec le janissaire pour me faire honneur. Il marchoit derrière moi, sans bottes, les jambes et les pieds nus, et un mouchoir rouge jeté par-dessus son chapeau : malheureusement il fut arrêté à la porte du palais dans ce bel équipage. Les gardes ne voulurent point le laisser passer : il me donnoit une telle envie de rire, que je ne pus jamais le réclamer sérieusement. La prétention au turban le perdit, et il ne vit que de loin les grandeurs où il avoit aspiré.

Après deux heures de délai, d'ennui et d'impatience, on m'introduisit dans la salle du pacha : je vis un homme d'environ quarante ans, d'une belle figure, assis, ou plutôt couché sur un divan, vêtu d'un cafetan de soie, un poignard orné de diamans à la ceinture, un turban blanc à la tête. Un vieillard à longue barbe occupoit respectueusement une place à sa droite (c'étoit peut-être le bourreau); le drogman grec étoit assis à ses pieds; trois pages debout tenoient des pastilles d'ambre, des pincettes d'argent et du feu pour la pipe ; mon janissaire resta à la porte de la salle.

Je m'avançai, saluai Son Excellence en mettant la main sur mon cœur, je lui présentai la lettre du consul; et, usant du privilége des Français, je m'assis sans en avoir attendu l'ordre.

Osman me fit demander d'où je venois, où j'allois, ce que je voulois.

Je répondis que j'allois en pélerinage à Jérusalem, qu'en me rendant à la Ville-Sainte des Chrétiens, j'avois passé par la Morée pour voir les antiquités romaines (1); que je desirois un firman de poste pour avoir des chevaux, et un ordre pour passer l'isthme.

Le pacha répliqua que j'étois le bienvenu; que je pouvois voir tout ce qui me feroit plaisir, et qu'il m'accorderoit les firmans. Il me demanda ensuite si j'étois militaire, et si j'avois fait la guerre d'Egypte.

Cette question m'embarrassa, ne sachant trop dans quelle intention elle m'étoit faite. Je répondis que j'avois autrefois servi mon pays, mais que je n'avois jamais été en Egypte.

Osman me tira tout de suite d'embarras: il me dit loyalement qu'il avoit été fait prisonnier par les Français à la bataille d'Aboukir;

---

(1) Tout ce qui a rapport aux Grecs, et les Grecs eux-mêmes, sont nommés Romains par les Turcs.

qu'il avoit été très-bien traité de mes compatriotes, et qu'il s'en souviendroit toujours.

Je ne m'attendois point aux honneurs du café, et cependant je les obtins : je me plaignis alors de l'insulte faite à un de mes gens; et Osman me proposa de faire donner devant moi vingt coups de bâton au Délis qui avoit arrêté Joseph. Je refusai ce dédommagement, et je me contentai de la bonne volonté du pacha. Je sortis de mon audience fort satisfait : il est vrai qu'il me fallut payer largement à la porte des distinctions aussi flatteuses. Heureux si les Turcs en place employoient au bien des peuples qu'ils gouvernent cette simplicité de mœurs et de justice! Mais ce sont des tyrans que la soif de l'or dévore et qui versent sans remords le sang innocent pour la satisfaire.

Je retournai à la maison de mon hôte, précédé de mon janissaire, et suivi de Joseph qui avoit oublié sa disgrâce. Je passai auprès de quelques ruines dont la construction me parut antique : je me réveillai alors de l'espèce de distraction où m'avoient jeté les dernières scènes avec les deux officiers turcs, le drogman et le pacha; je me retrouvai tout-à-coup dans les campagnes des Tégéates : et j'étois un Franc, en habit court et en grand chapeau ; et je venois de recevoir l'audience d'un Tartare en robe longue et en turban, au milieu de la Grèce !

Eheu fugaces labuntur anni !

M. Barbié du Bocage se récrie avec raison contre l'inexactitude de nos cartes de Morée, où la capitale de cette province n'est souvent pas même indiquée. La cause de cette négligence vient de ce que le gouvernement turc a changé dans cette partie de la Grèce. Il y avoit autrefois un sangiac qui résidoit à Coron. La Morée étant devenue un pachalic, le pacha a fixé sa résidence à Tripolizza, comme dans un point plus central. Quant à l'agrément de la position, j'ai remarqué que les Turcs étoient assez indifférens sur la beauté des lieux : ils n'ont point à cet égard la délicatesse des Arabes, que le charme du ciel et de la terre séduit toujours, et qui pleurent encore aujourd'hui Grenade perdue.

Cependant, quoique très-obscure, Tripolizza n'a pas été tout-à-fait inconnue, jusqu'à M. Poucqueville qui écrit Tripolitza : Pellegrin en parle et la nomme Trepolezza; d'Anville, Trapolizza; M. de Choiseul, Tripolizza, et les autres voyageurs ont suivi cette orthographe. D'Anville observe que Tripolizza n'est point Mantinée : c'est une ville moderne, qui paroît s'être élevée entre Mantinée, Tégée et Orchomène.

Un Tartare m'apporta le soir mon firman de poste et l'ordre pour passer l'isthme. En s'établissant sur les débris de Constantinople, les Turcs ont manifestement retenu plusieurs usages des peuples conquis. L'établissement des postes en Turquie est à peu de chose près celui qu'avoient fixé les Empereurs romains : on ne paie point les chevaux ; le poids de votre bagage est réglé ; on est obligé de vous fournir partout la nourriture, etc. Je ne voulus point user de ces magnifiques mais odieux priviléges, dont le fardeau pèse sur un peuple malheureux : je payai partout mes chevaux et ma nourriture comme un voyageur sans protection et sans firman.

Tripolizza étant une ville absolument moderne, j'en partis le 15 pour Sparte où il me tardoit d'arriver. Il me falloit, pour ainsi dire, revenir sur mes pas, ce qui n'auroit pas eu lieu si j'avois d'abord visité la Laconie, en passant par Calamate. A une lieue vers le couchant, au sortir de Tripolizza, nous nous arrêtâmes pour voir des ruines : ce sont celles d'un couvent grec, dévasté par les Albanais au temps de la guerre des Russes; mais, dans les murs de ce couvent, on aperçoit des fragmens d'une belle architecture, et des pierres chargées d'inscriptions engagées dans la maçonnerie. J'essayai long-temps d'en lire une à gauche de la porte principale de l'église. Les lettres étoient du bon temps, et l'inscription me parut être en boustrophédon : ce qui n'annonce pas toujours une très-haute antiquité. Les caractères étoient renversés par la position de la pierre; la pierre elle-même étoit éclatée, placée fort haut et enduite en partie de ciment. Je ne pus rien déchiffrer, hors le mot ΤΕΓΕΑΤΕΣ, qui me causa presqu'autant de joie que si j'eusse été membre de l'Académie des Inscriptions. Tégée a dû exister aux environs de ce couvent. On trouve dans les champs voisins beaucoup de médailles. J'en achetai trois d'un paysan, qui ne me donnèrent aucune lumière; il me les vendit très-cher : les Grecs, à force de voir des voyageurs, commencent à connoître le prix de leurs antiquités.

Je ne dois pas oublier qu'en errant parmi ces décombres, je découvris une inscription beaucoup plus moderne : c'étoit le nom de M. Fauvel, écrit au crayon, sur un mur. Il faut être voyageur pour savoir quel plaisir on éprouve à rencontrer tout-à-coup, dans des lieux lointains et inconnus, un nom qui vous rappelle la patrie.

Nous continuâmes notre route entre le nord et le couchant. Après avoir marché pendant trois heures par des terrains à demi cultivés, nous entrâmes dans un désert qui ne finit qu'à la vallée de la Laconie. Le lit desséché d'un torrent nous servoit de chemin ; nous circulions avec lui dans un labyrinthe de montagnes peu élevées, toutes semblables entr'elles, ne présentant partout que des sommets pelés et des flancs couverts d'une espèce de chêne vert nain, à feuille de houx. Au bord de ce torrent desséché, et au centre à peu près de ces monticules, nous rencontrâmes un kan ombragé de deux platanes, et rafraîchi par une petite fontaine. Nous laissâmes reposer nos montures : il y avoit dix heures

5.

que nous étions à cheval. Nous ne trouvâmes pour toute nourriture que du lait de chèvre et quelques amandes. Nous repartîmes avant le coucher du soleil, et nous nous arrêtâmes à onze heures du soir dans une gorge de vallée, au bord d'un autre torrent qui conservoit un peu d'eau.

Le chemin que nous suivions ne traversoit aucun lieu célèbre : il avoit servi tout au plus à la marche des troupes de Sparte, lorsqu'elles alloient combattre celles de Tégée dans les premières guerres de Lacédémone. On ne trouvoit sur cette route qu'un temple de Jupiter-Scotitas vers le passage des Hermès : toutes ces montagnes ensemble devoient former différentes branches du Parnon, du Cronius, et de l'Olympe.

Le 20, à la pointe du jour, nous bridâmes nos chevaux : le janissaire fit sa prière, se lava les coudes, la barbe et les mains, se tourna vers l'Orient comme pour appeler la lumière, et nous partîmes. En avançant vers la Laconie, les montagnes commençoient à s'élever et à se couvrir de quelques bouquets de bois; les vallées étoient étroites et brisées; quelques-unes me rappelèrent, mais sur une moindre échelle, le site de la grande Chartreuse, et son magnifique revêtement de forêts. A midi nous découvrîmes un kan aussi pauvre que celui de la veille, quoiqu'il fût décoré du pavillon ottoman. Dans un espace de vingt-deux lieues, c'étoient les deux seules habitations que nous eussions rencontrées : la fatigue et la faim nous obligèrent de rester dans ce sale gîte plus long-temps que je ne l'aurois voulu. Le maître du lieu, vieux Turc à la mine rébarbative, étoit assis dans un grenier qui régnoit au-dessus des étables du kan ; les chèvres montoient jusqu'à lui, et l'environnoient de leurs ordures. Il nous reçut dans ce lieu de plaisance, et ne daigna pas se lever de son fumier, pour faire donner quelque chose à des chiens de Chrétiens ; il cria d'une voix terrible : et un pauvre enfant grec tout nu, le corps enflé par la fièvre et par les coups de fouet, nous vint apporter du lait de brebis dans un vase dégoûtant par sa malpropreté ; encore fus-je obligé de sortir pour le boire à mon aise, car les chèvres et leurs chevreaux m'assiégeoient pour m'arracher un morceau de biscuit que je tenois à la main. J'avois mangé l'ours et

le chien sacré avec les sauvages ; je partageai depuis le repas des Bédouins ; mais je n'ai jamais rien rencontré de comparable à ce premier kan de la Laconie. C'étoit pourtant à peu près dans les mêmes lieux que paissoient les troupeaux de Ménélas, et qu'il offroit un festin à Télémaque : « On s'empres-
» soit dans le palais du roi, les serviteurs
» amenoient les victimes ; ils apportoient
» aussi un vin généreux, tandis que leurs
» femmes, le front orné de bandelettes pures,
» préparoient le repas. » (1)

Nous quittâmes le kan vers trois heures après midi : à cinq heures nous parvînmes à une croupe de montagnes, d'où nous découvrîmes en face de nous le Taygète que j'avois déjà vu du côté opposé, Misitra bâtie à ses pieds, et la vallée de la Laconie.

Nous y descendîmes par une espèce d'escalier taillé dans le roc comme celui du mont Borée ; nous aperçûmes un pont léger et d'une seule arche, élégamment jeté sur un petit fleuve, et réunissant deux hautes collines. Arrivés au bord du fleuve, nous pas-

---

(1) Odyss. liv. IV.

sâmes à gué ses eaux limpides, au travers de grands roseaux, de beaux lauriers rose en pleine fleur. Ce fleuve, que je passois ainsi sans le connoître, étoit l'Eurotas. Une vallée tortueuse s'ouvrit devant nous ; elle circuloit autour de plusieurs monticules de figure à peu près semblable, et qui avoient l'air de monts artificiels ou de tumulus. Nous nous engageâmes dans ces détours, et nous arrivâmes à Misitra, comme le jour tomboit.

M. Vial m'avoit donné une lettre pour un des principaux Turcs de Misitra, appelé Ibraïm-Bey. Nous mîmes pied à terre dans sa cour, et ses esclaves m'introduisirent dans la salle des étrangers ; elle étoit remplie de Musulmans qui tous étoient comme moi des voyageurs et des hôtes d'Ibraïm. Je pris ma place sur le divan au milieu d'eux ; je suspendis comme eux mes armes au mur au-dessus de ma tête. Joseph et mon janissaire en firent autant. Personne ne me demanda qui j'étois, d'où je venois : chacun continua de fumer, de dormir, ou de causer avec son voisin, sans jeter les yeux sur moi.

Notre hôte arriva : on lui avoit porté la lettre de M. Vial. Ibraïm, âgé d'environ soixante ans, avoit une physionomie douce et ouverte. Il vint à moi, me prit affectueusement la main, me bénit, essaya de prononcer le mot *bon*, moitié en français, moitié en italien, et s'assit à mes côtés. Il parla en grec à Joseph; il me fit prier de l'excuser s'il ne me recevoit pas aussi bien qu'il l'auroit voulu: il avoit un petit enfant malade: *un figliuolo*, répétoit-il en italien; et cela lui faisoit tourner la tête, *mi fa tornar la testa*; et il serroit son turban avec ses deux mains. Assurément ce n'étoit pas la tendresse paternelle dans toute sa naïveté, que j'aurois été chercher à Sparte; et c'étoit un vieux Tartare qui montroit ce bon naturel sur le tombeau de ces mères qui disoient à leurs fils, en leur donnant le bouclier: ἢ τὰν, ἢ ἐπὶ τάν: *avec ou dessus*.

Ibraïm me quitta après quelques instans, pour aller veiller son fils: il ordonna de m'apporter la pipe et le café; mais comme l'heure du repas étoit passée, on ne me servit point le pilau: il m'auroit cependant fait grand plaisir, car j'étois presqu'à jeun depuis vingt-quatre heures. Joseph tira de son sac un saucisson dont il avaloit des morceaux à l'insu des Turcs: il en offroit sous main au janissaire qui détournoit les yeux avec un mélange de regret et d'horreur.

Je pris mon parti : je me couchai sur le divan, dans l'angle de la salle. Une fenêtre avec une grille en roseaux, s'ouvroit sur la vallée de la Laconie, où la lune répandoit une clarté admirable. Appuyé sur le coude, je parcourois des yeux le ciel, la vallée, les sommets brillans et sombres du Taygète, selon qu'ils étoient dans l'ombre ou à la lumière. Je pouvois à peine me persuader que je respirois dans la patrie d'Hélène et de Ménélas. Je me laissai entraîner à ces réflexions que chacun peut faire, et moi plus qu'un autre, sur les vicissitudes des destinées humaines : Que de lieux avoient déjà vu mon sommeil paisible ou troublé ! Que de fois, à la clarté des mêmes étoiles, dans les forêts de l'Amérique, sur les chemins de l'Allemagne, dans les bruyères de l'Angleterre, dans les champs de l'Italie, au milieu de la mer, je m'étois livré à ces mêmes pensées touchant les agitations de la vie !

Un vieux Turc, homme, à ce qu'il paroissoit, de grande considération, me tira de ces réflexions, pour me prouver, d'une manière encore plus sensible, que j'étois loin de mon pays. Il étoit couché à mes pieds sur le divan : il se tournoit, il s'asseyoit, il soupiroit, il appeloit ses esclaves, il les renvoyoit; il attendoit le jour avec impatience. Le jour vint (17 août) : le Tartare, entouré de ses domestiques, les uns à genoux, les autres debout, ôta son turban; il se mira dans un morceau de glace brisée, peigna sa barbe, frisa ses moustaches, se frotta les joues pour les animer. Après avoir fait ainsi sa toilette, il partit en traînant majestueusement ses babouches, et en me jetant un regard dédaigneux.

Mon hôte entra quelque temps après portant son fils dans ses bras. Ce pauvre enfant, jaune et miné par la fièvre, étoit tout nu. Il avoit des amulettes et des espèces de sorts suspendus au cou. Le père le mit sur mes genoux, et il fallut entendre l'histoire de la maladie : l'enfant avoit pris tout le quinquina de la Morée; on l'avoit saigné (et c'étoit là le mal); sa mère lui avoit mis des charmes, et elle avoit attaché un turban à la tombe d'un Santon : rien n'avoit réussi. Ibraïm finit par me demander si je connoissois quelque remède : je me rappelai que dans mon enfance on m'avoit guéri d'une fièvre avec de la petite centaurée; je conseillai l'usage de cette plante, comme l'auroit pu faire le plus grave médecin. Mais qu'étoit-ce que la centaurée? Joseph pérora. Je prétendis que la centaurée avoit été découverte par un certain médecin du voisinage, appelé Chiron, qui couroit à cheval sur les montagnes. Un Grec déclara qu'il avoit connu ce Chiron, qu'il étoit de Calamate, et qu'il montoit ordinairement un cheval blanc. Comme nous tenions conseil, nous vîmes entrer un Turc que je reconnus pour un chef de la loi à son turban vert. Il vint à nous, prit la tête de l'enfant entre ses deux mains, et prononça dévotement une prière: tel est le caractère de la piété: elle est touchante et respectable, même dans les religions les plus funestes.

J'avois envoyé le janissaire me chercher des chevaux et un guide pour visiter d'abord Amyclée, et ensuite les ruines de Sparte où je croyois être: tandis que j'attendois son retour, Ibraïm me fit servir un repas à la turque. J'étois toujours couché sur le divan: on mit devant moi une table extrêmement basse; un esclave me donna à laver; on apporta sur un plateau de bois un poulet haché dans du riz; je mangeois avec mes doigts. Après le poulet on servit une espèce de ragoût de mouton dans un bassin de cuivre, ensuite des figues, des olives, du raisin et du fromage auquel, selon Guillet (1), Misitra doit aujourd'hui son nom. Entre chaque plat un esclave me versoit de l'eau sur les mains, et un autre me présentoit une serviette de grosse toile, mais fort blanche. Je refusai de boire du vin par courtoisie : après le café on m'offrit du savon pour mes moustaches.

Pendant le repas, le chef de la loi m'avoit fait faire plusieurs questions par Joseph : il voulut savoir pourquoi je voyageois, puisque je n'étois ni marchand ni médecin. Je répondis que je voyageois pour voir les peuples, et surtout les Grecs qui étoient morts.

---

(1) M. Scrofani l'a suivi dans cette opinion. Si Sparte tiroit son nom des genets de son territoire, et non pas de Spartus, fils d'Amyclus, ou de Sparta, femme de Lacédémon, Misitra peut bien emprunter le sien d'un fromage.

Cela le fit rire : il répliqua que puisque j'étois venu en Turquie, j'aurois dû apprendre le turc. Je trouvai pour lui une meilleure raison à mes voyages, en disant que j'étois pélerin de Jérusalem! « Hadgi! Hadgi (1)! s'écria-t-il. » Il fut pleinement satisfait. La religion est une espèce de langue universelle entendue de tous les hommes. Ce Turc ne pouvoit comprendre que je quittasse ma patrie par un simple motif de curiosité; mais il trouva tout naturel que j'entreprisse un long voyage pour aller prier à un tombeau, pour demander à Dieu quelque prospérité ou la délivrance de quelque malheur. Ibraïm qui, en m'apportant son fils, m'avoit demandé si j'avois des enfans, étoit persuadé que j'allois à Jérusalem afin d'en obtenir. J'ai vu les Sauvages du Nouveau-Monde indifférens à mes manières étrangères, mais seulement attentifs, comme les Turcs, à mes armes et à ma religion, c'est-à-dire aux deux choses qui protégent l'homme dans ses rapports de l'ame et du corps. Ce

---

(1) Pélerin! Pélerin!

consentement unanime des peuples sur la religion et cette simplicité d'idées, m'ont paru valoir la peine d'être remarqués.

Au reste, cette salle des étrangers où je prenois mon repas, offroit une scène assez touchante, et qui rappeloit les anciennes mœurs de l'Orient. Tous les hôtes d'Ibraïm n'étoient pas riches, il s'en falloit beaucoup; plusieurs même étoient de véritables mendians : pourtant ils étoient assis sur le même divan avec des Turcs qui avoient un grand train de chevaux et d'esclaves. Joseph et mon janissaire étoient traités comme moi, si ce n'est pourtant qu'on ne les avoit point mis à ma table. Ibraïm saluoit également ses hôtes, parloit à chacun, faisoit donner à manger à tous. Il y avoit des gueux en haillons, à qui des esclaves portoient respectueusement le café. On reconnoît là les préceptes charitables du Koran, et la vertu de l'hospitalité que les Turcs ont empruntée des Arabes; mais cette fraternité du turban ne passe pas le seuil de la porte: et tel esclave a bu le café avec son hôte, à qui ce même hôte fait couper le cou en sortant. J'ai lu pourtant, et l'on m'a dit qu'en Asie il y a encore des familles turques qui ont les mœurs, la simplicité et la candeur des premiers âges : je le crois, car Ibraïm est certainement un des hommes les plus vénérables que j'aie jamais rencontrés.

Le janissaire revint avec un guide qui me proposoit des chevaux non-seulement pour Amyclée, mais encore pour Argos. Il demanda un prix que j'acceptai. Le chef de la loi, témoin du marché, se leva tout en colère : il me fit dire que puisque je voyageois pour connoître les peuples, j'eusse à savoir que j'avois affaire à des fripons ; que ces gens-là me voloient ; qu'ils me demandoient un prix extraordinaire ; que je ne leur devois rien, puisque j'avois un firman ; et qu'enfin j'étois complétement leur dupe. Il sortit plein d'indignation ; et je vis qu'il étoit moins animé par un esprit de justice, que révolté de ma stupidité.

A huit heures du matin, je partis pour Amyclée, aujourd'hui Sclabochôrion : j'étois accompagné du nouveau guide et d'un Cicerone grec, très-bonhomme, mais très-ignorant. Nous prîmes le chemin de la plaine au pied du Taygète, en suivant de petits sentiers ombragés et fort agréables qui passoient entre des jardins; ces jardins arrosés par des courans d'eau qui descendoient de la montagne, étoient plantés de mûriers, de figuiers et de sycomores. On y voyoit aussi beaucoup de pastèques, de raisins, de concombres et d'herbes de différentes sortes : à la beauté du ciel et à l'espèce de culture près, on auroit pu se croire dans les environs de Chambéry. Nous traversâmes la Tiase, et nous arrivâmes à Amyclée où je ne trouvai qu'une douzaine de chapelles grecques dévastées par les Albanais, et placées à quelque distance les unes des autres, au milieu de champs cultivés. Le temple d'Apollon, celui d'Eurotas à Onga, le tombeau d'Hyacinthe, tout a disparu. Je ne pus découvrir aucune inscription : je cherchai pourtant avec soin le fameux nécrologe des prêtresses d'Amyclée, que l'abbé Fourmont copia en 1731 ou 1732, et qui donne une série de près de mille années avant Jésus-Christ. Les destructions se multiplient avec une telle rapidité dans la Grèce, que souvent un voyageur n'aperçoit pas le moindre vestige des monumens qu'un autre voyageur a admirés quelques mois avant lui. Tandis que je cherchois des fragmens de ruines antiques, parmi des monceaux de ruines modernes, je vis arriver des paysans conduits par un papas; ils dérangèrent une planche appliquée contre le mur d'une des chapelles, et entrèrent dans un sanctuaire que je n'avois pas encore visité. J'eus la curiosité de les y suivre, et je trouvai que ces pauvres gens prioient avec leurs prêtres dans ces débris : ils chantoient les litanies devant une image de la Panagia (1), barbouillée en rouge sur un mur peint en bleu. Il y avoit bien loin de cette fête aux fêtes d'Hyacinthe ; mais la triple pompe des ruines, des malheurs et des prières au vrai Dieu, effaçoit à mes yeux toutes les pompes de la terre.

Mes guides me pressoient de partir, parce que nous étions sur la frontière des Maniottes qui, malgré les relations modernes, n'en sont pas moins de grands voleurs. Nous repassâmes la Tiase, et nous retournâmes à Misitra par le chemin de la montagne. Je releverai ici une erreur qui ne laisse pas de jeter de la confusion dans les cartes de la

---

(1) La Toute-Sainte (la Vierge).

Laconie. Nous donnons indifféremment le nom moderne d'Iris ou de Vasilipotamos à l'Eurotas. La Guilletière, ou plutôt Guillet, ne sait où Niger a pris ce nom d'Iris, et M. Poucqueville paroît également étonné de ce nom. Niger et Mélétius, qui écrivent Néris par corruption, n'ont pas cependant tout-à-fait tort. L'Eurotas est connu à Misitra sous le nom d'Iri (et non pas d'Iris), jusqu'à sa jonction avec la Tiase; il prend alors le nom de Vasilipotamos, et il le conserve le reste de son cours.

Nous arrivâmes dans la montagne au village de Parori, où nous vîmes une grande fontaine appelée Chieramo : elle sort avec abondance du flanc d'un rocher ; un saule-pleureur l'ombrage au-dessus; et au-dessous s'élève un immense platane autour duquel on s'assied sur des nattes pour prendre le café. Je ne sais d'où ce saule-pleureur a été apporté à Misitra : c'est le seul que j'aie vu en Grèce (1). L'opinion commune fait, je

---

(1) Je ne sais pourtant si je n'en ai point vu quelques autres dans le jardin de l'aga de Naupli de Romanie, au bord du golfe d'Argos.

crois, le *salix babilonica*, originaire de l'Asie-Mineure, tandis qu'il nous est peut-être venu de la Chine, à travers l'Orient. Il en est de même du peuplier pyramidal, que la Lombardie a reçu de la Crimée et de la Géorgie, et dont la famille a été retrouvée sur les bords du Mississipi, au-dessus des Illinois.

Il y a beaucoup de marbres brisés et enterrés dans les environs de la fontaine de Parori : plusieurs portent des inscriptions dont on aperçoit des lettres et des mots ; avec du temps et de l'argent, peut-être pourroit-on faire dans cet endroit quelques découvertes; cependant il est probable que la plupart de ces inscriptions auront été copiées par l'abbé Fourmont, qui en recueillit trois cent cinquante dans la Laconie et dans la Messénie.

Suivant toujours à mi-côte le flanc du Taygète, nous rencontrâmes une seconde fontaine appelée Πανθαλάμα, Panthalama, qui tire son nom de la pierre d'où l'eau s'échappe. On voit sur cette pierre une sculpture antique, d'une mauvaise exécution, représentant trois nymphes dansant avec des guirlandes. Enfin, nous trouvâmes une dernière fontaine nommée Τριτζέλλα, Tritsella, au-dessus de laquelle s'ouvre une grotte qui n'a rien de remarquable (1). On reconnoîtra, si l'on veut, la Dorcia des anciens dans l'une de ces trois fontaines; mais alors elle seroit placée beaucoup trop loin de Sparte.

Là, c'est-à-dire à la fontaine Tritsella, nous nous trouvions derrière Misitra, et presqu'au pied du château ruiné qui commande la ville. Il est placé au haut d'un rocher de forme quasi pyramidale. Nous avions employé huit heures à toutes nos courses, et il étoit quatre heures de l'après-midi. Nous quittâmes nos chevaux, et nous montâmes à pied au château par le faubourg des Juifs, qui tourne en limaçon, autour du rocher, jusqu'à la base du château. Ce faubourg a été entièrement détruit par les Albanais; les murs seuls des maisons sont restés debout, et l'on voit à travers les ouvertures des portes et des fenêtres, la trace des flammes qui ont dévoré ces anciennes retraites de la misère. Des enfans, aussi méchans que les Spartiates dont ils descendent, se cachent dans ces ruines, épient

---

(1) M. Scrofani parle de ces fontaines.

le voyageur, et au moment où il passe font crouler sur lui des pans de murs et des fragmens de rochers. Je faillis être la victime d'un de ces jeux lacédémoniens.

Le château gothique qui couronne ces débris, tombe lui-même en ruines : les vides des créneaux, les crevasses formées dans les voûtes, et les bouches des citernes, font qu'on n'y marche pas sans danger. Il n'y a ni portes, ni gardes, ni canons ; le tout est abandonné : mais on est bien dédommagé de la peine qu'on a prise de monter à ce donjon, par la vue dont on jouit.

Au-dessous de vous, à votre gauche, est la partie détruite de Misitra, c'est-à-dire le faubourg des Juifs dont je viens de parler. A l'extrémité de ce faubourg, vous apercevez l'archevêché et l'église de Saint-Dimitri, environnés d'un grouppe de maisons grecques avec des jardins.

Perpendiculairement au-dessous de vous s'étend la partie de la ville appelée Κατωχώριον, Katôchôrion ; c'est-à-dire le bourg au-dessous du château.

En avant du Katôchôrion, se trouve le Μεσοχώριον, Mésochôrion, le bourg du milieu :

celui-ci a de grands jardins, et renferme des maisons turques peintes de vert et de rouge; on y remarque aussi des basars, des kans et des mosquées.

A droite, au pied du Taygète, on voit successivement les trois villages ou faubourgs que j'avois traversés : Tritsella, Panthalama et Parori.

De la ville même sortent deux torrens : le premier est appelé Ὀβριοπόταμος, Hobriopotamos, rivière des Juifs; il coule entre le Katôchôrion et le Mésochôrion.

Le second se nomme Panthalama, du nom de la fontaine des Nymphes dont il sort : il se réunit à l'Hobriopotamos assez loin dans la plaine, vers le village désert de Μαγοῦλα, Magoula; ces deux torrens, sur lesquels il y a un petit pont, ont suffi à la Guilletière pour en former l'Eurotas et le pont Bâbyx, sous le nom générique de Γέφυρος, qu'il aûroit dû, je pense, écrire Γέφυρα.

A Magoula, ces deux ruisseaux réunis se jettent dans la rivière de Magoula; l'ancien Cnacion, et celui-ci va se perdre dans l'Eurotas.

Vue du château de Misitra, la vallée de

la Laconie est admirable : elle s'étend à peu près du nord au midi ; elle est bordée à l'ouest par le Taygète, et à l'est par les monts Thornax, Barosthenès, Olympe et Ménélaïon ; de petites collines obstruent la partie septentrionale de la vallée, descendent au midi, en diminuant de hauteur, et viennent former de leurs dernières croupes les collines où Sparte étoit assise. Depuis Sparte jusqu'à la mer se déroule une plaine unie et fertile arrosée par l'Eurotas. (1)

Me voilà donc monté sur un créneau du château de Misitra, découvrant, contemplant et admirant toute la Laconie. Mais quand parlerez-vous de Sparte, me dira le lecteur ? Où sont les débris de cette ville ? Sont-ils renfermés dans Misitra ? N'en reste-t-il aucune trace ? Pourquoi courir à Amyclée avant d'avoir visité tous les coins de Lacédémone ? Vous contenterez-vous de nommer l'Eurotas, sans en montrer le cours, sans en décrire les bords ? Quelle largeur a-t-il ? De quelle couleur sont ses eaux ? Où sont ses cygnes, ses

---

(1) Voyez, pour la description de la Laconie, les Martyrs, troisième édition, tom. 2, pag. 338.

roseaux, ses lauriers? Les moindres particularités doivent être racontées, quand il s'agit de la patrie de Lycurgue, d'Agis, de Lysandre, de Léonidas. Tout le monde a vu Athènes, mais très-peu de voyageurs ont pénétré jusqu'à Sparte: aucun n'en a complétement décrit les ruines; et l'emplacement même de cette fameuse cité est un problème.

Il y a déjà long-temps que j'aurois satisfait le lecteur, si, dans le moment même où il m'aperçoit au haut du donjon de Misitra, je n'eusse fait pour mon propre compte toutes les questions que je l'entends me faire à présent.

Si on a lu l'Introduction à cet Itinéraire, on a pu voir que je n'avois rien négligé pour me procurer sur Sparte tous les renseignemens possibles : j'ai suivi l'histoire de cette ville depuis les Romains jusqu'à nous ; j'ai parlé des voyageurs et des livres qui nous ont appris quelque chose de la moderne Lacédémone ; malheureusement ces notions sont assez vagues, puisqu'elles ont fait naître deux opinions contradictoires. D'après le Père Pacifique, Coronelli, le romancier Guillet, et ceux qui les ont suivis,

Misitra est bâtie sur les ruines de Sparte ; et d'après Spon, Vernon, l'abbé Fourmont, Leroi et d'Anville, les ruines de Sparte sont assez éloignées de Misitra (1). Il étoit bien clair, d'après cela, que les meilleures autorités étoient pour cette dernière opinion. D'Anville surtout est formel, et il paroît choqué du sentiment contraire : « Le lieu, dit-il, qu'occupoit cette ville (Sparte), est appelé Palæochôri ou le vieux bourg ; la ville nouvelle sous le nom de Misitra, que l'on a tort de confondre avec Sparte, en est écartée vers le couchant (2). » Spon, combattant la Guilletière, s'exprime aussi fortement d'après le témoignage de Vernon et du consul Giraud. L'abbé Fourmont, qui a retrouvé à Sparte tant d'inscriptions, n'a pu être dans l'erreur sur l'emplacement de cette ville ; il est vrai que nous n'avons pas son voyage ; mais Leroi, qui a reconnu le théâtre et le dromos, n'a pu ignorer la vraie position de Sparte. Les meilleures géographies, se conformant à ces grandes autorités, ont pris soin

---

(1) Voyez l'Introduction.
(2) Géog. Anc. Abrég. tom. 1, pag. 270.

d'avertir que Misitra n'est point du tout Lacédémone. Il y en a même qui fixent assez bien la distance de l'une à l'autre de ces villes, en la faisant d'environ deux lieues.

On voit ici, par un exemple frappant, combien il est difficile de rétablir la vérité, quand une erreur est enracinée. Malgré Spon, Fourmont, Leroi, d'Anville, etc., on s'est généralement obstiné à voir Sparte dans Misitra, et moi-même tout le premier. Deux voyageurs modernes avoient achevé de m'aveugler, Scrofani et M. Poucqueville. Je n'avois pas fait attention que celui-ci, en décrivant Misitra, comme représentant Lacédémone, ne faisoit que répéter l'opinion des gens du pays, et qu'il ne donnoit pas ce sentiment pour le sien. Il semble même pencher au contraire vers l'opinion qui a pour elle les meilleures autorités : d'où je devois conclure que M. Poucqueville, exact sur tout ce qu'il a vu de ses propres yeux, avoit été trompé dans ce qu'on lui avoit dit de Sparte. (1)

---

(1) Il dit même en toutes lettres que Misitra n'est pas sur l'emplacement de Sparte ; ensuite il revient

Persuadé donc, par une erreur de mes premières études, que Misitra étoit Sparte, j'avois commencé par courir à Amyclée: mon projet étoit de me débarrasser d'abord de ce qui n'étoit point Lacédémone, afin de donner ensuite à cette ville toute mon attention. Qu'on juge de mon embarras, lorsque du haut du château de Misitra, je m'obstinois à vouloir reconnoître la cité de Lycurgue dans une ville absolument moderne, dont l'architecture ne m'offroit qu'un mélange confus du genre oriental, et du style gothique, grec et italien : pas une pauvre petite ruine antique pour se consoler au milieu de tout cela. Encore si la vieille Sparte, comme la vieille Rome, avoit levé sa tête défigurée du milieu de ces monumens nouveaux ! Mais non : Sparte étoit renversée dans la poudre, ensevelie dans le tombeau, foulée aux pieds des Turcs, morte, morte toute entière !

Je le croyois ainsi. Mon Cicerone savoit à

---

aux idées des habitans du pays. On voit que l'auteur étoit sans cesse entre les grandes autorités, qu'il connoissoit, et le bavardage de quelque Grec ignorant.

peine quelques mots d'italien et d'anglais. Pour me faire mieux entendre de lui, j'essayois de méchantes phrases de grec moderne; je barbouillois au crayon quelques mots de grec ancien; je parlois italien et anglais, je mêlois du français à tout cela. Joseph vouloit nous mettre d'accord, et il ne faisoit qu'accroître la confusion: le janissaire et le guide (espèce de Juif demi-nègre) donnoient leur avis en turc, et augmentoient le mal. Nous parlions tous à la fois, nous criions, nous gesticulions; avec nos habits différens, nos langages et nos visages, nous avions l'air d'une assemblée de démons perchés au coucher du soleil sur la pointe de ces ruines. Les bois et les cascades du Taygète étoient derrière nous, la Laconie à nos pieds, et le plus beau ciel sur notre tête:

« Voilà Misitra, disois-je au Cicerone; » c'est Lacédémone, n'est-ce pas? »

Il me répondoit: « Signor? Lacédémone? » Comment? »

« Je vous dis, Lacédémone ou Sparte? »

« Sparte? Quoi? »

« Je vous demande si Misitra est Sparte? »

« Je n'entends pas. »

« Comment vous, Grec, vous, Lacédé-
» monien, vous ne connoissez pas le nom de
» Sparte ! »

« Sparte ? Oh, oui ! Grande république !
» Fameux Lycurgue ! »

« Ainsi Misitra est Lacédémone ? »

Le Grec me fit un signe de tête affirmatif.
Je fus ravi.

« Maintenant, repris-je, expliquez-moi ce
» que je vois : quelle est cette partie de la
» ville ? » Et je montrois la partie devant
moi un peu à droite.

« Mésochôrion, répondit-il. »

« J'entends bien ; mais quelle partie étoit-
» ce de Lacédémone ? »

« Lacédémone ? Quoi ? »

J'étois hors de moi.

« Au moins, indiquez-moi le fleuve ? » Et
je répétois : « Potamos, Potamos. »

Mon Grec me fit remarquer le torrent appelé la rivière des Juifs.

« Comment, c'est là l'Eurotas ? Impos-
» sible ! Dites-moi où est le Vasilipotamos ? »

Le Cicerone fit de grands gestes, et étendit
le bras à droite du côté d'Amyclée.

Me voilà replongé dans toutes mes perplexités. Je prononçai le nom d'Iri ; et à ce nom, mon Spartiate me montra la gauche à l'opposé d'Amyclée.

Il falloit conclure qu'il y avoit deux fleuves ; l'un à droite, le Vasilipotamos ; l'autre à gauche, l'Iri ; et que ni l'un ni l'autre de ces fleuves ne passoit à Misitra. On a vu plus haut, par l'explication que j'ai donnée de ces deux noms, ce qui causoit mon erreur.

Ainsi, disois-je en moi-même, je ne sais plus où est l'Eurotas ; mais il est clair qu'il ne passe point à Misitra. Donc, Misitra n'est point Sparte, à moins que le cours du fleuve n'ait changé, et ne se soit éloigné de la ville ; ce qui n'est pas du tout probable. Où est donc Sparte ? Je serai venu jusqu'ici sans avoir pu la trouver ? Je m'en retournerai sans l'avoir vue ! J'étois dans la consternation. Comme j'allois descendre du château, le Grec s'écria : « Votre Seigneurie demande peut-être Pa- » læochôri ? » A ce nom je me rappelai le passage de d'Anville ; je m'écrie à mon tour : « Oui ! Palæochôri ! La vieille ville ! Où est- » elle ? Palæochôri ? »

« Là-bas, à Magoula, dit le Cicerone ; » et il me montroit au loin dans la vallée une espèce de chaumière blanche environnée de quelques arbres.

Les larmes me vinrent aux yeux, en fixant mes regards sur cette misérable cabane qui s'élevoit dans l'enceinte abandonnée d'une des villes les plus célèbres de l'univers, et qui servoit seule à faire reconnoître l'emplacement de Sparte demeure unique d'un chevrier, dont toute la richesse consiste dans l'herbe qui croît sur les tombes d'Agis et de Léonidas.

Je ne voulus plus rien voir, ni rien entendre : je descendis précipitamment du château, malgré les cris des guides qui vouloient me montrer des ruines modernes, et me raconter des histoires d'agas, de pachas, de cadis, de vayvodes; mais en passant devant l'archevêché, je trouvai des papas qui attendoient *le Français* à la porte, et qui m'invitèrent à entrer de la part de l'archevêque.

Quoique j'eusse bien desiré refuser cette politesse, il n'y eut pas moyen de s'y soustraire. J'entrai donc : l'archevêque étoit assis au milieu de son clergé dans une salle très-propre, garnie de nattes et de coussins à la manière des Turcs. Tous ces papas et leur chef étoient gens d'esprit et de bonne humeur. Plusieurs savoient l'italien, et s'exprimoient avec facilité dans cette langue. Je leur contai ce qui venoit de m'arriver au sujet des ruines de Sparte: ils en rirent, et se moquèrent du Cicerone; ils me parurent fort accoutumés aux étrangers.

La Morée est en effet remplie de Lévantins, de Francs, de Ragusains, d'Italiens, et surtout de jeunes médecins de Venise et des îles Ioniennes, qui viennent dépêcher les cadis et les agas. Les chemins sont assez sûrs: on trouve passablement de quoi se nourrir; on jouit d'une grande liberté, pourvu qu'on ait un peu de fermeté et de prudence. C'est en général un voyage très-facile, surtout pour un homme qui a vécu chez les Sauvages de l'Amérique. Il y a toujours quelques Anglais sur les chemins du Péloponèse: les papas me dirent qu'ils avoient vu dans ces derniers temps des antiquaires et des officiers de cette nation. Il y a même à Misitra une maison grecque qu'on appelle l'Auberge anglaise: on y mange du roast-beef, et l'on y boit du vin de Porto. Le voyageur a sous ce rapport de grandes obligations aux Anglais: ce sont eux qui ont établi de bonnes auberges dans toute l'Europe, en Italie, en Suisse, en Allemagne, en Espagne, à Constantinople, à Athènes, et jusqu'aux portes de Sparte, en dépit de Lycurgue.

L'archevêque connoissoit le vice-consul d'Athènes, et je ne sais s'il ne me dit point lui avoir donné l'hospitalité dans les deux ou trois courses que M. Fauvel a faites à Misitra. Après qu'on m'eut servi le café, on me montra l'archevêché et l'église ; celle-ci, fort célèbre dans nos géographies, n'a pourtant rien de remarquable. La mosaïque du pavé est commune, les peintures vantées par Guillet rappellent absolument les ébauches de l'école avant le Pérugin. Quant à l'architecture, ce sont toujours des dômes plus ou moins écrasés, plus ou moins multipliés. Cette cathédrale, dédiée à saint Dimitri, et non pas à la Vierge, comme on l'a dit, a pour sa part sept de ces dômes. Depuis que cet ornement a été employé à Constantinople dans la dégénération de l'art, il a marqué tous les monumens de la Grèce. Il n'a ni la hardiesse du gothique, ni la sage beauté de l'antique. Il est assez majestueux quand il est immense ; mais alors il écrase l'édifice qui le porte : s'il est petit, ce n'est plus qu'une calotte ignoble qui ne se lie à aucun membre de l'architecture, et qui s'élève au-dessus des entablemens, tout exprès pour rompre la ligne harmonieuse de la cymaise.

Je vis dans la bibliothèque de l'archevêché quelques traités des Pères grecs, des livres de controverse, et deux ou trois historiens de la Byzantine, entr'autres Pachymère. Il eût été intéressant de collationner le texte de ce manuscrit avec les textes que nous avons; mais il aura sans doute passé sous les yeux de nos deux grands hellénistes, l'abbé Fourmont et d'Ansse de Villoison. Il est probable que les Vénitiens, long-temps maîtres de la Morée, en auront enlevé les manuscrits les plus précieux.

Mes hôtes me montrèrent avec empressement des traductions imprimées de quelques ouvrages français : c'est, comme on sait, le Télémaque, Rollin, etc., et des nouveautés publiées à Bucharest. Parmi ces traductions, je n'oserois dire que je trouvai Atala, si M. Stamati ne m'avoit aussi fait l'honneur de prêter à ma Sauvage la langue d'Homère.

La traduction que je vis à Misitra n'étoit pas achevée : le traducteur étoit un Grec natif de Zante ; il s'étoit trouvé à Venise lorsque Atala y parut en italien, et c'étoit sur cette traduction qu'il avoit commencé la sienne en grec vulgaire. Je ne sais si je cachai mon nom par orgueil ou par modestie ; mais ma petite gloriole d'auteur fut si satisfaite de se rencontrer auprès de la grande gloire de Lacédémone, que le portier de l'archevêché eut lieu de se louer de ma générosité : c'est une charité dont j'ai fait depuis pénitence.

Il étoit nuit quand je sortis de l'archevêché : nous traversâmes la partie la plus peuplée de Misitra ; nous passâmes sous le bazar indiqué dans plusieurs descriptions, comme devant être l'Agora des anciens, supposant toujours que Misitra est Lacédémone. Ce bazar est un mauvais marché pareil à ces halles que l'on voit dans nos petites villes de provinces. De chétives boutiques de schalls, de merceries, de comestibles en occupent les rues. Ces boutiques étoient alors éclairées par des lampes de fabrique italienne. On me fit remarquer, à la lueur de ces lampes, deux Maniottes qui vendoient des sèches et des polypes de mer, appelés à Naples, *frutti di mare*. Ces pêcheurs, d'une assez grande taille, ressembloient à des paysans franc-comtois. Je ne leur trouvai rien d'extraordinaire. J'achetai d'eux un chien du Taygète: il étoit de moyenne taille, le poil fauve et rude, le nez très-ouvert, l'air sauvage:

Fulvus Lacon,
Amica vis pastoribus.

Je l'avois nommé Argus: « Ulysse en fit autant. » Malheureusement je le perdis quelques jours après sur la route, entre Argos et Corinthe.

Nous vîmes passer plusieurs femmes enveloppées dans leurs longs habits. Nous nous détournions pour leur céder le chemin, selon une coutume de l'Orient, qui tient à la jalousie plus qu'à la politesse. Je ne pus découvrir leurs visages; je ne sais donc s'il faut dire encore Sparte aux belles femmes, d'après Homère: καλλιγύναικα.

Je rentrai chez Ibraïm après treize heures de courses, pendant lesquelles je ne m'étois reposé que quelques momens. Outre que je supporte facilement la fatigue, le soleil et la faim, j'ai observé qu'une vive émotion me soutient contre la lassitude et me donne de nouvelles forces. Je suis convaincu d'ailleurs, et plus que personne, qu'une volonté inflexible surmonte tout, et l'emporte même sur le temps. Je me décidai à ne me point coucher, à profiter de la nuit pour écrire des notes, à me rendre le lendemain aux ruines de Sparte, et à continuer de là mon voyage, sans revenir à Misitra.

Je dis adieu à Ibraïm ; j'ordonnai à Joseph et au guide de se rendre avec leurs chevaux sur la route d'Argos, et de m'attendre à ce pont de l'Eurotas que nous avions déjà passé en venant de Tripolizza. Je ne gardai que le janissaire pour m'accompagner aux ruines de Sparte : si j'avois même pu me passer de lui, je serois allé seul à Magoula : car j'avois éprouvé combien des subalternes qui s'impatientent et s'ennuient vous gênent dans les recherches que vous voulez faire.

Tout étant réglé de la sorte, le 18, une demi-heure avant le jour, je montai à cheval avec le janissaire ; je récompensai les esclaves du bon Ibraïm, et je partis au grand galop pour Lacédémone.

Il y avoit déjà une heure que nous courions à pointe de cheval, par un chemin uni qui se dirigeoit droit au sud-est, lorsqu'au lever de l'aurore, j'aperçus quelques débris et un long mur de construction antique : le cœur commence à me battre. Le janissaire se tourne vers moi, et me montrant, sur la droite, avec son fouet, une cabane blanchâtre, il me crie d'un air de satisfaction : « Palæochôri! » Je me dirigeai vers la principale ruine que je découvrois sur une hauteur. En tournant cette hauteur par le nord-ouest, afin d'y monter, je m'arrêtai tout-à-coup à la vue d'une vaste enceinte, ouverte en demi-cercle, et que je reconnus à l'instant pour un théâtre antique. Je ne puis peindre les sentimens confus qui vinrent m'assiéger. La colline au pied de laquelle je me trouvois étoit donc la colline de la citadelle de Sparte, puisque le théâtre étoit adossé à la citadelle; la ruine que je voyois sur cette colline étoit donc le temple de Minerve-Chalciœcos, puisque celui-ci étoit dans la citadelle; les débris et le long mur que j'avois passés plus bas, faisoient donc partie de la tribu des Cynosures, puisque cette tribu étoit au nord de la ville. Sparte étoit donc sous mes yeux; et son théâtre, que j'avois eu le bonheur de découvrir en arrivant, me donnoit sur-le-champ toutes les positions des quartiers et des monumens. Je mis pied à terre, et je montai en courant sur la colline de la citadelle.

Comme j'arrivois à son sommet, le soleil se levoit derrière les monts Ménélaïons. Quel beau spectacle, mais qu'il étoit triste! L'Eurotas coulant solitaire sous les débris du pont Babyx; des ruines de toutes parts, et pas un homme parmi ces ruines! Je restai immobile, dans une espèce de stupeur, à contempler cette scène. Un mélange d'admiration et de douleur arrêtoit mes pas et ma pensée; le silence étoit profond autour de moi : je voulus du moins faire parler l'écho dans des lieux où la voix humaine ne se faisoit plus entendre, et je criai de toute ma force : Léonidas! Aucune ruine ne répéta ce grand nom, et Sparte même sembla l'avoir oublié.

Si des ruines où s'attachent des souvenirs illustres font bien voir la vanité de tout ici-bas, il faut pourtant convenir que des noms qui survivent à des Empires et qui immortalisent des temps et des lieux, sont quelque chose. Après tout, ne dédaignons pas trop la gloire; rien n'est plus beau qu'elle, si ce n'est la vertu. Le comble du bonheur, seroit de réunir l'une à l'autre dans cette vie; et c'étoit l'objet de l'unique prière que les Spartiates adressoient aux dieux : « *Ut pulchra bonis adderent!* »

Quand l'espèce de trouble où j'étois fut dissipé, je commençai à étudier les ruines autour de moi. Le sommet de la colline offroit un plateau environné, surtout au nord-ouest, d'épaisses murailles; j'en fis deux fois le tour, et je comptai mille cinq cent soixante, et mille cinq cent soixante-six pas communs, ou à peu près sept cent quatre-vingts pas géométriques; mais il faut remarquer que j'embrasse dans ce circuit le sommet entier de la colline, y compris la courbe que forme l'excavation du théâtre dans cette colline : c'est ce théâtre que Leroi a examiné.

Des décombres, partie ensevelis sous terre, partie élevés au-dessus du sol, annoncent vers le milieu de ce plateau les fondemens du temple de Minerve-Chalciœcos (1), où Pau-

---

(1) Chalciœcos, maison d'airain. Il ne faut pas

sanias se réfugia vainement, et perdit la vie. Une espèce de rampe en terrasse, large de soixante-dix pieds, et d'une pente extrêmement douce, descend du midi de la colline dans la plaine. C'étoit peut-être le chemin par où l'on montoit à la citadelle qui ne devint très-forte que sous les tyrans de Lacédémone.

A la naissance de cette rampe et au-dessus du théâtre, je vis un petit édifice de forme ronde aux trois quarts détruit : les niches intérieures en paroissent également propres à recevoir des statues ou des urnes. Est-ce un tombeau? Est-ce le temple de Vénus-Armée ? Ce dernier devoit être à peu près dans cette position, et dépendant de la tribu des Egides. César, qui prétendoit descendre de Vénus, portoit sur son anneau l'empreinte d'une Vénus armée : c'étoit en effet le double

---

prendre le texte de Pausanias et de Plutarque à la lettre et s'imaginer que ce temple fût tout d'airain. Cela veut dire seulement que ce temple étoit revêtu d'airain en dedans, et peut-être en dehors. J'espère que personne ne confondra les deux Pausanias que je cite ici, l'un dans le texte, l'autre dans la note.

emblème des foiblesses et de la gloire de ce grand homme :

Vincere si possum nuda, quid arma gerens ?

Si l'on se place avec moi sur la colline de la citadelle, voici ce que l'on verra autour de soi :

Au levant, c'est-à-dire vers l'Eurotas, un monticule de forme allongée, et aplati à sa cime, comme pour servir de stade ou d'hippodrome. Des deux côtés de ce monticule, entre deux autres monticules qui font avec le premier deux espèces de vallées, on aperçoit les ruines du pont Babyx et le cours de l'Eurotas. De l'autre côté du fleuve, la vue est arrêtée par une chaîne de collines rougeâtres : ce sont les monts Ménélaïons. Derrière ces monts s'élève la barrière des hautes montagnes qui bordent au loin le golfe d'Argos.

Dans cette vue à l'Est entre la citadelle et l'Eurotas, en portant les yeux nord et sud par l'Est, parallèlement au cours du fleuve, on placera la tribu des Limnates, le temple de Lycurgue, le palais du roi Démarate, la tribu des Egides et celle des Messoates, un des Lesché, le monument de Cadmus, les temples d'Hercule, d'Hélène, et le Plataniste. J'ai compté dans ce vaste espace sept ruines debout et hors de terre, mais tout-à-fait informes et dégradées. Comme je pouvois choisir, j'ai donné à l'un de ces débris le nom du temple d'Hélène ; à l'autre celui du tombeau d'Alcman : j'ai cru voir les monumens héroïques d'Egée et de Cadmus ; je me suis déterminé ainsi pour la fable, et n'ai reconnu pour l'histoire que le temple de Lycurgue. J'avoue que je préfère au Brouet noir et à la Cryptie, la mémoire du seul poëte que Lacédémone ait produit, et la couronne de fleurs que les filles de Sparte cueillirent pour Hélène dans l'île du Plataniste :

O ubi campi,
Sperchiusque et virginibus bacchata Lacænis
Taygeta!

En regardant maintenant vers le nord, et toujours du sommet de la citadelle, on voit une assez haute colline qui domine même celle où la citadelle est bâtie, ce qui contredit le texte de Pausanias. C'est dans la vallée que forment ces deux collines, que devoient se trouver la place publique et les monumens que cette dernière renfermoit, tels que le sénat des Gérontes, le Chœur, le Portique des Perses, etc. Il n'y a aucune ruine de ce côté. Au nord-ouest s'étendoit la tribu des Cynosures, par où j'étois entré à Sparte, et où j'ai remarqué le long mur et quelques débris.

Tournons-nous à présent à l'ouest, et nous apercevrons sur un terrain uni, derrière et au pied du théâtre, trois ruines dont l'une est assez haute et arrondie comme une tour; dans cette direction se trouvoient la tribu des Pitanates, le Théomélide, les tombeaux de Pausanias et de Léonidas, le Lesché des Crotanes, et le temple de Diane Isora.

Enfin, si l'on ramène ses regards au midi, on verra une terre inégale que soulèvent çà et là des racines de murs rasés au niveau du sol. Il faut que les pierres en aient été emportées, car on ne les aperçoit point à l'entour. La maison de Ménélas s'élevoit dans cette perspective; et plus loin, sur le chemin d'Amyclée, on rencontroit le temple des Dioscures et des Grâces. Cette description deviendra plus intelligible, si le lecteur veut avoir recours à Pausanias, ou simplement au Voyage d'Anacharsis.

Tout cet emplacement de Lacédémone est inculte : le soleil l'embrase en silence, et dévore incessamment le marbre des tombeaux. Quand je vis ce désert, aucune plante n'en décoroit les débris, aucun oiseau, aucun insecte ne les animoit, hors des millions de lézards qui montoient et descendoient sans bruit le long des murs brûlans. Une douzaine de chevaux à demi-sauvages paissoient çà et là une herbe flétrie ; un pâtre cultivoit dans un coin du théâtre quelques pastèques ; et à Magoula, qui donne son triste nom à Lacédémone, on remarquoit un petit bois de cyprès. Mais ce Magoula même, qui fut autrefois un village turc assez considérable, a péri dans ce champ de mort : ses masures sont tombées, et ce n'est plus qu'une ruine qui annonce des ruines.

Je descendis de la citadelle, et je marchai pendant un quart d'heure pour arriver à l'Eurotas. Je le vis à peu près tel que je l'avois passé deux lieues plus haut sans le connoître : il peut avoir devant Sparte la largeur de la Marne, au-dessus de Charenton. Son lit, presque desséché en été, présente une grève semée de petits cailloux, plantée de roseaux et de lauriers rose, et sur laquelle coulent quelques filets d'une eau fraîche et limpide. Cette eau me parut excellente; j'en bus abondamment, car je mourois de soif. L'Eurotas mérite certainement l'épithète de καλλιδόναξ, *aux beaux roseaux*, que lui a donné Euripide; mais je ne sais s'il doit garder celle d'*Olorifer*, car je n'ai point aperçu de cygnes dans ses eaux. Je suivis son cours, espérant rencontrer ces oiseaux qui, selon Platon, ont avant d'expirer une vue de l'Olympe, et c'est pourquoi leur dernier chant est si mélodieux : mes recherches furent inutiles. Apparemment que je n'ai pas comme Horace la faveur des Tyndarides, et qu'ils n'ont pas voulu me laisser pénétrer le secret de leur berceau.

Les fleuves fameux ont la même destinée que les peuples fameux : d'abord obscurs, puis éclatans sur la terre, ils retombent ensuite dans leur première obscurité. L'Eurotas appelé d'abord Himère, coule maintenant oublié sous le nom d'Iri, comme le Tibre autrefois l'Albula, porte aujourd'hui à la mer les eaux inconnues du Teverone. J'examinai les ruines du pont Babyx, qui sont peu de chose. Je cherchai l'île du Plataniste, et je crois l'avoir trouvée au-dessous même de Magoula : c'est un terrain de forme triangulaire dont un côté est baigné par l'Eurotas, et dont les deux autres côtés sont fermés par des fossés pleins de joncs, où coule pendant l'hiver la rivière de Magoula, l'ancien Cnacion. Il y a dans cette île quelques mûriers et des sycomores, mais point de platanes. Je n'aperçus rien qui prouvât que les Turcs fissent encore de cette île un lieu de délices ; j'y vis quelques fleurs, entre autres des lis bleus, portés par une espèce de glaïeuls ; j'en cueillis plusieurs en mémoire d'Hélène : la fragile couronne de la beauté existe encore sur les bords de l'Eurotas, et la beauté même a disparu.

La vue dont on jouit en marchant le long de l'Eurotas, est bien différente de celle que l'on découvre du sommet de la citadelle. Le fleuve suit un lit tortueux et se cache, comme je l'ai dit, parmi des roseaux et des lauriers rose, aussi grands que des arbres ; sur la rive gauche, les monts Ménélaïons, d'un aspect aride et rougeâtre, forment contraste avec la fraîcheur et la verdure du cours de l'Eurotas. Sur la rive droite, le Taygète déploie son magnifique rideau : tout l'espace compris entre ce rideau et le fleuve est occupé par les collines et les ruines de Sparte ; ces collines et ces ruines ne paroissent point désolées, comme lorsqu'on les voit de près : elles semblent au contraire teintes de pourpre, de violet, d'or pâle. Ce ne sont point les prairies et les feuilles d'un vert cru et froid qui font les admirables paysages, ce sont les effets de la lumière. Voilà pourquoi les roches et les bruyères de la baie de Naples seront toujours plus belles que les vallées les plus fertiles de la France et de l'Angleterre.

Ainsi, après des siècles d'oubli, ce fleuve qui vit errer sur ses bords les fameux Lacédémoniens célébrés par Plutarque, ce fleuve, dis-je, s'est peut-être réjoui dans son abandon d'entendre retentir autour de ses rives les pas d'un obscur étranger. C'étoit le 18 août 1806, à neuf heures du matin, que je fis seul, le long de l'Eurotas, cette promenade qui ne s'effacera jamais de ma mémoire. Si je hais les mœurs des Spartiates, je ne méconnois point la grandeur d'un peuple libre, et je n'ai point foulé sans émotion sa noble poussière. Un seul fait suffit à la gloire de ce peuple : Quand Néron visita la Grèce, il n'osa entrer dans Lacédémone. Quel magnifique éloge de cette cité!

Je retournai à la citadelle, en m'arrêtant à tous les débris que je rencontrois sur mon chemin. Comme Misitra a vraisemblablement été bâtie avec les ruines de Sparte, cela sans doute aura beaucoup contribué à la dégradation des monumens de cette dernière ville. Je trouvai mon compagnon exactement dans la même place où je l'avois laissé : il s'étoit assis; il avoit dormi; il venoit de se réveiller; il fumoit; il alloit dormir encore. Les chevaux paissoient paisiblement dans les foyers du roi Ménélas: « Hélène n'avoit point quitté sa belle » quenouille chargée d'une laine teinte en » pourpre, pour leur donner un pur froment » dans une superbe crèche (1). » Aussi, tout voyageur que je suis, je ne suis point le fils d'Ulysse; quoique je préfère, comme Télémaque, mes rochers paternels aux plus beaux pays.

---

(1) Odyss.

Il étoit midi, le soleil dardoit à plomb ses rayons sur nos têtes. Nous nous mîmes à l'ombre dans un coin du théâtre, et nous mangeâmes d'un grand appétit du pain et des figues sèches que nous avions apportés de Misitra : Joseph s'étoit emparé du reste des provisions. Le janissaire se réjouissoit ; il croyoit en être quitte, et se préparoit à partir ; mais il vit bientôt, à son grand déplaisir, qu'il s'étoit trompé. Je me mis à écrire des notes et à prendre la vue des lieux : tout cela dura deux grandes heures, après quoi je voulus examiner les monumens à l'ouest de la citadelle. C'étoit de ce côté que devoit être le tombeau de Léonidas. Le janissaire m'accompagna tirant les chevaux par la bride; nous allions errant de ruine en ruine. Nous étions les deux seuls hommes vivans au milieu de tant de morts illustres : tous deux Barbares, étrangers l'un à l'autre ainsi qu'à la Grèce, sortis des forêts de la Gaule et des rochers du Caucase, nous nous étions rencontrés au fond du Péloponèse, moi pour passer, lui pour vivre sur des tombeaux qui n'étoient pas ceux de nos aïeux.

J'interrogeai vainement les moindres pierres pour leur demander les cendres de Léonidas. J'eus pourtant un moment d'espoir : près de cette espèce de tour que j'ai indiquée à l'ouest de la citadelle, je vis des débris de sculpture, qui me semblèrent être ceux d'un lion. Nous savons par Hérodote qu'il y avoit un lion de pierre sur le tombeau de Léonidas; circonstance qui n'est pas rapportée par Pausanias. Je redoublai d'ardeur; tous mes soins furent inutiles (1). Je ne sais si c'est dans cet

---

(1) Ma mémoire me trompoit ici : le lion dont parle Hérodote étoit aux Thermopyles. Cet historien ne dit pas même que les os de Léonidas furent transportés dans sa patrie. Il prétend au contraire, que Xerxès fit mettre en croix le corps de ce prince. Ainsi, les débris du lion que j'ai vus à Sparte ne peuvent point indiquer la tombe de Léonidas. On croit bien que je n'avois pas un Hérodote à la main sur les ruines de Lacédémone ; je n'avois porté dans mon voyage que Racine, le Tasse, Virgile et Homère, celui-ci avec des feuillets blancs pour écrire des notes. Il n'est donc pas bien étonnant qu'obligé de tirer mes ressources de ma mémoire, j'aie pu me méprendre sur un lieu, sans néanmoins me tromper sur un fait. On peut voir deux jolies épigrammes de l'Anthologie, sur ce lion de pierre des Thermopyles.

8.

endroit que l'abbé Fourmont fit la découverte de trois monumens curieux. L'un étoit un cippe sur lequel étoit gravé le nom de Jérusalem : il s'agissoit peut-être de cette alliance des Juifs et des Lacédémoniens dont il est parlé dans les Macchabées ; les deux autres monumens étoient les inscriptions sépulcrales de Lysander et d'Agésilas : un Français devoit naturellement retrouver le tombeau de deux grands capitaines. Je remarquerai que c'est à mes compatriotes que l'Europe doit les premières notions satisfaisantes qu'elle ait eues sur les ruines de Sparte et d'Athènes (1). Deshayes, envoyé par Louis XIII à Jérusalem, passa vers l'an 1629 à Athènes : nous avons son Voyage que Chandler n'a pas connu. Le père Babin, jésuite, donna en 1672

---

(1) On a bien sur Athènes les deux lettres de la collection de Martin Crusius, en 1584; mais outre qu'elles ne disent presque rien, elles sont écrites par des Grecs natifs de la Morée, et par conséquent elles ne sont point le fruit des recherches des voyageurs modernes. Spon cite encore le manuscrit de la bibliothèque Barberine, à Rome, qui remontoit à deux cents ans avant son voyage, et où il trouva quelques dessins d'Athènes. Voyez l'Introduction.

sa relation de l'*Etat présent de la ville d'A-thènes*; cette relation fut rédigée par Spon, avant que ce sincère et habile voyageur eût commencé ses courses avec Wheler. L'abbé Fourmont et Leroi ont répandu les premiers des lumières certaines sur la Laconie, quoiqu'à la vérité Vernon eût passé à Sparte avant eux; mais on n'a qu'une seule lettre de cet Anglais: il se contente de dire qu'il a vu Lacédémone, et il n'entre dans aucun détail (1). Pour moi j'ignore si mes recherches passeront à l'avenir; mais du moins j'aurai mêlé mon nom au nom de Sparte qui peut seule le sauver de l'oubli; j'aurai fixé l'emplacement de cette fameuse cité; j'aurai, pour ainsi dire, retrouvé tant de ruines immortelles : un simple pêcheur, par naufrage ou par aventure, détermine la position de quelques écueils qui avoient échappé aux soins des pilotes les plus habiles.

Il y avoit à Sparte une foule d'autels et de statues consacrés au Sommeil, à la Mort, à la Beauté (Vénus-Morphô), divinités de tous les hommes; à la Peur sous les armes, appa-

---

(1) Voyez, sur tout cela, l'Introduction.

remment celle que les Lacédémoniens inspiroient aux ennemis : rien de tout cela n'est resté ; mais je lus sur une espèce de socle ces quatre lettres ΛΑΣΜ. Faut-il rétablir ΓΕΛΑΣΜΑ, *Gelasma ?* Seroit-ce le piédestal de cette statue du Rire que Lycurgue plaça chez les graves descendans d'Hercule ? L'autel du Rire subsistant seul au milieu de Sparte ensevelie, offriroit un beau sujet de triomphe à la philosophie de Démocrite !

Le jour finissoit, lorsque je m'arrachai à ces illustres débris, à l'ombre de Lycurgue, aux souvenirs des Thermopyles, et à tous les mensonges de la fable et de l'histoire. Le soleil disparut derrière le Taygète, de sorte que je le vis commencer et finir son tour sur les ruines de Lacédémone. Il y avoit trois mille cinq cent quarante-trois ans, qu'il s'étoit levé et couché pour la première fois sur cette ville naissante. Je partis, l'esprit rempli des objets que je venois de voir, et livré à des réflexions intarissables : de pareilles journées font ensuite supporter patiemment beaucoup de malheurs, et rendent surtout indifférent à bien des spectacles.

Nous remontâmes le cours de l'Eurotas

pendant une heure et demie, au travers des champs, et nous tombâmes dans le chemin de Tripolizza. Joseph et le guide étoient campés de l'autre côté de la rivière, auprès du pont : ils avoient allumé du feu avec des roseaux, en dépit d'Apollon que le gémissement de ces roseaux consoloit de la perte de Daphné. Joseph s'étoit abondamment pourvu du nécessaire : il avoit du sel, de l'huile, des pastèques, du pain et de la viande. Il prépara un gigot de mouton, comme le compagnon d'Achille, et me le servit sur le coin d'une grande pierre, avec du vin de la vigne d'Ulysse, et de l'eau de l'Eurotas. J'avois justement, pour trouver ce souper excellent, ce qui manquoit à Denys pour sentir le mérite du brouet noir.

Après le souper, Joseph apporta ma selle qui me servoit ordinairement d'oreiller ; je m'enveloppai dans mon manteau, et je me couchai au bord de l'Eurotas sous un laurier. La nuit étoit si pure et si sereine, que la Voie Lactée formoit comme une aube réfléchie par l'eau du fleuve, et à la clarté de laquelle on auroit pu lire. Je m'endormis les yeux attachés au ciel, ayant précisément au-dessus de ma tête la belle constellation du Cygne de Léda. Je me rappelle encore le plaisir que j'éprouvois autrefois à me reposer ainsi dans les bois de l'Amérique, et surtout à me réveiller au milieu de la nuit. J'écoutois le bruit du vent dans la solitude, le bramement des daims et des cerfs, le mugissement d'une cataracte éloignée, tandis que mon bûcher à demi éteint rougissoit en dessous le feuillage des arbres. J'aimois jusqu'à la voix de l'Iroquois, lorsqu'il élevoit un cri du sein des forêts, et qu'à la clarté des étoiles, dans le silence de la nature, il sembloit proclamer sa liberté sans bornes. Tout cela plaît à vingt ans, parce que la vie se suffit pour ainsi dire à elle-même, et qu'il y a dans la première jeunesse quelque chose d'inquiet et de vague qui nous porte incessamment aux chimères, *ipsi sibi somnia fingunt*; mais, dans un âge plus mûr, l'esprit revient à des goûts plus solides : il veut surtout se nourrir des souvenirs et des exemples de l'histoire. Je dormirois encore volontiers au bord de l'Eurotas ou du Jourdain, si les ombres héroïques des trois cents Spartiates, ou les douze fils de Jacob devoient visiter mon sommeil ; mais je n'irois plus chercher une terre nouvelle qui n'a point été déchirée par le soc de la charrue; il me faut à présent de vieux déserts qui me rendent à volonté les murs de Babylone, ou les légions de Pharsale, *grandia ossa!* des champs dont les sillons m'instruisent, et où je retrouve, homme que je suis, le sang, les larmes et les sueurs de l'homme.

Joseph me réveilla le 19, à trois heures du matin, comme je le lui avois ordonné : nous sellâmes nos chevaux, et nous partîmes. Je tournai la tête vers Sparte, et je jetai un dernier regard sur l'Eurotas : je ne pouvois me défendre de ce sentiment de tristesse qu'on éprouve en présence d'une grande ruine, et en quittant des lieux qu'on ne reverra jamais.

Le chemin qui conduit de la Laconie dans l'Argolide, étoit, dans l'antiquité, ce qu'il est encore aujourd'hui, un des plus rudes et des plus sauvages de la Grèce. Nous suivîmes pendant quelque temps la route de Tripolizza; puis, tournant au levant, nous nous enfonçâmes dans des gorges de montagnes. Nous marchions rapidement dans des ravines et sous des arbres qui nous obligeoient de nous coucher sur le cou de nos chevaux. Je frappai si rudement de la tête contre une branche de ces arbres, que je fus jeté à dix pas sans connoissance. Comme mon cheval continuoit de galoper, mes compagnons de voyage, qui me devançoient, ne s'aperçurent pas de ma chute : leurs cris, quand ils revinrent à moi, me tirèrent de mon évanouissement.

A quatre heures du matin nous parvînmes au sommet d'une montagne, où nous laissâmes reposer nos chevaux. Le froid devint si piquant, que nous fûmes obligés d'allumer un feu de bruyères. Je ne puis assigner de nom à ce lieu peu célèbre dans l'antiquité; mais nous devions être vers les sources du Lœnus, dans la chaîne du mont Eva, et peu éloignés de Prasiæ, sur le golfe d'Argos.

Nous arrivâmes à midi à un gros village appelé Saint-Paul, assez voisin de la mer; on n'y parloit que d'un évènement tragique qu'on s'empressa de nous raconter.

Une fille de ce village ayant perdu son père et sa mère, et se trouvant maîtresse d'une petite fortune, fut envoyée par ses parens à Constantinople. A dix-huit ans elle revint dans son village : elle parloit le turc, l'italien et le français; et quand il passoit des étrangers à Saint-Paul, elle les recevoit avec une politesse qui fit soupçonner sa vertu. Les chefs des paysans s'assemblèrent. Après avoir examiné entr'eux la conduite de l'orpheline, ils résolurent de se défaire d'une fille qui déshonoroit le village. Ils se procurèrent d'abord la somme fixée en Turquie pour le meurtre d'une chrétienne; ensuite ils entrèrent pendant la nuit chez la jeune fille, l'assommèrent; et un homme qui attendoit la nouvelle de l'exécution, alla porter au pacha le prix du sang. Ce qui mettoit en mouvement tous ces Grecs de Saint-Paul, ce n'étoit pas l'atrocité de l'action, mais l'avidité du pacha; car celui-ci qui trouvoit aussi l'action toute simple, et qui convenoit avoir reçu la somme fixée pour un assassinat ordinaire, observoit pourtant que la beauté, la jeunesse, la science, les voyages de l'orpheline lui donnoient (à lui pacha de Morée) de justes droits à une indemnité: en conséquence Sa Seigneurie avoit envoyé le jour même deux janissaires pour demander une nouvelle contribution.

Le village de Saint-Paul est agréable;

il est arrosé de fontaines ombragées de pins de l'espèce sauvage, *pinus silvestris*. Nous y trouvâmes un de ces médecins italiens qui courent toute la Morée : je me fis tirer du sang. Je mangeai d'excellent lait dans une maison fort propre, ressemblant assez à une cabane suisse. Un jeune Moraïte vint s'asseoir devant moi : il avoit l'air de Méléagre, par la taille et le vêtement. Les paysans grecs ne sont point habillés comme les Grecs levantins que nous voyons en France. Ils portent une tunique qui leur descend jusqu'aux genoux, et qu'ils rattachent avec une ceinture : leurs larges culottes sont cachées par le bas de cette tunique; ils croisent sur leurs jambes nues les bandes qui retiennent leurs sandales. A la coiffure près, ce sont absolument d'anciens Grecs sans manteau.

Mon nouveau compagnon, assis, comme je l'ai dit, devant moi, surveilloit mes mouvemens avec une extrême ingénuité. Il ne disoit pas un mot, et me dévoroit des yeux : il avançoit la tête pour regarder jusque dans le vase de terre où je mangeois mon lait. Je me levai, il se leva; je me rassis, il s'assit de nouveau. Je lui présentai une sigarre; il fut ravi, et me fit signe de fumer avec lui. Quand je partis, il courut après moi pendant une demi-heure, toujours sans parler, et sans qu'on pût savoir ce qu'il vouloit. Je lui donnai de l'argent, il le jeta: le janissaire voulut le chasser; il voulut battre le janissaire. J'étois touché, je ne sais pourquoi, peut-être en me voyant, moi Barbare civilisé, l'objet de la curiosité d'un Grec devenu Barbare. (1)

Nous étions partis de Saint-Paul à deux heures de l'après-midi, après avoir changé de chevaux, et nous suivions le chemin de l'ancienne Cynurie. Vers les quatre heures, le guide nous cria que nous allions être attaqués: en effet, nous aperçûmes quelques hommes armés dans la montagne; ils nous regardèrent long-temps, et nous laissèrent tranquillement passer. Nous entrâmes dans les monts Parthénius, et nous descendîmes au bord d'une rivière dont le cours nous

---

(1) Les Grecs de ces montagnes prétendent être les vrais descendans des Lacédémoniens; ils disent que les Maniottes ne sont qu'un ramas de brigands étrangers, et ils ont raison.

conduisit jusqu'à la mer. On découvroit la citadelle d'Argos, Naupli en face de nous, et les montagnes de la Corinthie vers Mycènes. Du point où nous étions parvenus, il y avoit encore trois heures de marche jusqu'à Argos; il falloit tourner le fond du golfe en traversant le marais de Lerne, qui s'étendoit entre la ville et le lieu où nous nous trouvions. Nous passâmes auprès du jardin d'un aga, où je remarquai des peupliers de Lombardie, mêlés à des cyprès, à des citroniers, à des orangers, et à une foule d'arbres que je n'avois point vus jusqu'alors en Grèce. Peu après le guide se trompa de chemin, et nous nous trouvâmes engagés sur d'étroites chaussées qui séparoient de petits étangs et des rizières inondées. La nuit nous surprit au milieu de cet embarras : il falloit à chaque pas faire sauter de larges fossés à nos chevaux qu'effrayoient l'obscurité, le coassement d'une multitude de grenouilles, et les flammes violettes qui couroient sur le marais. Le cheval du guide s'abattit ; et comme nous marchions à la file, nous trébuchâmes les uns sur les autres dans un fossé. Nous criions tous à la fois sans nous entendre; l'eau étoit assez profonde pour que les chevaux pussent y nager et s'y noyer avec leurs maîtres; ma saignée s'étoit rouverte, et je souffrois beaucoup de la tête. Nous sortîmes enfin miraculeusement de ce bourbier, mais nous étions dans l'impossibilité de gagner Argos. Nous aperçûmes à travers les roseaux une petite lumière : nous nous dirigeâmes de ce côté, mourant de froid, couverts de boue, tirant nos chevaux par la bride, et courant le risque à chaque pas de nous replonger dans quelque fondrière.

La lumière nous guida à une ferme située au milieu du marais, dans le voisinage du village de Lerne : on venoit d'y faire la moisson; les moissonneurs étoient couchés sur la terre; ils se levoient sous nos pieds, et s'enfuyoient comme des bêtes fauves. Nous parvînmes à les rassurer, et nous passâmes le reste de la nuit avec eux sur un fumier de brebis; lieu le moins sale et le moins humide que nous pûmes trouver. Je serois en droit de faire une querelle à Hercule, qui n'a pas bien tué l'hydre de Lerne : car je gagnai dans ce lieu malsain une fièvre qui ne me quitta tout-à-fait qu'en Egypte.

Le 20, au lever de l'aurore, j'étois à Argos: le village qui remplace cette ville célèbre, est plus propre et plus animé que la plupart des autres villages de la Morée. Sa position est fort belle au fond du golfe de Naupli ou d'Argos, à une lieue et demie de la mer; il a d'un côté les montagnes de la Cynurie et de l'Arcadie, et de l'autre, les hauteurs de Trézène et d'Epidaure.

Mais, soit que mon imagination fût attristée par le souvenir des malheurs et des fureurs des Pélopides; soit que je fusse réellement frappé par la vérité, les terres me parurent incultes et désertes, les montagnes sombres et nues, sorte de nature féconde en grands crimes et en grandes vertus. Je visitai ce qu'on appelle les restes du palais d'Agamemnon, les débris du théâtre et d'un aqueduc romain; je montai à la citadelle, je voulois voir jusqu'à la moindre pierre qu'avoit pu remuer la main du roi des rois. Qui se peut vanter de jouir de quelque gloire auprès de ces familles chantées par Homère, Eschyle, Sophocle, Euripide et Racine? Et quand on voit pourtant sur les lieux combien peu de chose reste de ces familles, on est merveilleusement étonné.

Il y a déjà long-temps que les ruines d'Argos ne répondent plus à la grandeur de son nom. Chandler les trouva en 1756 absolument telles que je les ai vues : l'abbé Fourmont en 1746, et Pellegrin en 1719, n'avoient pas été plus heureux. Les Vénitiens ont surtout contribué à la dégradation des monumens de cette ville, en employant ses débris à bâtir le château de Palamide. Il y avoit à Argos, du temps de Pausanias, une statue de Jupiter, remarquable, parce qu'elle avoit trois yeux, et bien plus remarquable encore par une autre raison : Sthénélus l'avoit apportée de Troie ; c'étoit, disoit-on, la statue même aux pieds de laquelle Priam fut massacré dans son palais par le fils d'Achille :

Ingens ara fuit, juxtàque veterrima laurus,
Incumbens aræ, atque umbrâ complexa Penates.

Mais Argos, qui triomphoit sans doute, lorsqu'elle montroit dans ses murs les Pénates qui trahirent les foyers de Priam, Argos offrit bientôt elle-même un grand exemple des vicissitudes du sort. Dès le règne de Julien l'apostat, elle étoit tellement déchue de sa gloire, qu'elle ne put, à cause de sa pauvreté, contribuer au rétablissement et aux frais des jeux isthmiques. Julien plaida sa cause contre les Corinthiens : nous avons encore ce plaidoyer dans les ouvrages de cet Empereur (Ep. xxv). C'est un des plus singuliers documens de l'histoire des choses et des hommes. Enfin, Argos, la patrie du roi des rois, devenue dans le moyen âge l'héritage d'une veuve vénitienne, fut vendue par cette veuve à la république de Venise, pour deux cents ducats de rente viagère, et cinq cents une fois payés. Coronelli rapporte le contrat; « *Omnia vanitas!* »

Je fus reçu à Argos par le médecin italien Avramiotti, que M. Poucqueville vit à Naupli, et dont il opéra la petite-fille attaquée d'une hydrocéphale. M. Avramiotti me montra une carte du Péloponèse où il avoit commencé d'écrire avec M. Fauvel, les noms anciens auprès des noms modernes : ce sera un travail précieux et qui ne pouvoit être exécuté que par des hommes résidant sur les lieux depuis un grand nombre d'années. M. Avramiotti avoit fait sa fortune, et il commençoit à soupirer après l'Italie. Il y a deux choses qui revivent dans le cœur de l'homme, à mesure qu'il avance dans la vie, la patrie et la religion. On a beau avoir oublié l'une et l'autre dans sa jeunesse, elles se présentent tôt ou tard à nous avec tous leurs charmes, et réveillent au fond de nos cœurs un amour justement dû à leur beauté.

Nous parlâmes donc de la France et de l'Italie à Argos, par la même raison que le soldat argien qui suivoit Enée, se souvint d'Argos en mourant en Italie. Il ne fut presque point question entre nous d'Agamemnon, quoique je dusse voir le lendemain son tombeau. Nous causions sur la terrasse de la maison qui dominoit le golfe d'Argos : c'étoit peut-être du haut de cette terrasse qu'une pauvre femme lança la tuile qui mit fin à la gloire et aux aventures de Pyrrhus. M. Avramiotti me montroit un promontoire de l'autre côté de la mer, et me disoit : « C'étoit-là que » Clytemnestre avoit placé l'esclave qui de- » voit donner le signal du retour de la flotte » des Grecs, » et il ajoutoit : « Vous venez de » Venise à présent ? je crois que je ferois bien » de retourner à Venise. »

Je quittai cet exilé en Grèce le lendemain à la pointe du jour, et je pris, avec de nouveaux chevaux et un nouveau guide, le chemin de Corinthe. Je crois que M. Avramiotti ne fut pas fâché d'être débarrassé de moi; quoiqu'il m'eût reçu avec beaucoup de politesse, il étoit aisé de voir que ma visite n'étoit pas venue très à propos.

Après une demi-heure de marche, nous traversâmes l'Inachus, père d'Io, si célèbre par la jalousie de Junon: avant d'arriver au lit de ce torrent, on trouvoit autrefois, en sortant d'Argos, la porte Lucine et l'autel du Soleil. Une demi-lieue plus loin, de l'autre côté de l'Inachus, nous aurions dû voir le temple de Cérès Mysienne, et plus loin encore le tombeau de Thyeste, et le monument héroïque de Persée. Nous nous arrêtâmes à peu près à la hauteur où ces derniers monumens existoient à l'époque du voyage de Pausanias. Nous allions quitter la plaine d'Argos, sur laquelle on a un très-bon Mémoire de M. Barbié du Bocage. Près d'entrer dans les montagnes de la Corinthie, nous voyions Naupli derrière nous. L'endroit où nous étions parvenus se nomme Carvathi, et c'est là qu'il faut se détourner de la route pour chercher un peu sur la droite les ruines de Mycènes. Chandler les avoit manquées en revenant d'Argos : elles sont très-connues aujourd'hui à cause des fouilles que lord Elgin y a fait faire à son passage en Grèce. M. Fauvel les a décrites dans ses Mémoires; et M. de Choiseul-Gouffier en possède les dessins: l'abbé Fourmont en avoit déjà parlé, et Dumonceaux les avoit aperçues. Nous traversâmes une bruyère : un petit sentier nous conduisit à ces débris qui sont à peu près tels qu'ils étoient du temps de Pausanias. Car il y a plus de deux mille deux cent quatre-vingts années que Mycènes est détruite. Les Argiens la renversèrent de fond en comble, jaloux de la gloire qu'elle s'étoit acquise en envoyant quarante guerriers mourir avec les Spartiates aux Thermopyles.

Nous commençâmes par examiner le tombeau auquel on a donné le nom de tombeau d'Agamemnon : c'est un monument souterrain, de forme ronde, qui reçoit la lumière par le dôme, et qui n'a rien de remarquable, hors la simplicité de l'architecture. On y entre par une tranchée qui aboutit à la porte du tombeau : cette porte étoit ornée de pilastres d'un marbre bleuâtre assez commun, tiré des montagnes voisines. C'est lord Elgin qui a fait ouvrir ce monument et déblayer les terres qui encombroient l'intérieur; une petite porte surbaissée conduit de la chambre principale à une chambre de moindre étendue. Après l'avoir attentivement examinée, je crois que cette dernière chambre est tout simplement une excavation faite par les ouvriers hors du tombeau; car je n'ai point remarqué de murailles. Resteroit à expliquer l'usage de la petite porte qui n'étoit peut-être qu'une autre ouverture du sépulcre. Ce sépulcre a-t-il toujours été caché sous la terre, comme la rotonde des Catacombes à Alexandrie? S'élevoit-il au contraire au-dessus du sol, comme le tombeau de Cécilia-Métella à Rome? Avoit-il une architecture extérieure, et de quel ordre étoit-elle? Toutes questions qui restent à éclaircir. On n'a rien trouvé dans le tombeau, et l'on n'est pas même assuré que ce soit celui d'Agamemnon dont Pausanias a fait mention. (1)

En sortant de ce monument, je traversai une vallée stérile; et, sur le flanc d'une col-

---

(1) Les Lacédémoniens se vantoient aussi de posséder les cendres d'Agamemnon.

line opposée, je vis les ruines de Mycènes : j'admirai surtout une des portes de la ville, formée de quartiers de roches gigantesques posées sur les rochers même de la montagne, avec lesquels elles ont l'air de ne faire qu'un tout. Deux lions de forme colossale, sculptés des deux côtés de cette porte, en sont le seul ornement : ils sont représentés en relief, debout et en regard, comme les lions qui soutenoient les armoiries de nos anciens chevaliers; ils n'ont plus de têtes. Je n'ai point vu, même en Egypte, d'architecture plus imposante ; et le désert où elle se trouve, ajoute encore à sa gravité : elle est du genre de ces ouvrages que Strabon et Pausanias attribuent aux Cyclopes, et dont on retrouve des traces en Italie. M. Petit-Radel veut que cette architecture ait précédé l'invention des ordres : elle appartient incontestablement aux temps héroïques. Au reste, c'étoit un enfant tout nu, un pâtre, qui me montroit dans cette solitude le tombeau d'Agamemnon et les ruines de Mycènes.

Au bas de la porte dont j'ai parlé, est une fontaine qui sera, si l'on veut, celle que Persée trouva sous un champignon, et qui donna son nom à Mycènes ; car *mycès* veut dire en grec un champignon, ou le pommeau d'une épée : ce conte est de Pausanias. En voulant regagner le chemin de Corinthe, j'entendis le sol retentir sous les pas de mon cheval. Je mis pied à terre, et je découvris la voute d'un autre tombeau.

Pausanias compte à Mycènes cinq tombeaux : le tombeau d'Atrée, celui d'Agamemnon, celui d'Eurymédon, celui de Télédamus et de Pélops, et celui d'Electre. Il ajoute que Clytemnestre et Egisthe étoient enterrés hors des murs : ce seroit donc le tombeau de Clytemnestre et d'Egisthe que j'aurois retrouvé ? Je l'ai indiqué à M. Fauvel, qui doit le chercher à son premier voyage à Argos : singulière destinée qui me fait sortir de Paris pour fixer l'emplacement des ruines de Sparte, et découvrir les cendres de Clytemnestre !

Nous laissâmes Némée à notre gauche, et nous poursuivîmes notre route : nous arrivâmes de bonne heure à Corinthe par une espèce de plaine que traversent des courans d'eau, et que divisent des monticules isolés, semblables à l'Acro-Corinthe, avec lequel ils se confondent. Nous aperçûmes celui-ci long-temps avant d'y arriver, comme une masse irrégulière de granit rougeâtre, ayant une ligne de murs tortueux sur son sommet. Tous les voyageurs ont décrit Corinthe. Spon et Wheler visitèrent la citadelle où ils retrouvèrent la fontaine Pirène ; mais Chandler ne monta point à l'Acro-Corinthe, et M. Fauvel nous apprend que les Turcs n'y laissent plus entrer personne. En effet, je ne pus même obtenir la permission de me promener dans les environs, malgré les mouvemens que se donna pour cela mon janissaire. Au reste, Pausanias dans sa Corinthie, et Plutarque dans la vie d'Aratus, nous ont fait connoître parfaitement les monumens et les localités de l'Acro-Corinthe.

Nous étions venus descendre à un kan assez propre, placé au centre de la bourgade, et peu éloigné du bazar. Le janissaire partit pour la provision ; Joseph prépara le dîner ; et pendant qu'ils étoient ainsi occupés, j'allai rôder seul dans les environs.

Corinthe est située aux pieds des montagnes, dans une plaine qui s'étend jusqu'à la mer de Crissa, aujourd'hui le golfe de Lépante, seul nom moderne qui, dans la Grèce, rivalise de beauté avec les noms antiques. Quand le temps est serein, on découvre par-delà cette mer, la cime de l'Hélicon et du Parnasse; mais on ne voit pas de la ville même la mer Saronique: il faut pour cela monter à l'Acro-Corinthe; alors on aperçoit non-seulement cette mer, mais les regards s'étendent jusqu'à la citadelle d'Athènes et jusqu'au cap Colonne: « C'est, dit Spon, une des plus belles vues de l'univers. » Je le crois aisément; car même, du pied de l'Acro-Corinthe, la perspective est enchanteresse. Les maisons du village, assez grandes et assez bien entretenues, sont répandues par groupes sur la plaine, au milieu des mûriers, des orangers et des cyprès; les vignes qui font la richesse du pays, donnent un air frais et fertile à la campagne: elles ne sont ni élevées en guirlandes sur des arbres, comme en Italie, ni tenues basses comme aux environs de Paris. Chaque cep forme un faisceau de verdure isolée, autour duquel les grappes pendent en automne comme des cristaux. Les cimes du Parnasse et de l'Hélicon, le golfe de Lépante, qui ressemble à un magnifique canal, le mont Oneius couvert de myrtes, forment au nord et au levant l'horizon du tableau, tandis que l'Acro-Corinthe, les montagnes de l'Argolide et de la Sicyonie s'élèvent au midi et au couchant. Quant aux monumens de Corinthe, ils n'existent plus. M. Foucherot n'a découvert parmi leurs ruines que deux chapiteaux corinthiens, unique souvenir de l'ordre inventé dans cette ville.

Corinthe renversée de fond en comble par Mummius, rebâtie par Jules César et par Adrien, une seconde fois détruite par Alaric, relevée encore par les Vénitiens, fut saccagée une troisième et dernière fois par Mahomet II. Strabon la vit peu de temps après son rétablissement sous Auguste. Pausanias l'admira du temps d'Adrien; et, d'après les monumens qu'il nous a décrits, c'étoit à cette époque une ville superbe. Il eût été curieux de savoir ce qu'elle pouvoit être en 1173, quand Benjamin de Tudèle y passa; mais ce juif espagnol raconte gravement qu'il arriva à Patras, « ville d'An» tipater, dit-il, un des quatre rois grecs » qui partagèrent l'Empire d'Alexandre. »

De là il se rend à Lépante et à Corinthe, il trouve dans cette dernière ville trois cents Juifs conduits par les vénérables rabins, Léon, Jacob et Ezéchias; et c'étoit tout ce que Benjamin cherchoit.

Des voyageurs modernes nous ont mieux fait connoître ce qui reste de Corinthe après tant de calamités: Spon et Wheler y découvrirent les débris d'un temple de la plus haute antiquité: ces débris étoient composés de onze colonnes cannelées sans base, et d'ordre dorique. Spon affirme que ces colonnes n'avoient pas quatre diamètres de hauteur de plus que le diamètre du pied de la colonne, ce qui signifie apparemment qu'elles avoient cinq diamètres. Chandler dit qu'elles avoient la moitié de la hauteur qu'elles auroient dû avoir, pour être dans la juste proportion de leur ordre. Il est évident que Spon se trompe, puisqu'il prend pour mesure de l'ordre le diamètre du pied de la colonne, et non le diamètre du tiers. Ce monument dessiné par Leroi, valoit la peine d'être rappelé, parce qu'il prouve, ou que le premier dorique n'avoit pas les proportions que Pline et Vitruve lui ont assignées depuis, ou que l'ordre toscan, dont ce temple paroît se rapprocher, n'a pas pris sa naissance en Italie. Spon a cru reconnoître dans ce monument le temple de Diane d'Ephèse, cité par Pausanias; et Chandler, le Sisypheus de Strabon. Je ne puis dire si ces colonnes existent encore: je ne les ai point vues; mais je crois savoir confusément qu'elles ont été renversées, et que les Anglais en ont emporté les derniers débris. (1)

Un peuple maritime, un roi qui fut un philosophe, et qui devint un tyran, un Barbare de Rome, qui croyoit qu'on remplace des statues de Praxitèle comme des cuirasses de soldats; tous ces souvenirs ne rendent pas Corinthe fort intéressante : mais on a pour ressource Jason, Médée, la fontaine Pirène, Pégase, les jeux isthmiques institués par Thésée, et chantés par Pindare; c'est-à-dire, comme à l'ordinaire, la fable et la poésie. Je ne parle point de Denys et de Timoléon; l'un qui fut assez lâche pour ne pas mourir, l'autre assez malheureux pour vivre : si ja-

---

(1) Les colonnes étoient, ou sont encore, vers le port Schœnus, et je ne suis pas descendu à la mer.

mais je montois sur un trône, je n'en descendrois que mort, et je ne serai jamais assez vertueux pour tuer mon frère : je ne me soucie donc point de ces deux hommes. J'aime mieux cet enfant qui, pendant le siége de Corinthe, fit fondre en larmes Mummius lui-même, en lui récitant ces vers d'Homère :

Τρὶς μάκαρες Δαναοὶ καὶ τετράκις οἳ τότ' ὄλοντο
Τροίῃ ἐν εὑρείῃ, χάριν Ἀτρείδῃσι φέροντες.
Ὡς δὴ ἔγωγ' ὄφελον θανέειν καὶ πότμον ἐπισπεῖν
Ἤματι τῷ ὅτε μοι πλεῖστοι χαλκήρεα δοῦρα
Τρῶες ἐπέρρψαν περὶ Πηλείωνι θανόντι·
Τῷ κ' ἔλαχον κτερέων, καί μευ κλέος ἦγον Ἀχαιοί·
Νῦν δέ με λευγαλέῳ θανάτῳ εἵμαρτο ἁλῶναι.

« O trois et quatre fois heureux les Grecs qui périrent devant les vastes murs d'Ilion, en soutenant la cause des Atrides ! Plût aux dieux que j'eusse accompli ma destinée le jour où les Troyens lancèrent sur moi leurs javelots, tandis que je défendois le corps d'Achille ! Alors j'aurois obtenu les honneurs accoutumés du bûcher funèbre, et les Grecs auroient parlé de mon nom ! Aujourd'hui mon sort est de finir mes jours par une mort obscure et déplorable ! »

Voilà qui est vrai, naturel et pathétique ; et l'on retrouve ici un grand coup de la fortune, la puissance du génie et les entrailles de l'homme.

On fait encore des vases à Corinthe, mais ce ne sont plus ceux que Cicéron demandoit avec tant d'empressement à son cher Atticus. Il paroît, au reste, que les Corinthiens ont perdu le goût qu'ils avoient pour les étrangers : tandis que j'examinois un marbre dans une vigne, je fus assailli d'une grêle de pierres ; apparemment que les descendans de Laïs veulent maintenir l'honneur du proverbe.

Lorsque les Césars relevoient les murs de Corinthe, et que les temples des dieux sortoient de leurs ruines plus éclatans que jamais, il y avoit un ouvrier obscur qui bâtissoit en silence un monument resté debout au milieu des débris de la Grèce. Cet ouvrier étoit un étranger qui disoit de lui-même : « J'ai été battu de verges trois » fois ; j'ai été lapidé une fois ; j'ai fait » naufrage trois fois. J'ai fait quantité de » voyages, et j'ai trouvé divers périls sur » les fleuves : périls de la part des voleurs, » périls de la part de ceux de ma nation, » périls de la part des Gentils, périls au mi-

» lieu des villes, périls au milieu des dé-
» serts, périls entre les faux frères; j'ai souf-
» fert toutes sortes de travaux et de fatigues,
» de fréquentes veilles, la faim et la soif,
» beaucoup de peines, le froid et la nu-
» dité. » Cet homme, ignoré des grands,
méprisé de la foule, rejeté comme « les ba-
layures du monde, » ne s'associa d'abord
que deux compagnons, Crispus et Caïus,
avec la famille de Stéphanas: tels furent les
architectes inconnus d'un temple indestruc-
tible, et les premiers Fidèles de Corinthe.
Le voyageur parcourt des yeux l'emplacement de cette ville célèbre; il ne voit pas
un débris des autels du paganisme; mais il
aperçoit quelques chapelles chrétiennes qui
s'élèvent du milieu des cabanes des Grecs.
L'Apôtre peut encore donner, du haut du
ciel, le salut de paix à ses enfans, et leur
dire : « Paul à l'église de Dieu, qui est à
» Corinthe. »

Il étoit près de huit heures du matin quand
nous partîmes de Corinthe le 21, après une
assez bonne nuit. Deux chemins conduisent
de Corinthe à Mégare; l'un traverse le
mont Géranien, aujourd'hui Palæo-Vouni

(la Vieille-Montagne); l'autre côtoie la mer Saronique, le long des roches Scironiennes. Ce dernier est le plus curieux: c'étoit le seul connu des anciens voyageurs, car ils ne parlent pas du premier; mais les Turcs ne permettent plus de le suivre; ils ont établi un poste militaire au pied du mont Oneïus, à peu près au milieu de l'Isthme, pour être à portée des deux mers: le ressort de la Morée finit là, et l'on ne peut passer la grand'garde, sans montrer un ordre exprès du pacha.

Obligé de prendre ainsi le seul chemin laissé libre, il me fallut renoncer aux ruines du temple de Neptune-Isthmien, que Chandler ne put trouver, que Pococke, Spon et Wheler ont vues, et qui subsistent encore selon le témoignage de M. Fauvel. Par la même raison je n'examinai point la trace des tentatives faites à différentes époques pour couper l'Isthme: le canal que l'on avoit commencé à creuser du côté du port Schœnus est, selon M. Foucherot, profond de trente à quarante pieds, et large de soixante. On viendroit aujourd'hui facilement à bout de ce travail par le moyen de la poudre à canon : il n'y a guère que cinq milles d'une mer à l'autre, à mesurer la partie la plus étroite de la langue de terre qui sépare les deux mers.

Un mur de six milles de longueur, souvent relevé et abattu, fermoit l'Isthme dans un endroit qui prit le nom d'Hexamillia : c'est-là que nous commençâmes à gravir le mont Oneïus. J'arrêtois souvent mon cheval au milieu des pins, des lauriers et des myrtes, pour regarder en arrière. Je contemplois tristement les deux mers, surtout celle qui s'étendoit au couchant, et qui sembloit me tenter par les souvenirs de la France. Cette mer étoit si tranquille! Le chemin étoit si court! Dans quelques jours j'aurois pu revoir mes amis! Je ramenois mes regards sur le Péloponèse, sur Corinthe, sur l'Isthme, sur l'endroit où se célébroient les jeux : quel désert! quel silence! infortuné pays! malheureux Grecs! La France perdra-t-elle ainsi sa gloire? Sera-t-elle ainsi dévastée, foulée aux pieds dans la suite des siècles?

Cette image de mon pays, qui vint tout-à-coup se mêler aux tableaux que j'avois sous les yeux, m'attendrit : je ne pensois plus qu'avec peine à l'espace qu'il me falloit encore parcourir avant de revoir mes Pénates. J'étois, comme l'ami de la fable, alarmé d'un songe ; et je serois volontiers retourné vers ma patrie, pour lui dire :

    Vous m'êtes, en dormant, un peu triste apparu :
    J'ai craint qu'il ne fût vrai ; je suis vite accouru.
        Ce maudit songe en est la cause.

Nous nous enfonçâmes dans les défilés du mont Onéius, perdant de vue et retrouvant tour-à-tour la mer Saronique et Corinthe. Du plus haut de ce mont, qui prend le nom de Macriplaysi, nous descendîmes au Dervène, autrement à la grand'garde. Je ne sais si c'est là qu'il faut placer Crommyon ; mais, certes, je n'y trouvai pas des hommes plus humains que Pytiocamptès (1). Je montrai mon ordre du pacha : le commandant m'invita à fumer la pipe et à boire le café dans sa baraque. C'étoit un gros homme, d'une figure calme et apathique, ne pouvant faire un mouvement sur sa natte sans soupirer, comme s'il éprouvoit une douleur ; il exa-

---

(1) *Courbeur de pins*, brigand tué par Thésée.

10.

mina mes armes, me fit remarquer les siennes, surtout une longue carabine qui portoit, disoit-il, fort loin. Les gardes aperçurent un paysan qui gravissoit la montagne hors du chemin; ils lui crièrent de descendre, celui-ci n'entendit point la voix. Alors le commandant se leva avec effort, prit sa carabine, ajusta long-temps entre les sapins le paysan, et lui lâcha son coup de fusil. Le Turc revint, après cette expédition, se rasseoir sur sa natte, aussi tranquille, aussi bonhomme qu'auparavant. Le paysan descendit à la garde, blessé en toute apparence; car il pleuroit et montroit son sang. On lui donna cinquante coups de bâton pour le guérir.

Je me levai brusquement, et d'autant plus désolé, que l'envie de faire briller devant moi son adresse avoit peut-être déterminé ce bourreau à tirer sur le paysan. Joseph ne voulut pas traduire ce que je disois, et peut-être la prudence étoit-elle nécessaire dans ce moment; mais je n'écoutois guère la prudence.

Je me fis amener mon cheval, et je partis sans attendre le janissaire qui crioit inutilement après moi. Il me rejoignit avec Joseph lorsque j'étois déjà assez avancé sur la croupe du mont Géranien. Mon indignation se calma peu à peu par l'effet des lieux que je parcourois. Il me sembloit qu'en m'approchant d'Athènes, je rentrois dans les pays civilisés, et que la nature même prenoit quelque chose de moins triste. La Morée est presqu'entièrement dépourvue d'arbres, quoiqu'elle soit certainement plus fertile que l'Attique. Je me réjouissois de cheminer dans une forêt de pins, entre les troncs desquels j'apercevois la mer. Les plans inclinés qui s'étendent depuis le rivage jusqu'au pied de la montagne, étoient couverts d'oliviers et de caroubiers; de pareils sites sont rares en Grèce.

La première chose qui me frappa en arrivant à Mégare, fut une troupe de femmes albanaises qui, à la vérité, n'étoient pas aussi belles que Nausicaa et ses compagnes: elles lavoient gaiement du linge à une fontaine près de laquelle on voyoit quelques restes informes d'un aqueduc. Si c'étoit là la fontaine des Nymphes Sithnides et l'aqueduc de Théagène, Pausanias les a trop vantés. Les aqueducs que j'ai vus en Grèce ne ressemblent point aux aqueducs romains: ils ne s'élèvent presque point de terre, et ne présentent point cette suite de grandes arches qui font un si bel effet dans la perspective.

Nous descendîmes chez un Albanais, où nous fûmes assez proprement logés. Il n'étoit pas six heures du soir; j'allai, selon ma coutume, errer parmi les ruines. Mégare qui conserve son nom, et le port de Nisée qu'on appelle Dôdeca Ecclêsiais (les Douze Eglises), sans être très-célèbres dans l'histoire, avoient autrefois de beaux monumens. La Grèce, sous les empereurs romains, devoit ressembler beaucoup à l'Italie dans le dernier siècle : c'étoit une terre classique où chaque ville étoit remplie de chefs-d'œuvre. On voyoit à Mégare les douze grands dieux de la main de Praxitèle, un Jupiter-Olympien commencé par Théocosme et par Phidias, les tombeaux d'Alcmène, d'Iphigénie et de Térée. Ce fut sur ce dernier tombeau que la hupe parut pour la première fois : on en conclut que Térée avoit été changé en cet oiseau, comme ses victimes l'avoient été en hirondelle et en rossignol. Puisque je faisois le voyage d'un poëte, je devois profiter de tout, et croire fermement avec Pausanias que l'aventure de la fille de Pandion commença et finit à Mégare. D'ailleurs, j'apercevois de Mégare les deux cimes du Parnasse : cela suffisoit bien pour me remettre en mémoire les vers de Virgile et de La Fontaine :

Qualis populea mærens Philomela, etc.

Autrefois Progné l'hirondelle, etc.

La Nuit ou l'Obscurité, et Jupiter - Conius (1), avoient leurs temples à Mégare : on peut bien dire que ces deux divinités y sont restées. On voit çà et là quelques murs d'enceinte : je ne sais si ce sont ceux qu'Apollon bâtit de concert avec Alcathoüs. Le dieu en travaillant à cet ouvrage, avoit posé sa lyre sur une pierre qui depuis ce temps rendoit un son harmonieux, quand on la touchoit avec un caillou. L'abbé Fourmont recueillit trente inscriptions à Mégare; Pococke, Spon, Wheler et Chandler en trouvèrent quelques autres qui n'ont rien d'intéressant. Je ne cherchai point l'école d'Euclide ; j'aurois

---

(1) Le *Poudreux*, de Κονία, poussière; cela n'est pas bien sûr; mais j'ai pour moi le traducteur français, qui, à la vérité, suit la version latine, comme l'observe fort bien le savant M. Larcher.

mieux aimé découvrir la maison de cette pieuse femme qui enterra les os de Phocion sous son foyer (1). Après une assez longue course, je retournai chez mon hôte où l'on m'attendoit pour aller voir une malade.

Les Grecs ainsi que les Turcs supposent que tous les Francs ont des connoissances en médecine, et des secrets particuliers. La simplicité avec laquelle ils s'adressent à un étranger dans leurs maladies, a quelque chose de touchant, et rappelle les anciennes mœurs; c'est une noble confiance de l'homme envers l'homme : les sauvages en Amérique ont le même usage. Je crois que la religion et l'humanité ordonnent dans ce cas au voyageur de se prêter à ce qu'on attend de lui : un air d'assurance, des paroles de consolation, peuvent quelquefois rendre la vie à un mourant, et mettre une famille dans la joie.

Un Grec vint donc me chercher pour voir sa fille. Je trouvai une pauvre créature étendue à terre sur une natte, et ensevelie sous les haillons dont on l'avoit couverte. Elle dé-

---

(1) Voyez les Martyrs, troisième édition, tom. 1, liv. III.

gagea son bras, avec beaucoup de répugnance et de pudeur, des lambeaux de la misère, et le laissa retomber mourant sur la couverture. Elle me parut attaquée d'une fièvre putride : je fis débarrasser sa tête des petites pièces d'argent dont les paysanes albanaises ornent leurs cheveux ; le poids des tresses et du métal concentroit la chaleur au cerveau. Je portois avec moi du camphre pour la peste ; je le partageai avec la malade : on l'avoit nourrie de raisin ; j'approuvai le régime. Enfin, nous priâmes Christos et la Panagia (la Vierge), et je promis prompte guérison. J'étois bien loin de l'espérer : j'ai tant vu mourir, que je n'ai là-dessus que trop d'expérience.

Je trouvai en sortant tout le village assemblé à la porte : les femmes fondirent sur moi, en criant : crasi ! crasi ! « du vin ! du vin ! » Elles vouloient me témoigner leur reconnoissance en me forçant à boire : ceci rendoit mon rôle de médecin assez ridicule. Mais qu'importe si j'ai ajouté à Mégare une personne de plus à celles qui peuvent me souhaiter un peu de bien dans les différentes parties du monde où j'ai erré ? C'est un privilége du voyageur de laisser après lui beaucoup de souvenirs, et de vivre dans le cœur des étrangers quelquefois plus long-temps que dans la mémoire de ses amis.

Je regagnai le kan avec peine. J'eus toute la nuit sous les yeux l'image de l'Albanaise expirante : cela me fit souvenir que Virgile visitant comme moi la Grèce, fut arrêté à Mégare par la maladie dont il mourut. Moi-même j'étois tourmenté de la fièvre; Mégare avoit encore vu passer, il y a quelques années, d'autres Français bien plus malheureux que moi (1) : il me tardoit de sortir d'un lieu qui me sembloit avoir quelque chose de fatal.

Nous ne quittâmes pourtant notre gîte que le lendemain, 22 août, à onze heures du matin. L'Albanais qui nous avoit reçus voulut me régaler avant mon départ d'une de ces poules sans croupion et sans queue, que Chandler croyoit particulières à Mégare, et qui ont été apportées de la Virginie, ou peut-être d'un petit canton de l'Allemagne. Mon hôte attachoit un grand prix à ces poules sur lesquelles il

---

(1) La garnison de Zante.

savoit mille contes. Je lui fis dire que j'avois voyagé dans la patrie de ces oiseaux, pays bien éloigné, situé au-delà de la mer, et qu'il y avoit dans ce pays des Grecs établis au milieu des bois, parmi des sauvages. En effet, quelques Grecs fatigués du joug, ont passé dans la Floride, où les fruits de la liberté leur ont fait perdre le souvenir de leur terre natale. « Ceux qui avoient goûté de ce » doux fruit n'y pouvoient plus renoncer; » mais ils vouloient demeurer parmi les loto- » phages, et ils oublioient leur patrie. » (1)

L'Albanais n'entendoit rien à cela: pour toute réponse il m'invitoit à manger sa poule et quelques *frutti di mare*. J'aurois préféré ce poisson, appelé Glaucus, que l'on pêchoit autrefois sur la côte de Mégare. Anaxandrides cité par Athénée, déclare que Nérée seul a pu le premier imaginer de manger la hure de cet excellent poisson; Antiphane veut qu'il soit bouilli, et Amphis le sert tout entier à ces sept chefs qui, sur un bouclier noir,

Epouvantoient les cieux de sermens effroyables.

---

(1) Odyss.

Le retard causé par le bon cœur de mon hôte, et plus encore par ma lassitude, nous empêcha d'arriver à Athènes dans la même journée. Sortis de Mégare à onze heures du matin, comme je l'ai déjà dit, nous traversâmes d'abord la plaine ; ensuite nous gravîmes le mont Kerato-Pyrgo, le Kerata de l'antiquité : deux roches isolées s'élèvent à son sommet, et sur l'une de ces roches on aperçoit les ruines d'une tour qui donne son nom à la montagne. C'est à la descente de Kerato-Pyrgo, du côté d'Eleusis, qu'il faut placer la palestre de Cercyon, et le tombeau d'Alopé. Il n'en reste aucun vestige. Nous rencontrâmes bientôt le Puits-Fleuri, au fond d'un vallon cultivé. J'étois presque aussi fatigué que Cérès quand elle s'assit au bord de ce puits, après avoir cherché Proserpine par toute la terre. Nous nous arrêtâmes quelques instans dans la vallée, et puis nous continuâmes notre chemin. En avançant vers Eleusis, je ne vis point les anémones de diverses couleurs, que Wheler aperçut dans les champs ; mais aussi la saison en étoit passée.

Vers les cinq heures du soir, nous arrivâmes à une plaine environnée de montagnes au nord, au couchant et au levant. Un bras de mer long et étroit baigne cette plaine au midi, et forme comme la corde de l'arc des montagnes. L'autre côté de ce bras de mer est bordé par les rivages d'une île élevée ; l'extrémité orientale de cette île s'approche d'un des promontoires du continent : on remarque entre ces deux pointes un étroit passage. Je résolus de m'arrêter à un village bâti sur une colline, qui terminoit au couchant, près de la mer, le cercle des montagnes dont j'ai parlé.

On distinguoit dans la plaine les restes d'un aqueduc, et beaucoup de débris épars au milieu du chaume d'une moisson nouvellement coupée ; nous descendîmes de cheval au pied du monticule, et nous grimpâmes à la cabane la plus voisine : on nous y donna l'hospitalité.

Tandis que j'étois à la porte, recommandant je ne sais quoi à Joseph, je vis venir un Grec qui me salua en italien. Il me conta tout de suite son histoire : il étoit d'Athènes ; il s'occupoit à faire du goudron avec les pins des monts Géraniens ; il étoit l'ami de M. Fau-

vel, et certainement je verrois M. Fauvel. Je répondis que je portois des lettres à M. Fauvel. Je fus charmé de rencontrer cet homme, dans l'espoir de tirer de lui quelques renseignemens sur les ruines dont j'étois environné, et sur les lieux où je me trouvois. Je savois bien quels étoient ces lieux ; mais un Athénien qui connoissoit M. Fauvel, devoit être un excellent Cicerone. Je le priai donc de m'expliquer un peu ce que je voyois, et de m'orienter dans le pays. Il mit la main sur son cœur à la façon des Turcs, et s'inclina humblement : « J'ai entendu sou-
» vent, me répondit-il, M. Fauvel expli-
» quer tout cela ; mais moi, je ne suis qu'un
» ignorant, et je ne sais pas si tout cela est
» bien vrai. Vous voyez d'abord au levant,
» par-dessus le promontoire, la cime d'une
» montagne toute jaune : c'est le Telo-
» Vouni (le petit Hymette); l'île de l'autre
» côté de ce bras de mer, c'est Colouri,
» M. Fauvel l'appelle Salamine. M. Fauvel
» dit que dans ce canal, vis-à-vis de vous,
» se donna un grand combat entre la flotte
» des Grecs et une flotte de Perses. Les
» Grecs occupoient ce canal ; les Perses

» étoient de l'autre côté, vers le port Lion
» (le Pirée); le roi de ces Perses, dont
» je ne sais plus le nom, étoit assis sur un
» trône à la pointe de ce cap. Quant au
» village où nous sommes, M. Fauvel l'ap-
» pelle Eleusis, et nous autres, Lepsina.
» M. Fauvel dit qu'il y avoit un temple (le
» temple de Cérès) au-dessous de la mai-
» son où nous sommes : si vous voulez faire
» quelques pas, vous verrez l'endroit où
» étoit encore l'idole mutilée de ce temple
» (la statue de Cérès Eleusine); les An-
» glais l'ont emportée. »

Le Grec me quittant pour aller faire son goudron, me laissa les yeux fixés sur un rivage désert, et sur une mer où pour tout vaisseau on voyoit une barque de pêcheur attachée aux anneaux d'un môle en ruines.

Tous les voyageurs modernes ont visité Eleusis; toutes les inscriptions en ont été relevées. L'abbé Fourmont lui seul en copia une vingtaine. Nous avons une très-docte dissertation de M. de Sainte-Croix, sur le temple d'Eleusis, et un plan de ce temple par M. Foucherot. Warburton, Sainte-Croix, l'abbé Barthélemy, ont dit tout ce qu'il y avoit

de curieux à dire sur les mystères de Cérès;
et le dernier nous en a décrit les pompes
extérieures. Quant à la statue mutilée, emportée par deux voyageurs, Chandler la prend
pour la statue de Proserpine; et Spon, pour
la statue de Cérès. Ce buste colossal a, selon
Pococke, cinq pieds et demi d'une épaule à
l'autre; et la corbeille dont il est couronné,
s'élève à plus de deux pieds. Spon prétend
que cette statue pourroit bien être de Praxitèle : je ne sais sur quoi cette opinion est
fondée. Pausanias, par respect pour les mystères, ne décrit pas la statue de Cérès; Strabon garde le même silence. A la vérité on
lit dans Pline que Praxitèle étoit l'auteur
d'une Cérès en marbre, et de deux Proserpines en bronze : la première, dont parle
aussi Pausanias, ayant été transportée à Rome,
ne peut être celle qu'on voyoit il y a quelques années à Eleusis; les deux Proserpines
en bronze sont hors de la question. A en juger par le trait que nous avons de cette statue, elle pourroit bien ne représenter qu'une
Canéphore (1). Je ne sais si M. Fauvel ne

---

(1) Guillet la prend pour une Cariatide.

m'a point dit que cette statue, malgré sa réputation, étoit d'un assez mauvais travail.

Je n'ai donc rien à raconter d'Eleusis après tant de voyageurs, sinon que je me promenai au milieu de ses ruines, que je descendis au port, et que je m'arrêtai à contempler le détroit de Salamine. Les fêtes et la gloire étoient passées; le silence étoit égal sur la terre et sur la mer : plus d'acclamations, plus de chants, plus de pompes sur le rivage; plus de cris guerriers, plus de choc de galères, plus de tumulte sur les flots. Mon imagination ne pouvoit suffire, tantôt à se représenter la procession religieuse d'Eleusis, tantôt à couvrir le rivage de l'armée innombrable des Perses qui regardoient le combat de Salamine. Eleusis est, selon moi, le lieu le plus respectable de la Grèce, puisqu'on y enseignoit l'unité de Dieu, et que ce lieu fut témoin du plus grand effort que jamais les hommes aient tenté en faveur de la liberté.

Qui le croiroit! Salamine est aujourd'hui presqu'entièrement effacée du souvenir des Grecs. On a vu ce que m'en disoit mon Athénien. « L'île de Salamine n'a point con-» servé son nom, dit M. Fauvel dans ses

» Mémoires ; il est oublié avec celui de
» Thémistocle. » Spon raconte qu'il logea à
Salamine chez le Papas Ioannis, « homme,
» ajoute-t-il, moins ignorant que tous ses
» paroissiens, puisqu'il savoit que l'île s'é-
» toit autrefois nommée Salamine ; et il nous
» dit qu'il l'avoit su de son père. » Cette indifférence des Grecs touchant leur patrie,
est aussi déplorable qu'elle est honteuse,
non-seulement ils ne savent pas leur histoire,
mais ils ignorent presque tous (1) la langue qui
fait leur gloire : on a vu un Anglais poussé
d'un saint zèle, vouloir s'établir à Athènes,
pour y donner des leçons de grec ancien.

Il fallut que la nuit me chassât du rivage.
Les vagues que la brise du soir avoit soule-
vées, battoient la grève et venoient mourir à mes pieds : je marchai quelque temps
le long de la mer qui baignoit le tombeau de
Thémistocle : selon toutes les probabilités,
j'étois dans ce moment le seul homme en
Grèce, qui se souvînt de ce grand homme.

Joseph avoit acheté un mouton pour notre

---

(1) Il y a de glorieuses exceptions ; et tout le monde
a entendu parler de MM. Coraï, Kodrika, etc. etc.

souper; il savoit que nous arriverions le lendemain chez un consul de France. Sparte qu'il avoit vue, et Athènes qu'il alloit voir, ne lui importoient guère; mais, dans la joie où il étoit de toucher au terme de ses fatigues, il régaloit la maison de notre hôte. La femme, les enfans, le mari, tout étoit en mouvement; le janissaire seul restoit tranquille au milieu de l'empressement général, fumant sa pipe et applaudissant du turban à tous ces soins dont il espéroit bien profiter. Depuis l'extinction des Mystères par Alaric, il n'y avoit pas eu une pareille fête à Eleusis. Nous nous mîmes à table, c'est-à-dire que nous nous assîmes à terre autour du régal; notre hôtesse avoit fait cuire du pain qui n'étoit pas très-bon, mais qui étoit tendre et sortant du four. J'aurois volontiers renouvelé le cri de *Vive Cérès!* Χαῖρε Δήμητερ. Ce pain qui provenoit de la nouvelle récolte, faisoit voir la fausseté d'une prédiction rapportée par Chandler. Du temps de ce voyageur, on disoit à Eleusis, que si jamais on enlevoit la statue mutilée de la déesse, la plaine cesseroit d'être fertile. Cérès est allée en Angleterre, et les champs d'Eleusis n'en ont pas moins été fécondés par cette

Divinité réelle qui appelle tous les hommes à la connoissance de ses mystères, qui ne craint point d'être détrônée,

> Qui donne aux fleurs leur aimable peinture,
> Qui fait naître et mûrir les fruits,
> Et leur dispense avec mesure
> Et la chaleur des jours et la fraîcheur des nuits.

Cette grande chère et la paix dont nous jouissions, m'étoient d'autant plus agréables, que nous les devions, pour ainsi dire, à la protection de la France. Il y a trente à quarante ans que toutes les côtes de la Grèce, et particulièrement les ports de Corinthe, de Mégare et d'Eleusis étoient infestés par des pirates. Le bon ordre établi dans nos stations du Levant, avoit peu à peu détruit ce brigandage; nos frégates faisoient la police, et les sujets ottomans respiroient sous le pavillon français. Les dernières révolutions de l'Europe ont amené pour quelques momens d'autres combinaisons de puissances; mais les corsaires n'ont pas reparu. Nous bûmes donc à la renommée de ces armes qui protégeoient notre fête à Eleusis, comme les Athéniens durent remercier Alcibiade quand il eut conduit en sûreté la procession d'Iacchus au temple de Cérès.

Enfin, le grand jour de notre entrée à Athènes se leva. Le 23, à trois heures du matin, nous étions tous à cheval; nous commençâmes à défiler en silence par la voie Sacrée : je puis assurer que l'initié le plus dévot à Cérès n'a jamais éprouvé un transport aussi vif que le mien. Nous avions mis nos beaux habits pour la fête; le janissaire avoit retourné son turban; et par extraordinaire on avoit frotté et pansé les chevaux. Nous traversâmes le lit d'un torrent appelé Saranta-Potamo ou les Quarante-Fleuves, probablement le Céphise Eleusinien: nous vîmes quelques débris d'églises chrétiennes; ils doivent occuper la place du tombeau de ce Zarex qu'Apollon lui-même avoit instruit dans l'art des chants. D'autres ruines nous annoncèrent les monumens d'Eumolpe et d'Hippothoon; nous trouvâmes les Rhiti ou les courans d'eau salée : c'étoit là que pendant les fêtes d'Eleusis, les gens du peuple insultoient les passans, en mémoire des injures qu'une vieille femme avoit dites autrefois à Cérès. De là passant au fond, ou au point extrême du canal de Salamine, nous nous engageâmes dans le défilé que forment le mont Parnès et le mont Ægalée; cette partie de la voie Sacrée s'appeloit le Mystique. Nous aperçûmes le monastère de Daphné, bâti sur les débris du temple d'Apollon, et dont l'église est une des plus anciennes de l'Attique. Un peu plus loin nous remarquâmes quelques restes du temple de Vénus. Enfin, le défilé commence à s'élargir; nous tournons autour du mont Pœcile placé au milieu du chemin, comme pour masquer le tableau; et tout-à-coup nous découvrons la plaine d'Athènes.

Les voyageurs qui visitent la ville de Cécrops, arrivent ordinairement par le Pirée ou par la route de Négrepont. Ils perdent alors une partie du spectacle, car on n'aperçoit que la citadelle quand on vient de la mer; et l'Anchesme coupe la perspective quand on descend de l'Eubée. Mon étoile m'avoit amené par le véritable chemin pour voir Athènes dans toute sa gloire.

La première chose qui frappa mes yeux, ce fut la citadelle éclairée du soleil levant : elle étoit juste en face de moi, de l'autre côté de la plaine, et sembloit appuyée sur le mont Hymette qui faisoit le fond du tableau. Elle présentoit, dans un assemblage confus, les chapiteaux des Propylées, les colonnes du Parthénon et du temple d'Erechthée, les embrasures d'une muraille chargée de canons, les débris gothiques des Chrétiens, et les masures des Musulmans.

Deux petites collines, l'Anchesme et le Musée, s'élevoient au nord et au midi de l'Acropolis. Entre ces deux collines, et au pied de l'Acropolis, Athènes se montroit à moi : ses toits aplatis entremêlés de minarets, de cyprès, de ruines, de colonnes isolées, les dômes de ses mosquées couronnés par de gros nids de cigognes, faisoient un effet agréable aux rayons du soleil. Mais si l'on reconnoissoit encore Athènes à ses débris, on voyoit aussi, à l'ensemble de son architecture et au caractère général des monumens, que la ville de Minerve n'étoit plus habitée par son peuple.

Une enceinte de montagnes, qui se termine à la mer, forme la plaine ou le bassin d'Athènes. Du point où je voyois cette plaine au mont Pœcile, elle paroissoit divisée en trois bandes ou régions, courant dans une direction parallèle du nord au midi. La première de ces régions, et la plus voisine de moi, étoit inculte et couverte de bruyères; la seconde offroit un terrain labouré où l'on venoit de faire la moisson; la troisième présentoit un long bois d'oliviers qui s'étendoit un peu circulairement depuis les sources de l'Ilissus, en passant au pied de l'Anchesme, jusque vers le port de Phalère. Le Céphise coule dans cette forêt qui, par sa vieillesse, semble descendre de l'olivier que Minerve fit sortir de la terre. L'Ilissus a son lit desséché de l'autre côté d'Athènes, entre le mont Hymette et la ville. La plaine n'est pas parfaitement unie : une petite chaîne de collines détachées du mont Hymette, en surmonte le niveau, et forme les différentes hauteurs sur lesquelles Athènes plaça peu à peu ses monumens.

Ce n'est pas dans le premier moment d'une émotion très-vive, que l'on jouit le plus de ses sentimens. Je m'avançois vers Athènes avec une espèce de plaisir qui m'ôtoit le pouvoir de la réflexion ; non que j'éprouvasse quelque chose de semblable à ce que j'avois senti à la vue de Lacédémone. Sparte et

Athènes ont conservé jusques dans leurs ruines leurs différens caractères: celles de la première sont tristes, graves et solitaires ; celles de la seconde sont riantes, légères, habitées. A l'aspect de la patrie de Lycurgue, toutes les pensées deviennent sérieuses, mâles et profondes ; l'ame fortifiée semble s'élever et s'agrandir ; devant la ville de Solon, on est comme enchanté par les prestiges du génie ; on a l'idée de la perfection de l'homme considéré comme un être intelligent et immortel. Les hauts sentimens de la nature humaine prenoient à Athènes quelque chose d'élégant qu'ils n'avoient point à Sparte. L'amour de la patrie et de la liberté n'étoit point pour les Athéniens un instinct aveugle, mais un sentiment éclairé, fondé sur ce goût du beau dans tous les genres, que le ciel leur avoit si libéralement départi ; enfin, en passant des ruines de Lacédémone aux ruines d'Athènes, je sentis que j'aurois voulu mourir avec Léonidas, et vivre avec Périclès.

Nous marchions vers cette petite ville dont le territoire s'étendoit à quinze ou vingt lieues, dont la population n'égaloit pas celle d'un faubourg de Paris, et qui balance dans l'univers la renommée de l'Empire romain. Les yeux constamment attachés sur ses ruines, je lui appliquois ces vers de Lucrèce :

> *Primæ frugiferos fetus mortalibus ægris*
> *Dididerunt quondam præclaro nomine Athenæ,*
> *Et recreaverunt vitam, legesque rogárunt;*
> *Et primæ dederunt solatia dulcia vitæ.*

Je ne connois rien qui soit plus à la gloire des Grecs que ces paroles de Cicéron : « Souvenez-vous, Quintius, que vous commandez à des Grecs qui ont civilisé tous les peuples, en leur enseignant la douceur et l'humanité, et à qui Rome doit les lumières qu'elle possède. » Lorsqu'on songe à ce que Rome étoit au temps de Pompée et de César, à ce que Cicéron étoit lui-même, on trouve dans ce peu de mots un magnifique éloge. (1)

Des trois bandes ou régions qui divisoient devant nous la plaine d'Athènes, nous traversâmes rapidement les deux premières, la région inculte et la région cultivée. On ne voit plus sur cette partie de la route le monument du Rhodien et le tombeau de la Cour-

---

(1) Pline le jeune écrit à peu près la même chose à Maximus, proconsul d'Achaïe.

tisane; mais on aperçoit des débris de quelques églises. Nous entrâmes dans le bois d'oliviers: avant d'arriver au Céphise, on trouvoit deux tombeaux et un autel de Jupiter-l'Indulgent. Nous distinguâmes bientôt le lit du Céphise entre les troncs des oliviers qui le bordoient comme de vieux saules: je mis pied à terre pour saluer le fleuve, et pour boire de son eau; j'en trouvai tout juste ce qu'il m'en falloit dans un creux sous la rive; le reste avoit été détourné plus haut pour arroser les plantations d'oliviers. Je me suis toujours fait un plaisir de boire de l'eau des rivières célèbres que j'ai passées dans ma vie; ainsi j'ai bu des eaux du Mississipi, de la Tamise, du Rhin, du Pô, du Tibre, de l'Eurotas, du Céphise, de l'Hermus, du Granique, du Jourdain, du Nil, du Tage et de l'Ebre. Que d'hommes au bord de ces fleuves peuvent dire comme les Israélites: *Sedimus et flevimus!*

J'aperçus à quelque distance sur ma gauche les débris du pont que Xénoclès de Linde avoit fait bâtir sur le Céphise. Je remontai à cheval, et je ne cherchai point à voir le figuier sacré, l'autel de Zéphyre, la colonne d'Anthémocrite; car le chemin moderne ne suit plus dans cet endroit l'ancienne voie Sacrée. En sortant du bois d'oliviers, nous trouvâmes un jardin environné de murs, et qui occupe à peu près la place du Céramique extérieur. Nous mîmes une demi-heure pour nous rendre à Athènes, à travers un chaume de froment. Un mur moderne nouvellement réparé, et ressemblant à un mur de jardin, renferme la ville. Nous en franchîmes la porte, et nous pénétrâmes dans de petites rues champêtres, fraîches et assez propres : chaque maison a son jardin planté d'orangers et de figuiers. Le peuple me parut gai et curieux, et n'avoit point l'air abattu des Moraïtes. On nous enseigna la maison du consul.

Je ne pouvois être mieux adressé qu'à M. Fauvel pour voir Athènes : on sait qu'il habite la ville de Minerve depuis longues années; il en connoît les moindres détails, beaucoup mieux qu'un Parisien ne connoît Paris. On a de lui d'excellens Mémoires; on lui doit les plus intéressantes découvertes sur l'emplacement d'Olympie, sur la plaine de Marathon, sur le tombeau de Thémistocle au Pirée, sur le temple de la Vénus aux Jardins, etc.

Chargé du consulat d'Athènes, qui n'est pour lui qu'un titre de protection, il a travaillé et travaille encore, comme peintre, au Voyage pittoresque de la Grèce. L'auteur de ce bel ouvrage, M. de Choiseul-Gouffier, avoit bien voulu me donner une lettre pour l'homme de talent, et je portois de plus au consul une lettre du ministre. (1)

On ne s'attend pas sans doute que je donne ici une description complète d'Athènes : si l'on veut connoître l'histoire de cette ville, depuis les Romains jusqu'à nous, on peut recourir à l'Introduction de cet Itinéraire. Si ce sont les monumens d'Athènes ancienne qu'on desire connoître, la traduction de Pausanias, toute défectueuse qu'elle est, suffit parfaitement à la foule des lecteurs ; et le Voyage du jeune Anacharsis ne laisse presque rien à desirer. Quant aux ruines de cette fameuse cité, les lettres de la collection de Martin Crusius, le père Babin, la Guilletière même, malgré ses mensonges, Pococke, Spon, Wheler, Chandler surtout et M. Fauvel, les font si parfaitement connoître, que

---

(1) M. de Taleyrand.

je ne pourrois que les répéter. Sont-ce les plans, les cartes, les vues d'Athènes et de ses monumens, que l'on cherche? On les trouvera partout: il suffit de rappeler les travaux du marquis de Nointel, de Leroi, de Stuart, de Pars : M. de Choiseul, complétant l'ouvrage que tant de malheurs ont interrompu, achèvera de mettre sous nos yeux Athènes toute entière. La partie des mœurs et du gouvernement des Athéniens modernes, est également bien traitée dans les auteurs que je viens de citer; et comme les usages ne changent pas en Orient, ainsi qu'en France, tout ce que Chandler et Guys (1) ont dit des Grecs modernes, est encore aujourd'hui de la plus exacte vérité.

Sans faire de l'érudition aux dépens de mes prédécesseurs, je rendrai compte de mes courses et de mes sentimens à Athènes, jour par jour et heure par heure, selon le plan que j'ai suivi jusqu'ici. Encore une fois cet Itinéraire doit être regardé beaucoup moins

---

(1) Il faut lire partout celui-ci avec défiance, et se mettre en garde contre son système.

comme un voyage, que comme les Mémoires d'une année de ma vie. (1)

Je descendis dans la cour de M. Fauvel, que j'eus le bonheur de trouver chez lui : je lui remis aussitôt les lettres de M. de Choiseul et de M. de Taleyrand. M. Fauvel connoissoit mon nom : je ne pouvois pas lui dire : « *Son pittor anch'io ;* » mais au moins j'étois un amateur plein de zèle, sinon de talent ; j'avois une si bonne volonté d'étudier l'antique et de bien faire, j'étois venu de si loin crayonner de méchans dessins, que le maître vit en moi un écolier docile.

Ce fut d'abord entre nous un fracas de questions sur Paris et sur Athènes, auxquelles nous nous empressions de répondre ; mais bientôt Paris fut oublié, et Athènes prit totalement le dessus. M. Fauvel, échauffé dans son amour pour les arts par un disciple, étoit aussi empressé de me montrer Athènes, que j'étois empressé de la voir : il me conseilla cependant de laisser passer la grande chaleur du jour.

Rien ne sentoit le consul chez mon hôte ;

---

(1) Voyez l'Avertissement.

mais tout y annonçoit l'artiste et l'antiquaire. Quel plaisir pour moi d'être logé à Athènes dans une chambre pleine des plâtres moulés du Parthénon! Tout autour des murs étoient suspendus des vues du temple de Thésée, des plans des Propylées, des cartes de l'Attique et de la plaine de Marathon. Il y avoit des marbres sur une table, des médailles sur une autre, avec de petites têtes et des vases en terre cuite. On balaya, à mon grand regret, une vénérable poussière ; on tendit un lit de sangle au milieu de toutes ces merveilles; et comme un conscrit arrivé à l'armée la veille d'une affaire, je campai sur le champ de bataille.

La maison de M. Fauvel a, comme la plupart des maisons d'Athènes, une cour devant et un petit jardin derrière. Je courois à toutes les fenêtres pour découvrir au moins quelque chose dans les rues ; mais c'étoit inutilement. On apercevoit pourtant entre les toits de quelques maisons voisines, un petit coin de la citadelle ; je me tenois collé à la fenêtre qui donnoit de ce côté, comme un écolier dont l'heure de récréation n'est pas encore arrivée. Le janissaire de M. Fauvel s'étoit emparé de mon janissaire et de Joseph ; de sorte que je n'avois plus à m'occuper d'eux.

A deux heures on servit le dîner qui consistoit en des ragoûts de mouton et de poulets, moitié à la française, moitié à la turque. Le vin, rouge et fort comme nos vins du Rhône, étoit d'une bonne qualité ; mais il me parut si amer, qu'il me fut impossible de le boire. Dans presque tous les cantons de la Grèce, on fait plus ou moins infuser des pommes de pin au fond des cuvées ; cela donne au vin cette saveur amère et aromatique à laquelle on a quelque peine à s'habituer (1). Si cette coutume remonte à l'antiquité, comme je le présume, elle expliqueroit pourquoi la pomme de pin étoit consacrée à Bacchus. On apporta du miel du mont Hymette : je lui trouvai un goût de drogue qui me déplut ; le miel de Chamouni me semble de beaucoup préférable. J'ai mangé depuis à Kircagach près de Pergame dans

---

(1) Les autres voyageurs attribuent ce goût à la poix qu'on mêle dans le vin : cela peut être vrai en partie ; mais on y fait aussi infuser la pomme de pin.

l'Anatolie, un miel plus agréable encore : il est blanc comme le coton sur lequel les abeilles le recueillent, et il a la fermeté et la consistance de la pâte de guimauve. Mon hôte rioit de la grimace que je faisois au vin et au miel de l'Attique; il s'y étoit attendu : comme il falloit bien que je fusse dédommagé par quelque chose, il me fit remarquer l'habillement de la femme qui nous servoit. C'étoit absolument la draperie des anciennes Grecques, surtout dans les plis horizontaux et onduleux qui se formoient au-dessous du sein, et venoient se joindre aux plis perpendiculaires qui marquoient le bord de la tunique. Le tissu grossier dont cette femme étoit vêtue, contribuoit encore à la ressemblance : car, à en juger par la statuaire, les étoffes chez les anciens étoient plus épaisses que les nôtres. Il seroit impossible, avec les mousselines et les soies des femmes modernes, de former les mouvemens larges des draperies antiques: la gaze de Céos et les autres voiles que les satiriques appeloient des nuages, n'étoient jamais imités par le ciseau.

Pendant notre dîner, nous reçûmes les

complimens de ce qu'on appelle au Levant la nation : cette nation consiste dans les négocians français ou dépendans de la France, qui occupent les différentes Echelles. Il n'y a à Athènes qu'une ou deux maisons de cette espèce qui font le commerce des huiles. M. Roque me fit l'honneur de me rendre visite: il avoit une famille, et il m'invita à l'aller voir avec M. Fauvel; puis il se mit à parler de la société d'Athènes: « Un » étranger fixé depuis quelque temps à » Athènes, paroissoit avoir senti ou inspiré » une passion qui faisoit parler la ville..... Il » y avoit des commérages vers la maison de » Socrate, et l'on tenoit des propos du côté » des jardins de Phocion..... L'archevêque » d'Athènes n'étant pas encore revenu de » Constantinople. On ne savoit pas si on » obtiendroit justice du pacha de Négre» pont, qui menaçoit de lever une contri» bution à Athènes. Pour se mettre à l'abri » d'un coup de main, on avoit réparé le mur » de clôture ; cependant on pouvoit tout » espérer du chef des eunuques noirs, pro» priétaire d'Athènes, qui certainement » avoit auprès de Sa Hautesse plus de crédit

» que le pacha. » (O Solon ! O Thémistocle ! Le chef des eunuques noirs, propriétaire d'Athènes, et toutes les autres villes de la Grèce enviant cet insigne bonheur aux Athéniens !) « .... Au reste, M. Fauvel avoit
» bien fait de renvoyer le religieux italien
» qui demeuroit dans la lanterne de Démos-
» thènes (un des plus jolis monumens d'A-
» thènes), et d'appeler à sa place un capucin
» français. Celui-ci avoit de bonnes mœurs,
» étoit affable, intelligent, et recevoit très-
» bien les étrangers qui, selon la coutume,
» alloient descendre au couvent français.... »
Tels étoient les propos et l'objet des conversations à Athènes : on voit que le monde y alloit son train, et qu'un voyageur qui s'est bien monté la tête, doit être un peu confondu quand il trouve, en arrivant dans la rue des Trépieds, les tracasseries de son village.

Deux voyageurs anglais venoient de quitter Athènes lorsque j'y arrivai : il y restoit encore un peintre russe qui vivoit fort solitaire. Athènes est très-fréquentée des amateurs de l'antiquité, parce qu'elle est sur le chemin de Constantinople, et qu'on y arrive facilement par mer.

Vers les quatre heures du soir, la grande chaleur étant passée, M. Fauvel fit appeler son janissaire et le mien, et nous sortîmes précédés de nos gardes : le cœur me battoit de joie, et j'étois honteux de me trouver si jeune. Mon guide me fit remarquer, presqu'à sa porte, les restes d'un temple antique. De là nous tournâmes à droite, et nous marchâmes par de petites rues fort peuplées. Nous passâmes au bazar, frais et bien approvisionné en viande, en gibier, en herbes et en fruits. Tout le monde saluoit M. Fauvel, et chacun vouloit savoir qui j'étois ; mais personne ne pouvoit prononcer mon nom. C'étoit comme dans l'ancienne Athènes : *Athenienses autem omnes*, dit saint Luc, *ad nihil aliud vacabant nisi aut dicere, aut audire aliquid novi*; Quant aux Turcs, ils disoient : *Fransouse ! Effendi !* Et ils fumoient leurs pipes : c'étoit ce qu'ils avoient de mieux à faire. Les Grecs, en nous voyant passer, levoient les bra par-dessus leurs têtes, et crioient : *Kalôs ilthete Archondes ! Bate kala eis palœo Athinan !* « Bien venus, Messieurs ! Bon voyage aux ruines d'Athènes ; » et ils avoient l'air aussi fiers que s'ils nous avoient dit : « Vous allez chez Phidias ou chez

Ictinus. » Je n'avois pas assez de mes yeux pour regarder : je croyois voir des antiquités partout. M. Fauvel me faisoit remarquer çà et là des morceaux de sculpture qui servoient de bornes, de murs ou de pavés : il me disoit combien ces fragmens avoient de pieds, de pouces et de lignes; à quel genre d'édifices ils appartenoient ; ce qu'il en falloit présumer, d'après Pausanias ; quelles opinions avoient eu à ce sujet l'abbé Barthelemi, Spon, Wheler, Chandler ; en quoi ces opinions lui sembloient (à lui M. Fauvel), justes ou mal fondées. Nous nous arrêtions à chaque pas ; les janissaires et des enfans du peuple qui marchoient devant nous, s'arrêtoient partout où ils voyoient une moulure, une corniche, un chapiteau ; ils cherchoient à lire dans les yeux de M. Fauvel, si cela étoit bon ; quand le consul secouoit la tête, ils secouoient la tête, et alloient se placer quatre pas plus loin devant un autre débris. Nous fûmes conduits ainsi hors du centre de la ville moderne, et nous arrivâmes à la partie de l'ouest que M. Fauvel vouloit d'abord me faire visiter, afin de procéder par ordre dans nos recherches.

En sortant du milieu de l'Athènes moderne, et marchant droit au couchant, les maisons commencent à s'écarter les unes des autres ; ensuite viennent de grands espaces vides, les uns compris dans le mur de clôture, les autres en dehors de ce mur : c'est dans ces espaces abandonnés que l'on trouve le temple de Thésée, le Pnyx et l'Aréopage. Je ne décrirai point le premier qui est décrit partout, et qui ressemble assez au Parthénon ; je le comprendrai dans les réflexions générales que je me permettrai de faire bientôt au sujet de l'architecture des Grecs. Ce temple est au reste le monument le mieux conservé d'Athènes : après avoir long-temps été une église sous l'invocation de saint George, il sert aujourd'hui de magasin.

L'Aréopage étoit placé sur une éminence à l'occident de la citadelle. On comprend à peine comment on a pu construire sur le rocher où l'on voit des ruines, un monument de quelque étendue. Une petite vallée appelée, dans l'ancienne Athènes, Cœlé (le creux), sépare la colline de l'Aréopage, de la colline du Pnyx et de la colline de la citadelle. On montroit dans le Cœlé les tombeaux des deux Cimon, de Thucydide et d'Hérodote. Le Pnyx où les Athéniens tenoient d'abord leurs assemblées publiques, est une esplanade pratiquée sur une roche escarpée au revers du Lycabettus. Un mur composé de pierres énormes soutient cette esplanade du côté du nord; au midi s'élève une tribune creusée dans le roc même, et l'on y monte par quatre degrés également taillés dans la pierre. Je remarque ceci, parce que les anciens voyageurs n'ont pas bien connu la forme du Pnyx. Lord Elgin a fait depuis peu d'années désencombrer cette colline; et c'est à lui qu'on doit la découverte des degrés. Comme on n'est pas là tout-à-fait à la cime du rocher, on n'aperçoit la mer qu'en montant au-dessus de la tribune : on ôtoit ainsi au peuple la vue du Pirée, afin que des orateurs factieux ne le jetassent pas dans des entreprises téméraires, à l'aspect de sa puissance et de ses vaisseaux. (1)

Les Athéniens étoient rangés sur l'espla-

---

(1) L'histoire varie sur ce fait. D'après une autre version, ce furent les tyrans qui obligèrent les orateurs à tourner le dos au Pyrée.

nade entre le mur circulaire que j'ai indiqué au nord, et la tribune au midi.

C'étoit donc à cette tribune que Périclès, Alcibiade et Démosthènes firent entendre leur voix; que Socrate et Phocion parlèrent au peuple le plus léger et le plus spirituel de la terre? C'étoit donc là que se sont commises tant d'injustices; que tant de décrets iniques ou cruels ont été prononcés? Ce fut peut-être ce lieu qui vit bannir Aristide, triompher Mélitus, condamner à mort la population entière d'une ville, vouer un peuple entier à l'esclavage? Mais aussi ce fut là que de grands citoyens firent éclater leurs généreux accens contre les tyrans de leur patrie; que la justice triompha; que la vérité fut écoutée.

« Il y a un peuple, disoient les députés de
» Corinthe aux Spartiates, un peuple qui
» ne respire que les nouveautés: prompt à
» concevoir, prompt à exécuter, son audace
» passe sa force. Dans les périls où souvent il
» se jette sans réflexion, il ne perd jamais
» l'espérance: naturellement inquiet, il cher-
» che à s'agrandir au-dehors: vainqueur, il
» s'avance et suit sa victoire; vaincu, il n'est
» point découragé. Pour les Athéniens, la

» vie n'est pas une propriété qui leur ap-
» partienne, tant ils la sacrifient aisément à
» leur pays! Ils croient qu'on les a privés
» d'un bien légitime, toutes les fois qu'ils
» n'obtiennent pas l'objet de leurs desirs. Ils
» remplacent un dessein trompé par une
» nouvelle espérance. Leurs projets à peine
» conçus sont déjà exécutés. Sans cesse oc-
» cupés de l'avenir, le présent leur échappe:
» peuple qui ne connoît point le repos, et
» ne le peut souffrir dans les autres. » (1)

Et ce peuple, qu'est-il devenu? Où le trouverai-je? Moi qui traduisois ce passage au milieu des ruines d'Athènes, je voyois les minarets des Musulmans, et j'entendois parler des Chrétiens. C'est à Jérusalem que j'allois chercher la réponse à cette question, et je connoissois déjà d'avance les paroles de l'Oracle: *Dominus mortificat et vivificat; deducit ad inferos et reducit.*

Le jour n'étoit pas encore à sa fin : nous passâmes du Pnyx à la colline du Musée. On sait que cette colline est couronnée par le monument de Philopappus, monument d'un

---

(1) Thucyd. libr. I.

mauvais goût; mais c'est le mort et non le tombeau qui mérite ici l'attention du voyageur. Cet obscur Philopappus dont le sépulcre se voit de si loin, vivoit sous Trajan. Pausanias ne daigne pas le nommer, et l'appelle un Syrien. On voit dans l'inscription de sa statue qu'il étoit de Bêsa, bourgade de l'Attique. Eh bien, ce Philopappus s'appeloit Antiochus Philopappus; c'étoit le légitime héritier de la couronne de Syrie! Pompée avoit transporté à Athènes les descendans du roi Antiochus, et ils y étoient devenus de simples citoyens. Je ne sais si les Athéniens comblés des bienfaits d'Antiochus, compâtirent aux maux de sa famille détrônée; mais il paroît que ce Philopappus fut au moins consul désigné. La fortune, en le faisant citoyen d'Athènes et consul de Rome à une époque où ces deux titres n'étoient plus rien, sembloit vouloir se jouer encore de ce monarque déshérité, le consoler d'un songe par un songe, et montrer sur une seule tête qu'elle se rit également de la majesté des peuples et de celle des rois.

Le monument de Philopappus nous servit comme d'observatoire pour contempler d'autres vanités. M. Fauvel m'indiqua les divers endroits par où passoient les murs de l'ancienne ville; il me fit voir les ruines du théâtre de Bacchus au pied de la citadelle, le lit desséché de l'Ilissus, la mer sans vaisseaux, et les ports déserts de Phalère, de Munychie et du Pirée.

Nous rentrâmes ensuite dans Athènes: il étoit nuit; le consul envoya prévenir le commandant de la citadelle, que nous y monterions le lendemain avant le lever du soleil. Je souhaitai le bon soir à mon hôte, et je me retirai à mon appartement. Accablé de fatigue, il y avoit déjà quelque temps que je dormois d'un profond sommeil, quand je fus réveillé tout-à-coup par le tambourin et la musette turque dont les sons discordans partoient des combles des Propylées. En même temps un prêtre turc se mit à chanter en arabe l'heure passée à des Chrétiens de la ville de Minerve. Je ne saurois peindre ce que j'éprouvai: cet iman n'avoit pas besoin de me marquer ainsi la fuite des années; sa voix seule, dans ces lieux, annonçoit assez que les siècles s'étoient écoulés.

Cette mobilité des choses humaines est

d'autant plus frappante, qu'elle contraste avec l'immobilité du reste de la nature. Comme pour insulter à l'instabilité des sociétés humaines, les animaux même n'éprouvent ni bouleversemens dans leurs empires, ni altération dans leurs mœurs. J'avois vu, lorsque nous étions sur la colline du Musée, des cigognes se former en bataillon, et prendre leur vol vers l'Afrique (1). Depuis deux mille ans elles font ainsi le même voyage ; elles sont restées libres et heureuses dans la ville de Solon comme dans la ville du chef des eunuques noirs. Du haut de leurs nids que les révolutions ne peuvent atteindre, elles ont vu au-dessous d'elles changer la race des mortels : tandis que des générations impies se sont élevées sur les tombeaux des générations religieuses, la jeune cigogne a toujours nourri son vieux père (2). Si je m'arrête à ces réflexions, c'est que la cigogne est aimée des voyageurs ; comme eux « elle connoît

---

(1) Voyez, pour la description d'Athènes, en général, presque tout le XVe livre des Martyrs, et les notes, tom. 3, troisième édition.

(2) C'est Solin qui le dit.

les saisons dans le ciel (1). » Ces oiseaux furent souvent les compagnons de mes courses dans les solitudes de l'Amérique ; je les vis souvent perchés sur les Wigwum du Sauvage : en les retrouvant dans une autre espèce de désert, sur les ruines du Parthénon, je n'ai pu m'empêcher de parler un peu de mes anciens amis.

Le lendemain 24, à quatre heures et demie du matin, nous montâmes à la citadelle : son sommet est environné de murs, moitié antiques, moitié modernes; d'autres murs circuloient autrefois autour de sa base. Dans l'espace que renferment ces murs, se trouvent d'abord les restes des Propylées, et les débris du temple de la Victoire (2). Derrière les Propylées, à gauche, vers la ville, on voit ensuite le Pandroséum et le double temple de Neptune-Erechthée et de Minerve - Polias ; enfin, sur le point le plus éminent de l'Acropolis, s'élève le temple de Minerve : le reste de l'espace est obstrué par les décom-

---

(1) Jérémie.
(2) Le temple de la Victoire formoit l'aile droite des Propylées.

bres des bâtimens anciens et nouveaux, et par les tentes, les armes et les baraques des Turcs.

Le rocher de la citadelle peut avoir à son sommet huit cents pieds de long sur quatre cents de large; sa forme est à peu près celle d'un ovale dont l'ellipse iroit en se rétrécissant du côté du mont Hymette : on diroit un piédestal taillé tout exprès pour porter les magnifiques édifices qui le couronnoient.

Je n'entrerai point dans la description particulière de chaque monument : je renvoie le lecteur aux ouvrages que j'ai si souvent cités, et sans répéter ici ce que chacun peut trouver ailleurs, je me contenterai de quelques réflexions générales.

La première chose qui vous frappe dans les monumens d'Athènes, c'est la belle couleur de ces monumens. Dans nos climats, sous une atmosphère chargée de fumée et de pluie, la pierre du blanc le plus pur devient bientôt noire ou verdâtre. Le ciel clair et le soleil brillant de la Grèce répandent seulement sur le marbre de Paros et du Pentelique, une teinte dorée, semblable à celle des épis mûrs, ou des feuilles en automne.

La justesse, l'harmonie et la simplicité des proportions attirent ensuite votre admiration. On ne voit point ordre sur ordre, colonne sur colonne, dôme sur dôme. Le temple de Minerve, par exemple, est, ou plutôt étoit un simple parallélogramme allongé, orné d'un péristyle, d'un pronaos ou portique, et élevé sur trois marches ou degrés qui régnoient tout autour. Ce pronaos occupoit à peu près le tiers de la longueur totale de l'édifice ; l'intérieur du temple se divisoit en deux nefs séparées par un mur, et qui ne recevoient le jour que par la porte : dans l'une on voyoit la statue de Minerve, ouvrage de Phidias ; dans l'autre, on gardoit le trésor des Athéniens. Les colonnes du péristyle et du portique reposoient immédiatement sur les degrés du temple ; elles étoient sans bases, cannelées et d'ordre dorique ; elles avoient quarante-deux pieds de hauteur et dix-sept et demi de tour près du sol ; l'entre-colonnement étoit de sept pieds quatre pouces ; et le monument entier avoit deux cent dix-huit pieds de longueur, et quatre-vingt-dix-huit et demi de largeur.

Les triglyphes de l'ordre dorique marquoient la frise du péristyle : des métopes ou petits tableaux de marbre à coulisse séparoient entr'eux les triglyphes. Phidias ou ses élèves avoient sculpté sur ces métopes le combat des Centaures et des Lapithes. Le haut du plein mur du temple, ou la frise de la Cella, étoit décorée d'un autre bas-relief représentant peut-être la fête des Panathénées. Des morceaux de sculpture excellens, mais du siècle d'Adrien, époque du renouvellement de l'art, occupoient les deux frontons du temple (1). Les offrandes votives, ainsi que les boucliers enlevés à l'ennemi dans le cours de la guerre Médique, étoient suspen-

(1) Je ne puis me persuader que Phidias ait laissé complétement nus les deux frontons du temple, tandis qu'il avoit orné avec tant de soin les deux frises. Si l'empereur Adrien et sa femme Sabine se trouvoient représentés dans l'un des frontons, ils peuvent y avoir été introduits à la place de deux autres figures, ou peut-être, ce qui arrivoit souvent, n'avoit-on fait que changer les têtes des personnages. Au reste, ceci n'étoit point une indigne flatterie de la part des Athéniens : Adrien méritoit cet honneur comme bienfaiteur d'Athènes et restaurateur des arts.

dus en dehors de l'édifice : on voit encore la marque circulaire que les derniers ont imprimée sur l'architrave du fronton qui regarde le mont Hymette. C'est ce qui fait présumer à M. Fauvel que l'entrée du temple pouvoit bien être tournée de ce côté, contre l'opinion générale qui place cette entrée à l'extrémité opposée (1). Entre ces boucliers on avoit mis des inscriptions : elles étoient vraisemblablement écrites en lettres de bronze, à en juger par les marques des clous qui attachoient ces lettres. M. Fauvel pensoit que ces clous avoient servi peut-être à retenir des guirlandes ; mais je l'ai ramené à mon sentiment, en lui faisant remarquer la disposition régulière des trous. De pareilles marques ont suffi pour rétablir et lire l'inscription de la maison carrée à Nîmes. Je suis convaincu que si les Turcs le permettoient, on pourroit aussi parvenir à déchiffrer les inscriptions du Parthénon.

---

(1) L'idée est ingénieuse, mais la preuve n'est pas bien solide : outre mille raisons qui pouvoient avoir déterminé les Athéniens à suspendre les boucliers du côté de l'Hymette, on n'avoit peut-être pas voulu gâter l'admirable façade du temple, en la chargeant d'ornemens étrangers.

Tel étoit ce temple qui a passé à juste titre pour le chef-d'œuvre de l'architecture chez les anciens et chez les modernes. L'harmonie et la force de toutes ses parties se font encore remarquer dans ses ruines, car on en auroit une très-fausse idée, si l'on se représentoit seulement un édifice agréable, mais petit, et chargé de ciselures et de festons à notre manière. Il y a toujours quelque chose de grêle dans notre architecture, quand nous visons à l'élégance ; ou de pesant quand nous prétendons à la majesté. Voyez comme tout est calculé au Parthénon ! L'ordre est dorique; et le peu de hauteur de la colonne dans cet ordre, vous donne à l'instant l'idée de la durée et de la solidité ; mais cette colonne qui de plus est sans base, deviendroit trop lourde; Ictinus a recours à son art: il fait la colonne cannelée, et l'élève sur des degrés ; par ce moyen il introduit presque la légèreté du corinthien dans la gravité dorique. Pour tout ornement, vous avez deux frontons et deux frises sculptées. La frise du péristyle se compose de petits tableaux de marbre régulièrement divisés par un triglyphe : à la vérité, chacun de ces tableaux est un chef-d'œuvre;

La frise de la Cella règne comme un bandeau au haut d'un mur plein et uni. Voilà tout, absolument tout. Qu'il y a loin de cette sage économie d'ornemens, de cet heureux mélange de simplicité, de force et de grâce, à notre profusion de découpures en carré, en long, en rond, en lozange; à nos colonnes fluettes, guindées sur d'énormes bases, ou à nos porches ignobles et écrasés que nous appelons des portiques!

Il ne faut pas se dissimuler que l'architecture considérée comme art est dans son principe éminemment religieuse: elle fut inventée pour le culte de la Divinité. Les Grecs, qui avoient une multitude de dieux, ont été conduits à différens genres d'édifices, selon les idées qu'ils attachoient aux différens pouvoirs de ces dieux. Vitruve même consacre deux chapitres à ce beau sujet, et enseigne comment on doit construire les temples et les autels de Minerve, d'Hercule, de Cérès, etc. Nous, qui n'adorons qu'un seul maître de la nature, nous n'avons aussi, à proprement parler, qu'une seule architecture naturelle, l'architecture gothique. On sent tout de suite que ce genre est à nous, qu'il est original, et né, pour ainsi dire, avec nos autels. En fait d'architecture grecque, nous ne sommes que des imitateurs plus ou moins ingénieux (1); imitateurs d'un travail dont nous dénaturons le principe, en transportant dans la demeure des hommes les ornemens qui n'étoient bien que dans la maison des dieux.

Après leur harmonie générale, leur rapport avec les lieux et les sites, et surtout leurs convenances avec les usages auxquels ils étoient destinés, ce qu'il faut admirer dans les édifices de la Grèce, c'est le fini de toutes les parties. L'objet qui n'est pas fait pour être vu, y est travaillé avec autant de soin que les compositions extérieures. La jointure des blocs qui forment les colonnes du temple de Minerve, est telle qu'il faut la plus grande attention pour la découvrir, et qu'elle n'a pas l'épaisseur du fil le plus délié. Afin d'atteindre à cette rare perfection, on amenoit d'abord le marbre à sa plus juste coupe avec le ciseau ; ensuite on faisoit rouler les deux

---

(1) On fit sous les Valois un mélange charmant de l'architecture grecque et gothique ; mais cela n'a duré qu'un moment.

pièces l'une sur l'autre, en jetant au centre du frottement, du sable et de l'eau. Les assises, au moyen de ce procédé, arrivoient à un aplomb incroyable : cet aplomb, dans les tronçons des colonnes, étoit déterminé par un pivot carré de bois d'olivier. J'ai vu un de ces pivots entre les mains de M. Fauvel.

Les rosaces, les plinthes, les moulures, les astragales, tous les détails de l'édifice offrent la même perfection ; les lignes du chapiteau et de la cannelure des colonnes du Parthenon, sont si déliées, qu'on seroit tenté de croire que la colonne entière a passé au tour : des découpures en ivoire ne seroient pas plus délicates que les ornemens ioniques du temple d'Erechthée : les cariatides du Pandroséum sont des modèles. Enfin, si après avoir vu les monumens de Rome, ceux de la France m'ont paru grossiers, les monumens de Rome me semblent barbares à leur tour, depuis que j'ai vu ceux de la Grèce : je n'en excepte point le Panthéon avec son fronton démesuré. La comparaison peut se faire aisément à Athènes, où l'architecture grecque est souvent placée tout auprès de l'architecture romaine.

J'étois au surplus tombé dans l'erreur commune, touchant les monumens des Grecs: je les croyois parfaits dans leur ensemble; mais je pensois qu'ils manquoient de grandeur. J'ai fait voir que le génie des architectes a donné en grandeur proportionnelle à ces monumens, ce qui peut leur manquer en étendue; et d'ailleurs Athènes est remplie d'ouvrages prodigieux. Les Athéniens, peuple si peu riche, si peu nombreux, ont remué des masses gigantesques: les pierres du Pynx sont de véritables quartiers de rochers, les Propylées formoient un travail immense, et les dales de marbre qui les couvroient, étoient d'une dimension telle qu'on n'en a jamais vu de semblables; la hauteur des colonnes du temple de Jupiter-Olympien, passe peut-être soixante pieds, et le temple entier avoit un demi-mille de tour; les murs d'Athènes, en y comprenant ceux des trois ports et les longues murailles, s'étendoient sur un espace de près de neuf lieues.(1); les murailles qui réunissoient la ville au Pirée, étoient assez larges pour que deux

---

(1) Deux cents stades, selon Dion Chrysostôme.

chars y pussent courir de front, et, de cinquante en cinquante pas, elles étoient flanquées de tours carrées. Les Romains n'ont jamais élevé de fortifications plus considérables.

Par quelle fatalité ces chefs-d'œuvre de l'antiquité, que les modernes vont admirer si loin et avec tant de fatigues, doivent-ils en partie leur destruction aux modernes (1)? Le Parthénon subsista dans son entier jusqu'en 1687 : les Chrétiens le convertirent d'abord en église; et les Turcs, par jalousie des Chrétiens, le changèrent à leur tour en mosquée. Il faut que des Vénitiens viennent, au milieu des lumières du dix-septième siècle, canonner les monumens de Périclès : ils tirent à boulets rouges sur les propylées et le temple de

---

(1) On sait comment le Colisée a été détruit, à Rome, et l'on connoît le jeu de mots latin sur les Barberini et les Barbares. Quelques historiens soupçonnent les chevaliers de Rhodes d'avoir détruit le fameux tombeau de Mausole : c'étoit, il est vrai, pour la défense de Rhodes et pour fortifier l'île contre les Turcs; mais si c'est une excuse pour les chevaliers, la destruction de cette merveille n'en est pas moins fâcheuse pour nous.

Minerve; une bombe tombe sur ce dernier édifice, enfonce la voûte, met le feu à des barils de poudre, et fait sauter en partie un édifice qui honoroit moins les faux dieux des Grecs, que le génie de l'homme (1). La ville étant prise, Morosini, dans le dessein d'embellir Venise des débris d'Athènes, veut descendre les statues du fronton du Parthenon, et les brise. Un autre moderne vient d'achever, par amour des arts, la destruction que les Vénitiens avoient commencée. (2)

---

(1) L'invention des armes à feu est encore une chose fatale pour les arts. Si les Barbares avoient connu la poudre, il ne seroit pas resté un édifice grec ou romain sur la surface de la terre; ils auroient fait sauter jusqu'aux Pyramides, quand ce n'eût été que pour y chercher des trésors. Une année de guerre parmi nous détruit plus de monumens qu'un siècle de combats chez les anciens. Il semble ainsi que tout s'oppose, chez les modernes, à la perfection de l'art; leurs pays, leurs mœurs, leurs coutumes, leurs vêtemens, et jusqu'à leurs découvertes.

(2) Ils avoient établi leur batterie, composée de six pièces de canon et de quatre mortiers, sur le Pnyx. On ne conçoit pas qu'à une si petite portée ils n'aient pas rasé tous les monumens de la cita-

J'ai souvent eu l'occasion de parler de lord Elgin dans cet Itinéraire : on lui doit, comme je l'ai dit, la connoissance plus parfaite du Pnyx et du tombeau d'Agamemnon ; il entretient encore en Grèce un Italien chargé de diriger des fouilles, et qui découvrit, comme j'étois à Athènes, des antiques que je n'ai point vues (1). Mais lord Elgin a perdu le mérite de ses louables entreprises, en ravageant le Parthenon. Il a voulu faire enlever les bas-reliefs de la frise : pour y parvenir, des ouvriers turcs ont d'abord brisé l'architrave, et jeté en bas des chapiteaux ; en-

---

delle. Voyez Fanelli, *Atene Attica*, et l'Introduction à cet Itinéraire.

(1) Elles furent découvertes dans un sépulcre : je crois que ce sépulcre étoit celui d'un enfant. Entre autres choses curieuses, on y trouva un jeu inconnu, dont la principale pièce consistoit, autant qu'il m'en souvient, dans une boule ou un globe d'acier poli. Je ne sais s'il n'est point question de ce jeu dans Athénée. La guerre existant entre la France et l'Angleterre empêcha M. Fauvel de s'adresser pour moi à l'agent de lord Elgin, de sorte que je ne vis point ces antiques jouets qui consoloient un enfant athénien dans son tombeau.

suite, au lieu de faire sortir les métopes par leurs coulisses, les Barbares ont trouvé plus court de rompre la corniche. Au temple d'Erechthée on a pris la colonne angulaire : de sorte qu'il faut soutenir aujourd'hui, avec une pile de pierres, l'entablement entier qui menace ruine.

Les Anglais qui ont visité Athènes depuis le passage de lord Elgin, ont eux-mêmes déploré ces funestes effets d'un amour des arts peu réfléchi. On prétend que lord Elgin a dit pour excuse, qu'il n'avoit fait que nous imiter. Il est vrai que les Français ont enlevé à l'Italie ses statues et ses tableaux ; mais ils n'ont point mutilé les temples pour en arracher les bas-reliefs : ils ont seulement suivi l'exemple des Romains qui dépouillèrent la Grèce des chefs-d'œuvre de la peinture et de la statuaire. Les monumens d'Athènes arrachés aux lieux pour lesquels ils étoient faits, perdront non-seulement une partie de leur beauté relative, mais ils diminueront matériellement de beauté. Ce n'est que la lumière qui fait ressortir la délicatesse de certaines lignes et de certaines couleurs : or, cette lumière venant à manquer sous le ciel de l'Angleterre, ces lignes et ces couleurs disparoîtront ou resteront cachées. Au reste, j'avouerai que l'intérêt de la France, la gloire de notre patrie, et mille autres raisons pouvoient demander la transplantation des monumens conquis par nos armes; mais les Beaux-Arts eux-mêmes, comme étant du parti des vaincus et au nombre des captifs, ont peut-être le droit de s'en affliger.

Nous employâmes la matinée entière à visiter la citadelle. Les Turcs avoient autrefois accolé le minaret d'une mosquée au portique du Parthénon. Nous montâmes par l'escalier à moitié détruit de ce minaret; nous nous assîmes sur une partie brisée de la frise du temple, et nous promenâmes nos regards autour de nous. Nous avions le mont Hymette à l'Est; le Pentélique au nord; le Parnès au nord-ouest; les monts Icare, Cordyalus ou Œgalée à l'ouest, et par-dessus le premier, on apercevoit la cime du Cythéron; au sud-ouest et au midi, on voyoit la mer, le Pirée, les côtes de Salamine, d'Egine, d'Epidaure, et la citadelle de Corinthe.

Au-dessous de nous, dans le bassin dont je viens de décrire la circonférence, on distinguoit les collines et la plupart des monumens d'Athènes : au sud-ouest, la colline du Musée, avec le tombeau de Philopappus ; à l'ouest, les rochers de l'Aréopage, du Pnyx, et du Lycabettus ; au nord, le petit mont Anchesme, et à l'Est les hauteurs qui dominent le Stade. Au pied même de la citadelle, on voyoit les débris du théâtre de Bacchus et d'Hérode-Atticus. A la gauche de ces débris, venoient les grandes colonnes isolées du temple de Jupiter-Olympien ; plus loin encore, en tirant vers le nord-est, on apercevoit l'enceinte du Lycée, le cours de l'Ilissus, le Stade, et un temple de Diane ou de Cérès. Dans la partie de l'ouest et du nord-ouest, vers le grand bois d'oliviers, M. Fauvel me montroit la place du Céramique extérieur, de l'Académie et de son chemin bordé de tombeaux. Enfin, dans la vallée formée par l'Anchesme et la citadelle, on découvroit la ville moderne.

Il faut maintenant se figurer tout cet espace tantôt nu et couvert d'une bruyère jaune, tantôt coupé par des bouquets d'oliviers, par des carrés d'orge, par des sillons de vignes : il faut se représenter des fûts de colonnes et des bouts de ruines anciennes et modernes, sortant du milieu de ces cultures; des murs blanchis et des clôtures de jardins traversant les champs: il faut répandre dans la campagne des Albanaises qui tirent de l'eau ou qui lavent à des puits les robes des Turcs; des paysans qui vont et viennent, conduisant des ânes, ou portant sur leur dos des provisions à la ville: il faut supposer toutes ces montagnes dont les noms sont si beaux, toutes ces ruines si célèbres, toutes ces îles, toutes ces mers non moins fameuses, éclairées d'une lumière éclatante. J'ai vu du haut de l'Acropolis, le soleil se lever entre les deux cimes du mont Hymette: les corneilles qui nichent autour de la citadelle, mais qui ne franchissent jamais son sommet, planoient au-dessous de nous; leurs ailes noires et lustrées étoient glacées de rose par les premiers reflets du jour; des colonnes de fumée bleue et légère montoient dans l'ombre, le long des flancs de l'Hymette, et annonçoient les parcs ou les chálets des abeilles; Athènes, l'Acropolis et les débris du Parthénon, se coloroient des plus belles teintes de la fleur du pêcher; les sculptures de Phidias frappées horizontalement d'un rayon d'or, s'animoient et sembloient se mouvoir sur le marbre par la mobilité des ombres du relief; au loin, la mer et le Pirée étoient tout blancs de lumière; et la citadelle de Corinthe, renvoyant l'éclat du jour nouveau, brilloit sur l'horizon du couchant, comme un rocher de pourpre et de feu.

Du lieu où nous étions placés, nous aurions pu voir, dans les beaux jours d'Athènes, les flottes sortir du Pirée pour combattre l'ennemi ou pour se rendre aux fêtes de Délos; nous aurions pu entendre éclater au théâtre de Bacchus, les douleurs d'Œdipe, de Philoctète et d'Hécube; nous aurions pu ouïr les applaudissemens des citoyens, aux discours de Démosthènes. Mais, hélas, aucun son ne frappoit notre oreille! A peine quelques cris échappés à une populace esclave, sortoient par intervalle de ces murs qui retentirent si long-temps de la voix d'un peuple libre. Je me disois, pour me consoler, ce qu'il faut se dire sans cesse : tout passe, tout finit dans ce monde. Où sont allés les génies divins qui élevèrent le temple sur les débris duquel j'étois assis? Ce soleil, qui peut-être éclairoit les derniers soupirs de la pauvre fille de Mégare, avoit vu mourir la brillante Aspasie. Ce tableau de l'Attique, ce spectacle que je contemplois, avoit été contemplé par des yeux fermés depuis deux mille ans. Je passerai à mon tour : d'autres hommes aussi fugitifs que moi viendront faire les mêmes réflexions sur les mêmes ruines. Notre vie et notre cœur sont entre les mains de Dieu : laissons-le donc disposer de l'une comme de l'autre.

Je pris, en descendant de la citadelle, un morceau de marbre du Parthénon ; j'avois aussi recueilli un fragment de la pierre du tombeau d'Agamemnon ; et depuis, j'ai toujours dérobé quelque chose aux monumens sur lesquels j'ai passé. Ce ne sont pas d'aussi beaux souvenirs de mes voyages que ceux qu'ont emportés M. de Choiseul et lord Elgin; mais ils me suffisent. Je conserve aussi soigneusement de petites marques d'amitié que j'ai reçues de mes hôtes, entr'autres un étui d'os que me donna le père Muñoz à Jafa. Quand je revois ces bagatelles je me retrace sur-le-champ mes courses et mes aventures ; je me dis : « J'étois là, telle chose m'advint. » Ulysse retourna chez lui avec de grands coffres pleins des riches dons que lui avoient faits les Phéaciens; je suis rentré dans mes foyers avec une douzaine de pierres de Sparte, d'Athènes, d'Argos, de Corinthe; trois ou quatre petites têtes en terre cuite que je tiens de M. Fauvel; des chapelets, une bouteille d'eau du Jourdain, une autre de la mer Morte, quelques roseaux du Nil, un marbre de Carthage et un plâtre moulé de l'Alhambra. J'ai dépensé cinquante mille francs sur ma route, et laissé en présent, mon linge et mes armes. Pour peu que mon voyage se fût prolongé, je serois revenu à pied, avec un bâton blanc. Malheureusement, je n'aurois pas trouvé, en arrivant, un bon frère qui m'eût dit, comme le vieillard des Mille et Une Nuits: « Mon » frère, voilà mille sequins, achetez des cha- » meaux et ne voyagez plus. » Mais aussi, je ne mériterai jamais d'être changé en chien noir, pour mon ingratitude.

Nous allâmes dîner en sortant de la citadelle; et le soir du même jour, nous nous transportâmes au Stade, de l'autre côté de l'Ilissus. Ce Stade conserve parfaitement sa forme. On n'y voit plus les gradins de marbre dont l'avoit décoré Hérode-Atticus. Quant à l'Ilissus, il est sans eau. Chandler sort à cette occasion de sa modération naturelle, et se récrie contre les poëtes qui donnent à l'Ilissus une onde limpide, et bordent son cours de saules touffus. A travers son humeur, on voit qu'il a envie d'attaquer un dessin de Leroi, dessin qui représente un point de vue sur l'Ilissus. Je suis comme le docteur Chandler : je déteste les descriptions qui manquent de vérité, et quand un ruisseau est sans eau, je veux qu'on me le dise. On verra que je n'ai point embelli les rives du Jourdain, ni transformé cette rivière en un grand fleuve. J'étois là, cependant, bien à mon aise pour mentir. Tous les voyageurs et l'Ecriture même auroient justifié les descriptions les plus pompeuses. Mais Chandler a poussé l'humeur trop loin. Voici un fait curieux que je tiens de M. Fauvel : pour peu que l'on creuse dans le lit de l'Ilissus, on trouve l'eau à une très-petite profondeur ; cela est si bien connu des paysannes albanaises, qu'elles font un trou dans la grève du ravin, quand elles veulent laver du linge, et sur-le-champ elles ont de l'eau autant qu'elles en desirent. Il est donc très-probable que le lit de l'Ilissus s'est peu à peu encombré des pierres et des graviers descendus des montagnes voisines, et que l'eau coule à présent entre deux sables. En voilà bien assez pour justifier ces pauvres poëtes qui ont le sort de Cassandre : en vain ils chantent la vérité, personne ne les croit ; s'ils se contentoient de la dire, ils seroient peut-être plus heureux. Ils sont d'ailleurs appuyés ici par le témoignage de l'Histoire, qui met de l'eau dans l'Ilissus : et pourquoi cet Ilissus auroit-il un pont, s'il n'avoit jamais d'eau, même en hiver ? L'Amérique m'a un peu gâté sur le compte des fleuves ; mais je ne pouvois m'empêcher de venger l'honneur de cet Ilissus qui a donné un surnom aux Muses (1), et au bord duquel Borée enleva Orithyie.

En revenant de l'Ilissus, M. Fauvel me fit passer sur des terrains vagues, où l'on doit chercher l'emplacement du Lycée. Nous vînmes ensuite aux grandes colonnes isolées, placées dans le quartier de la ville qu'on appeloit la Nouvelle Athènes, ou l'Athènes

---

(1) Ilissiades : elles avoient un autel au bord de l'Ilissus.

de l'empereur Adrien. Spon veut que ces colonnes soient les restes du portique des Cent-Vingt-Colonnes ; et Chandler présume qu'elles appartenoient au temple de Jupiter-Olympien. M. Lechevalier et les autres voyageurs en ont parlé. Elles sont bien représentées dans les différentes vues d'Athènes, et surtout dans l'ouvrage de Stuart, qui a rétabli l'édifice entier d'après les ruines. Sur une portion d'architrave qui unit encore deux de ces colonnes, on remarque une masure, jadis la demeure d'un hermite. Il est impossible de comprendre comment cette masure a pu être bâtie sur le chapiteau de ces prodigieuses colonnes, dont la hauteur est peut-être de plus de soixante pieds. Ainsi, ce vaste temple auquel les Athéniens travaillèrent pendant sept siècles; que tous les rois de l'Asie voulurent achever; qu'Adrien, maître du monde, eut seul la gloire de finir ; ce temple a succombé sous l'effort du temps ; et la cellule d'un solitaire est demeurée debout sur ses débris ! Une misérable loge de plâtre est portée dans les airs par deux colonnes de marbre, comme si la fortune avoit voulu exposer à tous les yeux, sur ce magnifique piédestal, un monument de ses triomphes et de ses caprices.

Ces colonnes, quoique beaucoup plus hautes que celles du Parthénon, sont bien loin d'en avoir la beauté; la dégénération de l'art s'y fait sentir : mais, comme elles sont isolées et dispersées sur un terrain nu, elles font un effet surprenant. Je me suis arrêté à leurs pieds pour entendre le vent siffler autour de leurs têtes : elles ressemblent à ces palmiers solitaires que l'on voit çà et là parmi les ruines d'Alexandrie. Lorsque les Turcs sont menacés de quelques calamités, ils amènent un agneau dans ce lieu, et le contraignent à bêler, en lui dressant la tête vers le ciel: ne pouvant trouver la voix de l'innocence parmi les hommes, ils ont recours au nouveau-né de la brebis, pour fléchir la colère céleste.

Nous rentrâmes dans Athènes par le portique où se lit l'inscription si connue :

C'EST ICI LA VILLE D'ADRIEN,
ET NON PAS LA VILLE DE THÉSÉE.

Nous allâmes rendre à M. Roque la visite qu'il m'avoit faite, et nous passâmes la soirée chez lui : j'y vis quelques femmes. Les lecteurs qui seroient curieux de connoître l'habillement, les mœurs et les usages des femmes turques, grecques et albanaises à Athènes, peuvent lire le vingt-sixième chapitre du Voyage en Grèce de Chandler. S'il n'étoit pas si long, je l'aurois transcrit ici tout entier. Je dois dire seulement que les Athéniennes m'ont paru moins grandes et moins belles que les Moraïtes. L'usage où elles sont de se peindre le tour des yeux en bleu, et le bout des doigts en rouge, est désagréable pour un étranger: mais, comme j'avois vu des femmes avec des perles au nez, que les Iroquois trouvoient cela très-galant, et que j'étois tenté moi-même d'aimer assez cette mode, il ne faut pas disputer des goûts. Les femmes d'Athènes ne furent, au reste, jamais très-renommées pour leur beauté. On leur reprochoit d'aimer le vin. La preuve que leur empire n'avoit pas beaucoup de puissance, c'est que presque tous les hommes célèbres d'Athènes furent attachés à des étrangères : Périclès, Sophocle, Socrate Aristote, et même le divin Platon.

Le 25 nous montâmes à cheval de grand matin ; nous sortîmes de la ville et prîmes la route de Phalère. En approchant de la mer, le terrain s'élève et se termine par des hauteurs dont les sinuosités forment au levant et au couchant les ports de Phalère, de Munychie et du Pirée. Nous découvrîmes sur les dunes de Phalère, les racines des murs qui enfermoient le port et d'autres ruines absolument dégradées : c'étoient peut-être celles des temples de Junon et de Cérès. Aristide avoit son petit champ et son tombeau près de ce lieu. Nous descendîmes au port : c'est un bassin rond où la mer repose sur un sable fin ; il pourroit contenir une cinquantaine de bateaux. C'étoit tout juste le nombre que Ménesthée conduisit à Troie.

Τῷ δ' ἅμα πεντήκοντα μέλαιναι νῆες ἕποντυ.

« Il étoit suivi de cinquante noirs vaisseaux. »

Thésée partit aussi de Phalère pour aller en Crète.

Pourquoi, trop jeune encor, ne pûtes-vous alors
Entrer dans le vaisseau qui le mit sur nos bords ?
Par vous auroit péri le monstre de la Crète, etc.

Ce ne sont pas toujours de grands vaisseaux et de grands ports qui donnent l'immortalité : Homère et Racine ne laisseront point mourir le nom d'une petite anse et d'une petite barque.

Du port de Phalère, nous arrivâmes au port de Munychie. Celui-ci est de forme ovale et un peu plus grand que le premier. Enfin, nous tournâmes l'extrémité d'une colline rocailleuse, et marchant de cap en cap, nous nous avançâmes vers le Pirée. M. Fauvel m'arrêta dans la courbure que fait une langue de terre, pour me montrer un sépulcre creusé dans le roc; il n'a plus de voûte, et il est au niveau de la mer. Les flots, par leurs mouvemems réguliers, le couvrent et le découvrent, et il se remplit et se vide tour-à-tour; à quelques pas de là, on voit sur le rivage les débris d'un monument.

M. Fauvel veut retrouver ici l'endroit où les os de Thémistocle avoient été déposés. On lui conteste cette intéressante découverte. On lui objecte que les débris dispersés dans le voisinage, sont trop beaux pour être les restes du tombeau de Thémistocle. En effet, selon Diodore le géographe, cité par Plutarque, ce tombeau n'étoit qu'un autel.

L'objection est peu solide. Pourquoi veut-on faire entrer dans la question primitive, une question étrangère à l'objet dont il s'agit? Les ruines de marbre blanc dont on se plaît à faire une difficulté, ne peuvent-elles pas avoir appartenu à un sépulcre tout différent de celui de Thémistocle? Pourquoi, lorsque les haines furent apaisées, les descendans de Thémistocle n'auroient-ils pas décoré le tombeau de leur illustre aïeul qu'ils avoient d'abord enterré modestement, ou même secrètement, comme le dit Thucydide? Ne consacrèrent-ils pas un tableau qui représentoit l'histoire de ce grand homme? Et ce tableau, du temps de Pausanias, ne se voyoit-il pas publiquement au Parthénon? Thémistocle avoit de plus une statue au Prytanée.

L'endroit où M. Fauvel a trouvé ce tombeau, est précisément le cap Alcime; et j'en vais donner une preuve plus forte que celle de la tranquillité de l'eau dans cet endroit. Il y a faute dans Plutarque; il faut lire Alimus, au lieu d'Alcime, selon la remarque de Meursius, rappelée par Dacier. Alimus étoit un démos, ou bourg de l'Attique, de la tribu Léontide, situé à l'orient du Pirée. Or, les ruines de ce bourg sont encore visibles dans le voisinage du tombeau dont nous parlons (1). Pausanias est assez confus dans ce qu'il dit de la position de ce tombeau. Mais Diodore-Périégite est très-clair; et les vers de Platon le comique, rapportés par ce Diodore, désignent absolument le lieu et le sépulcre trouvés par M. Fauvel:

« Placé dans un lieu découvert, ton sépul-
» cre est salué par les mariniers qui entrent
» au port ou qui en sortent; et s'il se donne
» quelque combat naval, tu seras témoin du
» choc des vaisseaux. » (2)

Si Chandler fut étonné de la solitude du Pirée, je puis assurer que je n'en ai pas moins été frappé que lui. Nous avions fait le tour d'une côte déserte ; trois ports s'étoient présentés à nous ; et, dans ces trois ports, nous n'avions pas aperçu une seule barque. Pour tout spectacle, des ruines, des rochers et la mer ; pour tout bruit, le cri des alcyons, et le murmure des vagues qui, se brisant dans le tombeau de Thémistocle, faisoient sor-

---

(1) Je ne veux dissimuler aucune difficulté, et je sais qu'on place aussi Alimus à l'orient de Phalère. Thucydide étoit du bourg d'Alimus.

(2) Plut. Vit. Them.

tir un éternel gémissement de la demeure de l'éternel silence. Emportées par les flots, les cendres du vainqueur de Xerxès reposoient au fond de ces mêmes flots, confondues avec les os des Perses. En vain je cherchois des yeux le temple de Vénus, la longue galerie, et la statue symbolique qui représentoit le peuple d'Athènes: l'image de ce peuple inexorable étoit à jamais tombée près du puits où les citoyens exilés venoient inutilement réclamer leur patrie. Au lieu de ces superbes arsenaux, de ces portiques où l'on retiroit les galères; de ces Agoræ retentissant de la voix des matelots; au lieu de ces édifices qui représentoient dans leur ensemble l'aspect et la beauté de la ville de Rhodes, je n'apercevois qu'un couvent délabré et un magasin. Triste sentinelle au rivage, et modèle d'une patience stupide, c'est là qu'un douanier turc est assis toute l'année dans une méchante baraque de bois: des mois entiers s'écoulent sans qu'il voie arriver un bateau. Tel est le déplorable état où se trouvent aujourd'hui ces ports si fameux. Qui peut avoir détruit tant de monumens des dieux et des hommes? Cette force cachée qui renverse tout, et qui est elle-même soumise au Dieu inconnu dont saint Paul avoit vu l'autel à Phalère : Ἀγνώςῳ Θεῷ : *Deo ignoto.*

Le port du Pirée décrit un arc dont les deux pointes en se rapprochant ne laissent qu'un étroit passage ; il se nomme aujourd'hui le port Lion, à cause d'un lion de marbre qu'on y voyoit autrefois, et que Morosini fit transporter à Venise en 1686. Trois bassins, le Canthare, l'Aphrodise et le Zea, divisoient le port intérieurement. On voit encore une darse à moitié comblée, qui pourroit bien avoir été l'Aphrodise. Strabon affirme que le grand port des Athéniens étoit capable de contenir quatre cents vaisseaux ; et Pline en porte le nombre jusqu'à mille. Une cinquantaine de nos barques le rempliroient tout entier ; je ne sais si deux frégates y seroient à l'aise, surtout à présent que l'on mouille sur une grande longueur de cable. Mais l'eau est profonde, la tenue bonne, et le Pirée, entre les mains d'une nation civilisée, pourroit devenir un port considérable. Au reste, le seul magasin que l'on y voit aujourd'hui, est français d'origine ; il a, je crois, été bâti par M. Gaspari, ancien consul de France à Athènes. Ainsi il n'y a pas bien long-temps que les Athéniens étoient représentés au Pirée, par le peuple qui leur ressemble le plus.

Après nous être reposés un moment à la douane et au monastère Saint-Spiridion, nous retournâmes à Athènes en suivant le chemin du Pirée. Nous vîmes partout des restes de la longue muraille. Nous passâmes au tombeau de l'amazone Antiope que M. Fauvel a fouillé. Il a rendu compte de cette fouille dans ses Mémoires. Nous marchions au travers de vignes basses comme en Bourgogne, et dont le raisin commençoit à rougir. Nous nous arrêtâmes aux citernes publiques, sous des oliviers : j'eus le chagrin de voir que le tombeau de Ménandre, le cénotaphe d'Euripide et le petit temple dédié à Socrate n'existoient plus ; du moins ils n'ont point encore été retrouvés. Nous continuâmes notre route, et en approchant du Musée, M. Fauvel me fit remarquer un sentier qui montoit en tournant sur le flanc de cette colline. Il me dit que ce sentier avoit été tracé par le peintre russe, qui tous les jours alloit prendre au même endroit des vues d'Athènes. Si le génie n'est que la patience, comme l'a prétendu Buffon, ce peintre doit en avoir beaucoup.

Il y a à peu près quatre milles d'Athènes à Phalère; trois ou quatre milles de Phalère au Pirée, en suivant les sinuosités de la côte; et cinq milles du Pirée à Athènes: ainsi, à notre retour dans cette ville, nous avions fait environ douze milles, ou quatre lieues.

Comme les chevaux étoient loués pour toute la journée, nous nous hâtâmes de dîner, et nous recommençâmes nos courses à quatre heures du soir.

Nous sortîmes d'Athènes par le côté du mont Hymette; mon hôte me conduisit au village d'Angelo-Kipous, où il croit avoir retrouvé le temple de la Vénus aux Jardins, par les raisons qu'il en donne dans ses Mémoires. L'opinion de Chandler qui place ce temple à Panagia - Spiliotissa, est également très-probable; et elle a pour elle l'autorité d'une inscription. Mais M. Fauvel produit, en faveur de son sentiment, deux vieux myrtes et de jolis débris d'ordre ionique: cela répond à bien des objections. Voilà comme nous sommes, nous autres amateurs de l'antique: nous faisons preuve de tout.

Après avoir vu les curiosités d'Angelo-Kipous, nous tournâmes droit au couchant;

et passant entre Athènes et le mont Anchesme, nous entrâmes dans le grand bois d'oliviers; il n'y a point de ruines de ce côté, et nous ne faisions plus qu'une agréable promenade avec les souvenirs d'Athènes. Nous trouvâmes le Céphise que j'avois déjà salué plus bas en arrivant d'Eleusis: à cette hauteur il avoit de l'eau; mais cette eau, je suis fâché de le dire, étoit un peu bourbeuse: elle sert à arroser des vergers, et suffit pour entretenir sur ses bords une fraîcheur trop rare en Grèce. Nous revînmes ensuite sur nos pas, toujours à travers la forêt d'oliviers. Nous laissâmes à droite un petit tertre couvert de rochers; c'étoit Colone, au bas duquel on voyoit autrefois le village de la retraite de Sophocle, et le lieu où ce grand tragique fit répandre au père d'Antigone ses dernières larmes. Nous suivîmes quelque temps la voie d'Airain, on y remarque les vestiges du temple des Furies: de là, en nous rapprochant d'Athènes, nous errâmes assez long-temps dans les environs de l'Académie. Rien ne fait plus reconnoître cette retraite des sages. Ses premiers platanes sont tombés sous la hâche de Sylla; et ceux qu'Adrien y fit peut-être cultiver de nouveau, n'ont point échappé à d'autres Barbares. L'autel de l'Amour, celui de Prométhée et celui des Muses ont disparu: tout feu divin s'est éteint dans les bocages où Platon fut si souvent inspiré. Deux traits suffiront pour faire connoître quel charme et quelle grandeur l'antiquité trouvoit aux leçons de ce philosophe: la veille du jour où Socrate reçut Platon au nombre de ses disciples, il rêva qu'un cygne venoit se reposer dans son sein; la mort ayant empêché Platon de finir le Critias, Plutarque déplore ce malheur, et compare les écrits du chef de l'Académie, aux temples d'Athènes, parmi lesquels celui de Jupiter-Olympien étoit le seul qui ne fût pas achevé.

Il y avoit déjà une heure qu'il faisoit nuit, quand nous songeâmes à retourner à Athènes: le ciel étoit brillant d'étoiles, et l'air d'une douceur, d'une transparence et d'une pureté incomparables; nos chevaux alloient au petit pas, et nous étions tombés dans le silence. Le chemin que nous parcourions étoit vraisemblablement l'ancien chemin de l'Académie, que bordoient les tombeaux des citoyens morts pour la patrie, et ceux des plus grands hommes de la Grèce : là reposoient Thrasybule, Périclès, Chabrias, Timothée, Harmodius et Aristogiton. Ce fut une noble idée de rassembler dans un même champ, la cendre de ces personnages fameux qui vécurent dans différens siècles, et qui, comme les membres d'une famille illustre long-temps dispersée, étoient venus se reposer au giron de leur mère commune. Quelle variété de génie, de grandeur et de courage ! Quelle diversité de mœurs et de vertus on apercevoit là d'un coup d'œil ! Et ces vertus tempérées par la mort, comme ces vins généreux que l'on mêle, dit Platon, avec une divinité sobre, n'offusquoient plus les regards des vivans. Le passant qui lisoit sur une colonne funèbre ces simples mots:

PÉRICLÈS DE LA TRIBU ACAMANTIDE,
DU BOURG DE CHOLARGUE.

n'éprouvoit plus que de l'admiration sans envie. Cicérou nous représente Atticus errant au milieu de ces tombeaux, et saisi d'un saint respect à la vue de ces augustes cendres. Il ne pourroit plus aujourd'hui nous faire la même peinture : les tombeaux sont détruits. Les illustres morts que les Athéniens avoient placés hors de leur ville, comme aux avant-postes, ne se sont point levés pour la défendre; ils ont souffert que des Tartares la foulassent aux pieds. « Le temps, la violence et la charrue, dit Chandler, ont tout nivelé. » La charrue est de trop ici; et cette remarque que je fais peint mieux la désolation de la Grèce, que les réflexions auxquelles je pourrois me livrer.

Il me restoit encore à voir dans Athènes les théâtres et les monumens de l'intérieur de la ville : c'est à quoi je consacrai la journée du 26. J'ai déjà dit, et tout le monde sait que le théâtre de Bacchus étoit au pied de la citadelle, du côté du mont Hymette. L'Odéum commencé par Périclès, achevé par Lycurgue, fils de Lycophron, brûlé par Aristion et par Sylla, rétabli par Ariobarzanes, étoit auprès du théâtre de Bacchus ; ils se communiquoient peut-être par un portique. Il est probable qu'il existoit au même lieu un troisième théâtre bâti par Hérode-Atticus. Les gradins de ces théâtres étoient appuyés sur le talus de la montagne qui leur servoit de fondement. Il y a quelques contestations au sujet de ces monumens ; et Stuart trouve le théâtre de Bacchus où Chandler voit l'Odéum.

Les ruines de ces théâtres sont peu de chose : je n'en fus point frappé, parce que j'avois vu en Italie des monumens de cette espèce, beaucoup plus vastes et mieux conservés ; mais je fis une réflexion bien triste : sous les Empereurs romains, dans un temps où Athènes étoit encore l'école du monde ; les gladiateurs représentoient leurs jeux sanglans sur le théâtre de Bacchus. Les chefs-d'œuvre d'Eschyle, de Sophocle et d'Euripide ne se jouoient plus : on avoit substitué des assassinats et des meurtres à ces spectacles, qui donnent une grande idée de l'esprit humain, et qui sont le noble amusement des nations policées. Les Athéniens couroient à ces cruautés avec la même ardeur qu'ils avoient couru aux Dionysiaques. Un peuple qui s'étoit élevé si haut, pouvoit-il descendre si bas ? Qu'étoit donc devenu cet autel de la Pitié, que l'on voyoit au milieu de la place publique à Athènes, et auquel les Supplians venoient suspendre des bandelettes et des tresses de cheveux ? Si les Athéniens étoient les seuls Grecs qui, selon Pausanias, honorassent la Pitié, et la regardassent comme la consolation de la vie, ils avoient donc bien changé! Certes, ce n'étoit pas pour des combats de gladiateurs qu'Athènes avoit été nommée le *sacré domicile* des dieux. Peut-être les peuples, ainsi que les hommes, sont-ils cruels dans leur décrépitude comme dans leur enfance; peut-être le génie des nations s'épuise-t-il; et quand il a tout produit, tout parcouru, tout goûté, rassasié de ses propres chefs-d'œuvre, et incapable d'en produire de nouveaux, il s'abrutit, et retourne aux sensations purement physiques. Le Christianisme empêchera les nations modernes de finir par une aussi déplorable vieillesse; mais si toute religion venoit à s'éteindre parmi nous, je ne serois point étonné qu'on entendît les cris du gladiateur mourant sur la scène où retentissent aujourd'hui les douleurs de Phèdre et d'Andromaque.

Après avoir visité les théâtres, nous rentrâmes dans la ville, où nous jetâmes un coup d'œil sur le portique qui formoit peut-être l'entrée de l'Agora. Nous nous arrêtâmes à la tour des Vents dont Pausanias n'a point parlé, mais que Vitruve et Varron ont fait connoître. Spon en donne tous les détails, avec l'explication des vents; le monument entier a été décrit par Stuart dans ses Antiquités d'Athènes: François Giambetti l'avoit déjà dessiné en 1465, époque de la renaissance des arts en Italie. On croyoit du temps du père Babin, en 1672, que cette tour des Vents étoit le tombeau de Socrate. Je passe sous silence quelques ruines d'ordre corinthien, que l'on prend pour le Pœcile, pour les restes du temple de Jupiter-Olympien, pour le Prytanée, et qui peut-être n'appartiennent à aucun de ces édifices. Ce qu'il y a de certain, c'est qu'elles ne sont pas du temps de Périclès. On y sent la grandeur, mais aussi l'infériorité romaine : tout ce que les empereurs ont touché à Athènes, se reconnoît au premier coup d'œil, et forme une disparate sensible avec les chefs-d'œuvre du siècle de Périclès. Enfin, nous allâmes au couvent français, rendre à l'unique religieux qui l'occupe, la visite qu'il m'avoit faite. J'ai déjà dit que le couvent de nos missionnaires comprend dans ses dépendances le monument choragique de Lysicrate. Ce fut à ce dernier monument que j'achevai de payer mon tribut d'admiration aux ruines d'Athènes.

Cette élégante production du génie des Grecs fut connue des premiers voyageurs sous le nom de *Fanari tou Demosthenis*. « Dans la maison qu'ont achetée depuis peu » les pères capucins, dit le jésuite Babin, » en 1672, il y a une antiquité bien remar- » quable, et qui, depuis le temps de Dé- » mosthènes, est demeurée en son entier : » on l'appelle ordinairement la Lanterne de » Démosthènes. » (1)

On a reconnu depuis (2), et Spon le premier, que c'est un monument choragique, élevé par Lysicrates dans la rue des Trépieds. M. Legrand en exposa le modèle en terre cuite dans la cour du Louvre, il y a quelques

---

(1) Il paroît qu'il existoit à Athènes, en 1669 un autre monument appelé la *Lanterne de Diogène*. Guillet invoque au sujet de ce monument, le témoignage des pères Barnabé et Simon, et de MM. de Monceaux et l'Aîné. Voyez l'Introduction.

(2) Riesdel, Chandler, etc.

années (1); ce modèle étoit fort ressemblant; seulement l'architecte, pour donner sans doute plus d'élégance à son travail, avoit supprimé le mur circulaire qui remplit les entre-colonnes dans le monument original.

Certainement ce n'est pas un des jeux les moins étonnans de la fortune, que d'avoir logé un capucin dans le monument choragique de Lysicrates; mais ce qui, au premier coup d'œil, peut paroître bizarre, devient touchant et respectable, quand on pense aux heureux effets de nos missions, quand on songe qu'un religieux français donnoit à Athènes l'hospitalité à Chandler, tandis qu'un autre religieux français secouroit d'autres voyageurs à la Chine, au Canada, dans les déserts de l'Afrique et de la Tartarie.

« Les Francs à Athènes, dit Spon, n'ont
» que la chapelle des Capucins, qui est au
» *Fanari tou Demosthenis*. Il n'y avoit, lors-
» que nous étions à Athènes, que le père
» Séraphin, très-honnête homme, à qui un
» Turc de la garnison prit un jour sa cein-

---

(1) Le monument a été depuis exécuté à Saint-Cloud.

» ture de corde, soit par malice, ou par un
» effet de débauche, l'ayant rencontré sur
» le chemin du Port-Lion, d'où il revenoit
» seul de voir quelques Français d'une tar-
» tane qui y étoit à l'ancre.

» Les pères jésuites étoient à Athènes
» avant les capucins, et n'en ont jamais été
» chassés. Ils ne se sont retirés à Négrepont
» que parce qu'ils y ont trouvé plus d'occu-
» pation, et qu'il y a plus de Francs qu'à
» Athènes. Leur hospice étoit presqu'à l'ex-
» trémité de la ville, du côté de la maison
» de l'archevêque. Pour ce qui est des ca-
» pucins, ils sont établis à Athènes depuis
» l'année 1658, et le père Simon acheta le
» Fanari et la maison joignante en 1669, y
» ayant eu d'autres religieux de son ordre
» avant lui dans la ville. »

C'est donc à ces missions si long-temps décriées, que nous devons encore nos premières notions sur la Grèce antique (1). Aucun voyageur n'avoit quitté ses foyers pour visiter le Parthénon, que déjà des religieux

---

(1) On peut voir, dans les Lettres Edifiantes, les travaux des missionnaires sur les îles de l'Archipel.

exilés sur ces ruines fameuses, nouveaux dieux hospitaliers, attendoient l'antiquaire et l'artiste. Les savans demandoient ce qu'étoit devenue la ville de Cécrops; et il y avoit à Paris, au noviciat de Saint-Jacques, un père Barnabé, et à Compiègne, un père Simon, qui auroient pu leur en donner des nouvelles : mais ils ne faisoient point parade de leur savoir; retirés au pied du Crucifix, ils cachoient dans l'humilité du cloître, ce qu'ils avoient appris, et surtout ce qu'ils avoient souffert pendant vingt ans, au milieu des débris d'Athènes.

« Les capucins français, dit la Guilletière,
» qui ont été appelés à la mission de la Morée
» par la congrégation *de Propagandâ Fide*,
» ont leur principale résidence à Napoli,
» à cause que les galères des beys y vont
» hiverner, et qu'elles y sont ordinairement
» depuis le mois de novembre jusqu'à la fête
» de Saint-Georges, qui est le jour où elles
» se remettent en mer : elles sont remplies de
» forçats chrétiens qui ont besoin d'être
» instruits et encouragés; et c'est à quoi
» s'occupe avec autant de zèle que de fruit
» le père Barnabé de Paris, qui est pré-

» sentement supérieur de la mission d'Athè-
» nes et de la Morée.

Mais si ces religieux revenus de Sparte et d'Athènes, étoient si modestes dans leurs cloîtres, peut-être étoit-ce faute d'avoir bien senti ce que la Grèce a de merveilleux dans ses souvenirs ? peut-être manquoient-ils aussi de l'instruction nécessaire ? Ecoutons le père Babin, jésuite : nous lui devons la première relation que nous ayons d'Athènes.

« Vous pourriez, dit-il, trouver dans plu-
» sieurs livres la description de Rome, de
» Constantinople, de Jérusalem, et des au-
» tres villes les plus considérables du monde,
» telles qu'elles sont présentement ; mais je
» ne sais pas quel livre décrit Athènes telle
» que je l'ai vue, et l'on ne pourroit trou-
» ver cette ville, si on la cherchoit comme
» elle est représentée dans Pausanias et quel-
» ques autres anciens auteurs ; mais vous la
» verrez ici au même état qu'elle est au-
» jourd'hui, qui est tel, que parmi ses rui-
» nes elle ne laisse pas pourtant d'inspirer un
» certain respect pour elle, tant aux per-
» sonnes pieuses qui en voient les églises,
» qu'aux savans qui la reconnoissent pour

» la mère des sciences, et aux personnes
» guerrières et généreuses qui la considèrent
» comme le champ de Mars et le théâtre où
» les plus grands conquérans de l'antiquité
» ont signalé leur valeur, et ont fait paroître
» avec éclat leur force, leur courage et leur
» industrie ; et ces ruines sont enfin précieu-
» ses pour marquer sa première noblesse,
» et pour faire voir qu'elle a été autrefois
» l'objet de l'admiration de l'univers. »

» Pour moi, je vous avoue que d'aussi loin
» que je la découvris de dessus la mer, avec
» des lunettes de longue vue, et que je vis
» quantité de grandes colonnes de marbre,
» qui paroissent de loin et rendent témoignage
» de son ancienne magnificence, je me sentis
» touché de quelque respect pour elle. »

Le missionnaire passe ensuite à la description des monumens : plus heureux que nous, il avoit vu le Parthénon dans son entier. Voici comme il en parle :

« Ce temple qui paroît de fort loin, et
» qui est l'édifice d'Athènes le plus élevé au
» milieu de la citadelle, est un chef-d'œuvre
» des plus excellens architectes de l'anti-
» quité. Il est long d'environ cent vingt

» pieds, et large de cinquante. On y voit
» trois rangs de voûtes soutenues de fort
» hautes colonnes de marbre; savoir, la nef
» et les deux ailes : en quoi il surpasse Sainte-
» Sophie bâtie à Constantinople par l'em-
» pereur Justinien, quoique d'ailleurs ce soit
» un miracle du monde. Mais j'ai pris garde
» que ses murailles par-dedans sont seule-
» ment encroutées et couvertes de grandes
» pièces de marbre, qui sont tombées en
» quelques endroits des galeries d'en haut,
» où l'on voit des briques et des pierres qui
» étoient couvertes de marbre.

» Mais quoique ce temple d'Athènes soit
» si magnifique pour sa matière, il est en-
» core plus admirable pour sa façon et pour
» l'artifice qu'on y remarque : *Materiam*
» *superabat opus.* Entre toutes les voûtes qui
» sont de marbre, il y en a une qui est la
» plus remarquable, à cause qu'elle est toute
» ornée d'autant de belles figures gravées
» sur le marbre, qu'elle en peut contenir.

» Le vestibule est long de la largeur du
» temple, et large d'environ quatorze pieds,
» au-dessous duquel il y a une longue voûte
» plate qui semble être un riche plancher,

» ou un magnifique lambris : car on y voit
» de longues pièces de marbre, qui semblent
» de longues et grosses poutres, qui soutien-
» nent d'autres grandes pièces de même ma-
» tière, ornées de diverses figures et per-
» sonnages, avec un artifice merveilleux.

» Le frontispice du temple, qui est fort
» élevé au-dessus de ce vestibule, est tel que
» j'ai peine à croire qu'il y en ait un si ma-
» gnifique et si bien travaillé dans toute la
» France. Les figures et statues du château
» de Richelieu, qui est le miracle de la
» France et le chef-d'œuvre des ouvriers de
» ce temps, n'ont rien qui approche de ces
» belles et grandes figures d'hommes, de
» femmes et de chevaux, qui paroissent
» environ au nombre de trente à ce frontis-
» pice ; et autant à l'autre côté du temple,
» derrière le lieu où étoit le grand autel du
» temps des Chrétiens.

» Le long du temple il y a une allée ou
» galerie de chaque côté, où l'on passe entre
» les murailles du temple, et dix-sept fort
» hautes et fort grosses colonnes cannelées qui
» ne sont pas d'une seule pièce, mais de di-
» verses grosses pièces de beau marbre blanc,

» mises les unes sur les autres. Entre ces beaux
» piliers, il y a le long de cette galerie une
» petite muraille qui laisse entre chaque co-
» lonne un lieu qui seroit assez long et assez
» large pour y faire un autel et une chapelle,
» comme l'on en voit aux côtés et proche
» des murailles des grandes églises.

» Ces colonnes servent à soutenir en haut
» avec des arcs-boutans les murailles du tem-
» ple; et empêchent par-dehors qu'elles ne
» se démantelent par la pesanteur des voûtes.
» Les murailles de ce temple sont embellies
» en haut, par-dehors, d'une belle ceinture
» de pierres de marbre, travaillées en per-
» fection, sur lesquelles sont représentés
» quantité de triomphes; de sorte qu'on y
» voit en demi-relief une infinité d'hommes,
» de femmes, d'enfans, de chevaux et de
» chariots, représentés sur ces pierres qui
» sont si élevées, que les yeux ont peine à
» en découvrir toutes les beautés, et à re-
» marquer toute l'industrie des architectes
» et des sculpteurs qui les ont faites. Une de
» ces grandes pierres, qui composoit cette
» ceinture, s'est détachée de son lieu; et,
» étant tombée, a été portée dans la Mos-

» quée, derrière la porte, où l'on voit avec
» admiration quantité de personnages qui y
» sont représentés avec un artifice non-pareil.

» Toutes les beautés de ce temple que je
» viens de décrire, sont des ouvrages des
» anciens Grecs païens. Les Athéniens ayant
» embrassé le Christianisme, changèrent ce
» temple de Minerve en une église du vrai
» Dieu, et y ajoutèrent un trône épiscopal
» et une chaire de prédicateur qui y restent
» encore, des autels qui ont été renversés
» par les Turcs qui n'offrent point de sacri-
» fices dans leurs mosquées. L'endroit du
» grand-autel est encore plus blanc que le
» reste de la muraille : les degrés pour y
» monter sont entiers et magnifiques. »

Cette description naïve du Parthenon, à peu près tel qu'il étoit du temps de Périclès, ne vaut-elle pas bien les descriptions plus savantes que l'on a faites des ruines de ce beau temple ?

Enfin cette pitié pour les Grecs, ces idées philantropiques que nous nous vantons de porter dans nos Voyages, étoient-elles donc inconnues de ces missionnaires ? Ecoutons encore le père Babin.

« Que si Solon disoit autrefois à un de ses
» amis, en regardant, de dessus une mon-
» tagne, cette grande ville et ce grand nom-
» bre de magnifiques palais de marbre qu'il
» considéroit, que ce n'étoit qu'un grand
» mais riche hôpital rempli d'autant de mi-
» sérables que cette ville contenoit d'habi-
» tans; j'aurois bien plus sujet de parler de
» la sorte, et dire que cette ville rebâtie des
» ruines de ses anciens palais, n'est plus
» qu'un grand et pauvre hôpital qui con-
» tient autant de misérables que l'on y voit
» de Chrétiens. »

On me pardonnera de m'être étendu sur ce sujet. Aucun voyageur avant moi, Spon excepté, n'a rendu justice à ces missions d'Athènes si intéressantes pour un Français. Moi-même je les ai oubliées dans le Génie du Christianisme. Chandler parle à peine du religieux qui lui donna l'hospitalité; et je ne sais même s'il daigne le nommer une seule fois. Dieu merci, je suis au-dessus de ces petits scrupules. Quand on m'a obligé, je le dis: ensuite je ne rougis point pour l'art, et ne trouve point le monument de Lysicrates déshonoré, parce qu'il fait partie du couvent d'un capucin. Le Chrétien qui conserve ce monument en le consacrant aux œuvres de la charité, me semble tout aussi respectable que le Païen qui l'éleva en mémoire d'une victoire remportée dans un chœur de musique.

C'est ainsi que j'achevai ma revue des ruines d'Athènes : je les avois examinées par ordre, et avec l'intelligence et l'habitude que dix années de résidence et de travail donnoient à M. Fauvel. Il m'avoit épargné tout le temps que l'on perd à tâtonner, à douter, à chercher, quand on arrive seul dans un monde nouveau. J'avois obtenu des idées claires sur les monumens, le ciel, le soleil, les perspectives, la terre, la mer, les rivières, les bois, les montagnes de l'Attique, je pouvois à présent corriger mes tableaux, et donner à ma peinture de ces lieux célèbres, les couleurs locales (1). Il ne me restoit plus qu'à poursuivre ma route : mon principal but surtout étoit d'arriver à Jérusalem; et quel chemin j'avois encore devant moi ! La saison s'avançoit ; je pouvois manquer

---

(1) Voyez les Martyrs.

en m'arrêtant davantage, le vaisseau qui porte tous les ans, de Constantinople à Jafa, les pélerins de Jérusalem. J'avois toute raison de craindre que mon navire autrichien ne m'attendît plus à la pointe de l'Attique; que ne m'ayant pas vu revenir, il eût fait voile pour Smyrne. Mon hôte entra dans mes raisons, et me traça le chemin que j'avois à suivre. Il me conseilla de me rendre à Kératia, village de l'Attique, situé au pied du Laurium, à quelque distance de la mer, en face de l'île de Zéa. « Quand vous serez arrivé, me dit-il, dans ce village, on allumera un feu sur une montagne : les bateaux de Zéa, accoutumés à ce signal, passeront sur-le-champ à la côte de l'Attique. Vous vous embarquerez alors pour le port de Zéa, où vous trouverez peut-être le navire de Trieste. Dans tous les cas, il vous sera facile de noliser à Zéa, une felouque pour Chio ou pour Smyrne. »

Je n'en étois pas à rejeter les partis aventureux : un homme qui, par la seule envie de rendre un ouvrage un peu moins défectueux, entreprend le voyage que j'avois entrepris, n'est pas difficile sur les chances et les accidens. Il falloit partir, et je ne pouvois sortir de l'Attique que par ce moyen, puisqu'il n'y avoit pas un bateau au Pirée (1). Je pris donc la résolution d'exécuter sur-le-champ le plan qu'on me proposoit. M. Fauvel me vouloit retenir encore quelques jours ; mais la crainte de manquer la saison du passage à Jérusalem, l'emporta sur toute autre considération. Les vents du nord n'avoient plus que six semaines à souffler ; et si j'arrivois trop tard à Constantinople, je courois le risque d'y être renfermé par le vent d'ouest.

Je congédiai le janissaire de M. Vial après l'avoir payé, et lui avoir donné une lettre de remercîment pour son maître. On ne se sépare pas sans peine, dans un voyage un peu hasardeux, des compagnons avec lesquels on a vécu quelque temps. Quand je vis le janissaire monter seul à cheval, me souhaiter un bon voyage, prendre le chemin d'Eleusis, et s'éloigner par une route précisément opposée à celle que j'allois

---

(1) Les troubles de la Romélie rendoient le voyage de Constantinople par terre impraticable.

suivre, je me sentis involontairement ému. Je le suivois des yeux, en pensant qu'il alloit revoir seul les déserts que nous avions vus ensemble. Je songeois aussi que, selon toutes les apparences, ce Turc et moi nous ne nous rencontrerions jamais ; que jamais nous n'entendrions parler l'un de l'autre. Je me représentois la destinée de cet homme si différente de ma destinée, ses chagrins et ses plaisirs si différens de mes plaisirs et de mes chagrins, et tout cela pour arriver au même lieu : lui, dans les beaux et grands cimetières de la Grèce; moi, sur les chemins du monde, ou dans les faubourgs de quelque cité.

Cette séparation eut lieu le soir même du jour où je visitai le couvent français; car le janissaire avoit été prévenu de se tenir prêt à retourner à Coron. Je partis dans la nuit pour Kératia, avec Joseph et un Athénien qui alloit visiter ses parens à Zéa. Ce jeune Grec étoit notre guide. M. Fauvel me vint reconduire jusqu'à la porte de la ville : là nous nous embrassâmes, et nous souhaitâmes de nous retrouver bientôt dans notre commune patrie. Je me chargeai de la lettre qu'il me remit pour M. de Choiseul : porter à M. de

Choiseul des nouvelles d'Athènes, c'étoit lui porter des nouvelles de son pays.

J'étois bien aise de quitter Athènes de nuit : j'aurois eu trop de regret de m'éloigner de ses ruines à la lumière du soleil : au moins, comme Agar, je ne voyois point ce que je perdois pour toujours. Je mis la bride sur le cou de mon cheval, et suivant le guide et Joseph qui marchoient en avant, je me laissai aller à mes réflexions ; je fus, tout le chemin, occupé d'un rêve assez singulier. Je me figurois qu'on m'avoit donné l'Attique en souveraineté. Je faisois publier dans toute l'Europe, que quiconque étoit fatigué des révolutions et desiroit trouver la paix, vînt se consoler sur les ruines d'Athènes où je promettois repos et sûreté ; j'ouvrois des chemins, je bâtissois des auberges, je préparois toutes sortes de commodités pour les voyageurs ; j'achetois un port sur le golfe de Lépante, afin de rendre la traversée d'Otrante à Athènes plus courte et plus facile. On sent bien que je ne négligeois pas les monumens : tous les chefs-d'œuvre de la citadelle étoient relevés sur leurs plans et d'après leurs ruines ; la ville entourée de bons murs étoit à l'abri du pillage des Turcs. Je fondois une Université où les enfans de toute l'Europe venoient apprendre le grec littéral et le grec vulgaire. J'invitois les Hydriottes à s'établir au Pirée, et j'avois une marine. Les montagnes nues se couvroient de pins pour redonner des eaux à mes fleuves ; j'encourageois l'agriculture ; une foule de Suisses et d'Allemands se mêloient à mes Albanais; chaque jour on faisoit de nouvelles découvertes, et Athènes sortoit du tombeau. En arrivant à Kératia, je sortis de mon songe, et je me retrouvai *Gros-Jean comme devant.*

Nous avions tourné le mont Hymette, en passant au midi du Pentélique; puis nous rabattant vers la mer, nous étions entrés dans la chaîne du mont Laurium, où les Athéniens avoient autrefois leurs mines d'argent. Cette partie de l'Attique n'a jamais été bien célèbre : on trouvoit entre Phalère et le cap Sunium plusieurs villes et bourgades, telles qu'Anaphlystus, Azénia, Lampra, Anagyrus, Alimûs, Thoræ, Æxone, etc. Wheler et Chandler firent des excursions peu fructueuses dans ces lieux abandonnés; et M. Lechevalier traversa le même désert quand il débarqua au cap Sunium, pour se rendre à Athènes. L'intérieur de ce pays étoit encore moins connu et moins habité que les côtes; et je ne saurois assigner d'origine au village de Kératia (1). Il est situé dans un vallon assez fertile, entre des montagnes qui le dominent de tous côtés, et dont les flancs sont couverts de sauges, de romarins et de myrtes. Le fond du vallon est cultivé, et les propriétés y sont divisées, comme elles l'étoient autrefois dans l'Attique, par des haies plantées d'arbres (2). Les oiseaux abondent dans le pays, et surtout les huppes, les pigeons ramiers, les perdrix rouges et les corneilles mantelées. Le village consiste dans une douzaine de maisons assez propres et écartées les unes des autres. On voit sur la montagne des troupeaux de chèvres et de

---

(1) Meursius, dans son traité *De populis Atticæ*, parle du bourg, ou Demôs, Κειριάδαι, de la tribu Hippothoôntide. Spon trouve un Κυρτιάδαι, de la tribu Acamantide; mais il ne fournit point d'inscription, et ne s'appuie que d'un passage d'Hésychius.

(2) Comme elles le sont en Bretagne et en Angleterre.

moutons; et dans la vallée, des cochons, des ânes, des chevaux et quelques vaches.

Nous allâmes descendre le 27 chez un Albanais de la connoissance de M. Fauvel: je me transportai tout de suite, en arrivant, sur une hauteur à l'orient du village, pour tâcher de reconnoître le navire autrichien; mais je n'aperçus que la mer et l'île de Zéa. Le soir, au coucher du soleil, on alluma un feu de myrtes et de bruyères au sommet d'une montagne. Un chevrier posté sur la côte devoit venir nous annoncer les bateaux de Zéa aussitôt qu'il les découvriroit. Cet usage des signaux par le feu, remonte à une haute antiquité, et a fourni à Homère une des plus belles comparaisons de l'Iliade:

Ὡς δ' ὅτε καπνὸς ἰὼν ἐξ ἄστεος αἰθέρ' ἵκηται.

« Ainsi l'on voit s'élever une fumée du
» haut des tours d'une ville que l'ennemi
» tient assiégée, etc. »

En me rendant le matin à la montagne des signaux, j'avois pris mon fusil, et je m'étois amusé à chasser: c'étoit en plein midi; j'attrapai un coup de soleil sur une main et sur une partie de la tête. Le thermomètre avoit été constamment à 28 degrés pendant mon séjour à Athènes (1). La plus ancienne carte de la Grèce, celle de Sophian, mettoit Athènes par les 37° 10 à 12'; Vernon porta cette latitude à 38° 5'; et M. de Chabert l'a enfin déterminée à 37° 58' 1" pour le temple de Minerve (1). On sent qu'à midi, au mois d'août, par cette latitude, le soleil doit être très-ardent. Le soir, comme je venois de m'étendre sur une natte, enveloppé dans mon manteau, je m'aperçus que ma tête se perdoit. Notre établissement n'étoit pas fort commode pour un malade : couchés par terre dans l'unique chambre, ou plutôt dans le hangar de notre hôte, nous avions la tête rangée au mur; j'étois placé entre Joseph et le jeune Athénien, les ustensiles du ménage étoient suspendus au-dessus de notre chevet; de sorte que la fille de mon hôte, mon hôte lui-même et ses valets nous fou-

---

(1) M. Fauvel m'a dit que la chaleur montoit assez souvent à 32 et 34 degrés.

(1) On peut voir, au sujet de cette latitude, une savante dissertation insérée dans les Mémoires de l'Académie des Inscriptions.

loient aux pieds en venant prendre ou accrocher quelque chose aux parois de la muraille.

Si j'ai jamais eu un moment de désespoir dans ma vie, je crois que ce fut celui où, saisi d'une fièvre violente, je sentis que mes idées se brouilloient, et que je tombois dans le délire : mon impatience redoubla mon mal. Me voir tout-à-coup arrêté dans mon voyage par cet accident ! La fièvre me retenir à Kératia, dans un endroit inconnu, dans la cabane d'un Albanais ! Encore si j'étois resté à Athènes ! Si j'étois mort au lit d'honneur, en voyant le Parthenon ! Mais quand cette fièvre ne seroit rien, pour peu qu'elle dure quelques jours mon voyage n'est-il pas manqué ? Les pélerins de Jérusalem seront partis, la saison passée. Que deviendrai-je dans l'Orient ? Aller par terre à Jérusalem ? Attendre une autre année ? La France, mes amis, mes projets, mon ouvrage que je laisserois sans être fini, me revenoient tour-à-tour dans la mémoire. Toute la nuit Joseph ne cessa de me donner à boire de grandes cruches d'eau, qui ne pouvoient éteindre ma soif. La terre sur laquelle j'étois étendu, étoit à la lettre trempée de mes sueurs ; et ce fut cela même qui me sauva. J'avois par moment un véritable délire ; je chantois la chanson d'Henri IV. Joseph se désoloit et disoit : *Dio ! Che questo ? Il signor canta ! Poveretto !*

La fièvre tomba le 26, vers neuf heures du matin, après m'avoir accablé pendant dix-sept heures. Si j'avois eu un second accès de cette violence, je ne crois pas que j'y eusse résisté. Le chevrier revint avec la triste nouvelle qu'aucun bateau de Zéa n'avoit paru. Je fis un effort : j'écrivis un mot à M. Fauvel, et le priai d'envoyer un caïque me prendre à l'endroit de la côte le plus voisin du village où j'étois, pour me passer à Zéa. Pendant que j'écrivois, mon hôte me contoit une longue histoire, et me demandoit ma protection auprès de M. Fauvel : je tâchai de le satisfaire ; mais ma tête étoit si foible, que je voyois à peine à tracer les mots. Le jeune Grec partit pour Athènes, avec ma lettre, se chargeant d'amener lui-même un bateau, si l'on en pouvoit trouver.

Je passai la journée couché sur ma natte. Tout le monde étoit allé aux champs; Joseph même étoit sorti, il ne restoit que la fille de mon hôte. C'étoit une fille de dix-sept à dix-huit ans, assez jolie, marchant les pieds nus et les cheveux chargés de médailles et de petites pièces d'argent. Elle ne faisoit aucune attention à moi; elle travailloit comme si je n'eusse pas été là. La porte étoit ouverte; les rayons du soleil entroient par cette porte; et c'étoit le seul endroit de la chambre qui fût éclairé. De temps en temps je tombois dans le sommeil; je me réveillois, et je voyois toujours l'Albanaise occupée à quelque chose de nouveau, chantant à demi-voix, arrangeant ses cheveux ou quelque partie de sa toilette. Je lui demandois quelquefois de l'eau : *nero !* Elle m'apportoit un vase plein d'eau : croisant les bras, elle attendoit patiemment que j'eusse achevé de boire ; et quand j'avois bu elle disoit : *kalo ?* est-ce bon ? et elle retournoit à ses travaux. On n'entendoit dans le silence du midi que les insectes qui bourdonnoient dans la cabanne, et quelques coqs qui chantoient au-dehors. Je sentois ma tête vide, comme cela arrive après un long accès de fièvre ; mes yeux affoiblis voyoient voltiger une multitude d'étincelles et de bulles de lumières autour de moi : je n'avois que des idées confuses, mais douces.

La journée se passa ainsi : le soir, j'étois beaucoup mieux ; je me levai : je dormis bien la nuit suivante ; et le 29 au matin, le Grec revint avec une lettre de M. Fauvel, du quinquina, du vin de Malaga et de bonnes nouvelles. On avoit trouvé un bateau, par le plus grand hasard du monde : ce bateau étoit parti de Phalère avec un bon vent, et il m'attendoit dans une petite anse à deux lieues de Kératia. J'ai oublié le nom du cap où nous trouvâmes en effet ce bateau. Voici la lettre de M. Fauvel :

A Monsieur

Monsieur DE CHATEAUBRIAND,

Au pied du Laurium,

A Kératia.

———

Athènes, ce 28 août 1806.

« Mon très-cher hôte,

» J'ai reçu la lettre que vous m'avez fait l'hon-
» neur de m'écrire. J'ai vu avec peine que les vents
» alisés de nos contrées vous retiennent sur le pen-

» chant du Laurium, que les signaux n'ont pu ob-
» tenir de réponses, et que la fièvre, jointe aux
» vents, augmentoit les désagrémens du séjour de
» Kératia, situé sur l'emplacement de quelques bour-
» gades, que je laisse à votre sagacité le loisir de
» trouver. Pour parer à une de vos incommodités,
» je vous envoie quelques prises du meilleur quin-
» quina que l'on connoisse ; vous le mêlerez dans
» un bon verre de vin de Malaga, qui n'est pas le
» moins bon connu, et cela au moment où vous
» serez libre, avant de manger. Je répondrois pres-
» que de votre guérison, si la fièvre étoit une ma-
» ladie ; car la Faculté tient encore la chose non dé-
» cidée. Au reste, maladie ou effervescence néces-
» saire, je vous conseille de n'en rien porter à
» Céos.

» Je vous ai frété, non pas une trirème du Pirée,
» mais bien une *quatrirème*, moyennant quarante
» piastres, en ayant reçu en arrhes cinq et demi.
» Vous compterez au capitaine, quarante-cinq piastres
» vingt : le jeune compatriote de Simonides vous les
» remettra : il va partir après la musique dont vos
» oreilles se souviennent encore. Je songerai à votre
» protégé, qui cependant est un brutal : il ne faut ja-
» mais battre personne, et surtout les jeunes filles :
» moi-même je n'ai pas eu à me louer de lui à mon
» dernier passage. Assurez-le toutefois, Monsieur,

» que votre protection aura tout le succès qu'il doit
» attendre. Je vois avec peine qu'un excès de fati-
» gue, une insomnie forcée vous a donné la fièvre,
» et n'a rien avancé. Tranquillement ici, pendant
» que les vents alisés retiennent votre navire Dieu
» sait où, nous eussions visité et Athènes et ses en-
» virons, sans voir Kératia, ses chèvres et ses mines;
» vous eussiez surgi du Pirée à Céos, en dépit du
» vent. Donnez-moi, je vous prie, de vos nouvelles,
» et faites ensorte de reprendre le chemin de la
» France par Athènes. Venez porter quelques offran-
» des à Minerve, pour votre heureux retour ; soyez
» persuadé que vous ne me ferez jamais plus de plai-
» sir que de venir embellir notre solitude. Agréez,
» je vous prie, l'assurance, etc. »

FAUVEL.

J'avois pris Kératia dans une telle aver-
sion, qu'il me tardoit d'en sortir. J'éprouvois des frissons, et je prévoyois le retour
de la fièvre. Je ne balançai pas à avaler une
triple dose de quinquina. J'ai toujours été
persuadé que les médecins français adminis-
trent ce remède avec trop de précaution et
de timidité. On amena des chevaux, et nous
partîmes avec un guide. En moins d'une demi-heure je sentis les symptômes du nouvel

accès se dissiper ; et je repris toutes mes espérances. Nous faisions route à l'ouest par un étroit vallon qui passoit entre des montagnes stériles. Après une heure de marche, nous descendîmes dans une belle plaine qui paroissoit très-fertile. Changeant alors de direction, nous marchâmes droit au midi, à travers la plaine : nous arrivâmes à des terres hautes qui formoient, sans que je le susse, les promontoires de la côte ; car, après avoir passé un défilé, nous aperçûmes tout-à-coup la mer, et notre bateau amarré au pied d'un rocher. A la vue de ce bateau, je me crus délivré du mauvais Génie qui avoit voulu m'ensevelir dans les mines des Athéniens, peut-être à cause de mon mépris pour Plutus.

Nous rendîmes les chevaux au guide : nous descendîmes dans le bateau que manœuvroient trois mariniers. Ils déployèrent notre voile ; et favorisés d'un vent du midi, nous cinglâmes vers le cap Sunium. Je ne sais si nous partions de la baie qui, selon M. Fauvel, porte le nom d'Anaviso ; mais je ne vis point les ruines des neuf tours Enneapyrgie, où Wheler se reposa en venant du cap Sunium. L'Azinie des anciens devoit être à peu près dans cet endroit. Vers les six heures du soir nous passâmes en dedans de l'île aux Anes, autrefois l'île de Patrocle ; et au coucher du soleil, nous entrâmes au port de Sunium ; c'est une crique abritée par le rocher qui soutient les ruines du temple. Nous sautâmes à terre, et je montai sur le cap.

Les Grecs n'excelloient pas moins dans le choix des sites de leurs édifices, que dans l'architecture de ces édifices mêmes. La plupart des promontoires du Péloponèse, de l'Attique, de l'Ionie, et des îles de l'Archipel, étoient marqués par des temples, des trophées ou des tombeaux. Ces monumens environnés de bois et de rochers, vus dans tous les accidens de la lumière, tantôt au milieu des nuages et de la foudre, tantôt éclairés par la lune, par le soleil couchant, par l'aurore, devoient rendre les côtes de la Grèce d'une incomparable beauté : la terre ainsi décorée se présentoit aux yeux du nautonier sous les traits de la vieille Cybèle qui, couronnée de tours et assise au bord du rivage, commandoit à Neptune son fils de répandre ses flots à ses pieds.

Le Christianisme, à qui nous devons la seule architecture conforme à nos mœurs, nous avoit aussi appris à placer nos vrais monumens : nos chapelles, nos abbayes, nos monastères étoient dispersés dans les bois et sur la cîme des montagnes ; non que le choix des sites fût toujours un dessein prémédité de l'architecte, mais parce qu'un art, quand il est en rapport avec les coutumes d'un peuple, fait naturellement ce qu'il y a de mieux à faire. Remarquez au contraire combien nos édifices imités de l'antique, sont pour la plupart mal placés ? Avons-nous jamais pensé, par exemple, à orner la seule hauteur dont Paris soit dominé ? La religion seule y avoit songé pour nous. Les monumens grecs modernes ressemblent à la langue corrompue qu'on parle aujourd'hui à Sparte et à Athènes : on a beau soutenir que c'est la langue d'Homère et de Platon ; un mélange de mots grossiers et de constructions étrangères, trahit à tous momens les Barbares.

Je faisois ces réflexions à la vue des débris du temple de Sunium : ce temple étoit d'ordre dorique, et du bon temps de l'architecture. Je découvrois au loin la mer de l'Archipel, avec toutes ses îles : le soleil couchant rougissoit les côtes de Zéa et les quatorze belles colonnes de marbre blanc, aux pieds desquelles je m'étois assis. Les sauges et les genévriers répandoient autour des ruines une odeur aromatique, et le bruit des vagues montoit à peine jusqu'à moi.

Comme le vent étoit tombé, il nous falloit attendre pour partir une nouvelle brise. Nos matelots se jetèrent au fond de leur barque, et s'endormirent. Joseph et le jeune Grec demeurèrent avec moi. Après avoir mangé et parlé pendant quelque temps, ils s'étendirent à terre, et s'endormirent à leur tour. Je m'enveloppai la tête dans mon manteau, pour me garantir de la rosée, et le dos appuyé contre une colonne, je restai seul éveillé à contempler le ciel et la mer.

Au plus beau coucher du soleil, avoit succédé la plus belle nuit. Le firmament répété dans les vagues, avoit l'air de reposer au fond de la mer. L'étoile du soir, ma compagne assidue pendant mon voyage, étoit prête à disparoître sous l'horizon ; on ne l'apercevoit plus que par de longs rayons qu'elle laissoit de temps en temps descendre sur les flots, comme une lumière qui s'éteint. Par intervalles, des brises passagères troubloient dans la mer l'image du ciel, agitoient les constellations, et venoient expirer parmi les colonnes du temple avec un foible murmure.

Toutefois ce spectacle étoit triste, lorsque je venois à songer que je le contemplois du milieu des ruines. Autour de moi étoient des tombeaux, le silence, la destruction, la mort, ou quelques matelots grecs qui dormoient sans soucis et sans songes, sur les débris de la Grèce. J'allois quitter pour jamais cette terre sacrée : l'esprit rempli de sa grandeur passée et de son abaissement actuel, je me retraçois le tableau qui venoit d'affliger mes yeux.

Je ne suis point un de ces intrépides admirateurs de l'antiquité, qu'un vers d'Homère console de tout. Je n'ai jamais pu comprendre le sentiment exprimé par Lucrèce :

Suave mari magno, turbantibus æquora ventis,
E terrâ magnum alterius spectare laborem.

Loin d'aimer à contempler du rivage le naufrage des autres, je souffre quand je vois souffrir des hommes : les Muses n'ont alors sur moi aucun pouvoir, si ce n'est celle qui attire la pitié sur le malheur. A Dieu ne plaise que je tombe aujourd'hui dans ces déclamations qui ont fait tant de mal à notre patrie; mais si j'avois jamais pensé, avec des hommes dont je respecte d'ailleurs le caractère et les talens, que le gouvernement absolu est le meilleur de tous les gouvernemens, quelques mois de séjour en Turquie m'auroient bien guéri de cette opinion.

Les voyageurs qui se contentent de parcourir l'Europe civilisée, sont bien heureux: ils ne s'enfoncent point dans ces pays jadis célèbres, où le cœur est flétri à chaque pas, où des ruines vivantes détournent à chaque instant votre attention des ruines de marbre et de pierre. En vain, dans la Grèce, on veut se livrer aux illusions: la triste vérité vous poursuit. Des loges de boue desséchées, plus propres à servir de retraite à des animaux qu'à des hommes; des femmes et des enfans en haillons, fuyant à l'approche de l'étranger et du janissaire; les chèvres même effrayées, se dispersant dans la montagne, et les chiens restant seuls pour vous recevoir avec des hurlemens: voilà le spectacle qui vous arrache au charme des souvenirs.

Le Péloponèse est désert: depuis la guerre des Russes, le joug des Turcs s'est appesanti sur les Moraïtes; les Albanais ont massacré une partie de la population. On ne voit que des villages détruits par le fer et par le feu: dans les villes, comme à Misitra, des faubourgs entiers sont abandonnés; j'ai fait souvent quinze lieues dans les campagnes, sans rencontrer une seule habitation. De criantes avanies, des outrages de toutes les espèces achèvent de détruire de toutes parts, l'agriculture et la vie: chasser un paysan grec de sa cabane; s'emparer de sa femme et de ses enfans; le tuer sous le plus léger prétexte, est un jeu pour le moindre aga du plus petit village. Parvenu au dernier degré du malheur, le Moraïte s'arrache de son pays, et va chercher en Asie un sort moins rigoureux. Vain espoir! Il ne peut fuir sa destinée: il retrouve des cadis et des pachas jusques dans les sables du Jourdain et dans les déserts de Palmyre!

L'Attique, avec un peu moins de misère, n'offre pas moins de servitude. Athènes est sous la protection immédiate du chef des Eunuques noirs du Sérail. Un disdar ou commandant, représente le monstre protecteur auprès du peuple de Solon. Ce disdar habite la citadelle remplie des chefs-d'œuvre de Phidias et d'Ictinus, sans demander quel peuple a laissé ces débris, sans daigner sortir de la masure qu'il s'est bâtie sous les ruines des monumens de Périclès: quelquefois seulement le tyran automate se traîne à la porte de sa tanière; assis, les jambes croisées sur un sale tapis, tandis que la fumée de sa pipe monte à travers les colonnes du temple de Minerve, il promène stupidement ses regards sur les rives de Salamine et sur la mer d'Epidaure.

On diroit que la Grèce elle-même a voulu annoncer, par son deuil, le malheur de ses enfans. En général, le pays est inculte, le sol nu, monotone, sauvage, et d'une couleur jaune et flétrie. Il n'y a point de fleuves, proprement dit, mais de petites rivières, et des torrens qui sont à sec pendant l'été. On n'aperçoit point ou presque point de fermes dans les champs; on ne voit point de laboureurs; on ne rencontre point de charrettes et d'attelages de bœufs. Rien n'est triste comme de ne pouvoir jamais découvrir la marque d'une roue moderne, là où vous apercevez encore, dans le rocher, la trace des roues antiques. Quelques paysans en tuniques, la tête couverte d'une calotte rouge, comme les galériens de Marseille, vous donnent en passant un triste *kali spera* (bon soir). Ils chassent devant eux des ânes et des petits chevaux, les crins déchevelés, qui leur suffisent pour porter leur mince équipage champêtre, ou le produit de leur vigne. Bordez cette terre dévastée d'une mer presqu'aussi solitaire ; placez sur la pente d'un rocher une vedette délabrée, un couvent abandonné ; qu'un minaret s'élève du sein de la solitude pour annoncer l'esclavage ; qu'un troupeau de chèvres ou de moutons paisse sur un cap parmi des colonnes en ruines ; que le turban d'un voyageur turc mette en fuite les chevriers, et rende le chemin plus désert ; et vous aurez une idée assez juste du tableau que présente la Grèce.

On a recherché les causes de la décadence de l'Empire romain : il y auroit un bel ouvrage à faire sur les causes qui ont précipité la chute des Grecs. Athènes et Sparte ne sont point tombées par les mêmes raisons qui ont amené la ruine de Rome; elles n'ont point été entraînées par leur propre poids et par la grandeur de leur empire. On ne peut pas dire non plus qu'elles aient péri par leurs richesses: l'or des alliés, et l'abondance que le commerce répandit à Athènes, furent, en dernier résultat, très-peu de chose; jamais on ne vit, parmi les citoyens, ces fortunes colossales qui annoncent le changement des mœurs (1); et l'Etat fut toujours si pauvre, que les rois de l'Asie s'empressoient de le nourir, ou de contribuer aux frais de ses monumens. Quant à Sparte, l'argent des Perses y corrompit quelques particuliers; mais la république ne sortit point de l'indigence.

J'assignerois donc, pour première cause de la chute des Grecs, la guerre que se firent entr'elles les deux républiques, après qu'elles eurent vaincu les Perses. Athènes, comme Etat, n'exista plus du moment où elle eût été prise par les Lacédémoniens. Une conquête absolue met fin aux destinées d'un peuple,

---

(1) Les grandes fortunes à Athènes, telle que celle d'Hérode Atticus, n'eurent lieu que sous l'Empire romain.

quelque nom que ce peuple puisse ensuite conserver dans l'histoire. Les vices du gouvernement athénien préparèrent la victoire de Lacédémone. Un Etat purement démocratique est le pire des Etats, lorsqu'il faut combattre un ennemi puissant, et qu'une volonté unique est nécessaire au salut de la patrie. Rien n'étoit déplorable comme les fureurs du peuple athénien, tandis que les Spartiates étoient à ses portes : exilant et rappelant tour-à-tour les citoyens qui auroient pu le sauver, obéissant à la voix des orateurs factieux, il subit le sort qu'il avoit mérité par ses folies ; et si Athènes ne fut pas renversée de fond en comble, elle ne dut sa conservation qu'au respect des vainqueurs pour ses anciennes vertus.

Lacédémone triomphante trouva à son tour, comme Athènes, la première cause de sa ruine dans ses propres institutions. La pudeur, qu'une loi extraordinaire avoit exprès foulée aux pieds, pour conserver la pudeur, fut enfin renversée par cette loi même : les femmes de Sparte, qui se présentoient demi-nues aux yeux des hommes, devinrent les femmes les plus corrompues de la Grèce : il ne resta aux Lacédémoniens, de toutes ces lois contre nature, que la débauche et la cruauté. Cicéron, témoin des jeux des enfans de Sparte, nous représente ces enfans se déchirant entr'eux avec les dents et les ongles. Et à quoi ces brutales institutions avoient-elles servi? Avoient-elles maintenu l'indépendance à Sparte? Ce n'étoit pas la peine d'élever des hommes comme des bêtes féroces, pour obéir au tyran Nabis, et pour devenir des esclaves romains.

Les meilleurs principes ont leur excès et leur côté dangereux : Lycurgue, en extirpant l'ambition dans les murs de Lacédémone, crut sauver sa république, et il la perdit. Après l'abaissement d'Athènes, si les Spartiates eussent réduit la Grèce en provinces lacédémoniennes, ils seroient peut-être devenus les maîtres de la terre ; cette conjecture est d'autant plus probable, que, sans prétendre à ces hautes destinées, ils ébranlèrent en Asie, tout foibles qu'ils étoient, l'Empire du grand roi. Leurs victoires successives auroient empêché une monarchie puissante de s'élever dans le voisinage de la Grèce, pour envahir les républiques. Lacédémone incorporant dans son sein les peuples vaincus par ses armes, eût écrasé Philippe au berceau; les grands hommes qui furent ses ennemis, auroient été ses sujets; et Alexandre au lieu de naître dans un royaume, seroit ainsi que César, sorti du sein d'une république.

Loin de montrer cet esprit de grandeur et cette ambition préservatrice, les Lacédémoniens, contens d'avoir placé trente tyrans à Athènes, rentrèrent aussitôt dans leur vallée, par ce penchant à l'obscurité que leur avoient inspiré leurs lois. Il n'en est pas d'une nation, comme d'un homme: la modération dans la fortune et l'amour du repos, qui peuvent convenir à un citoyen, ne mèneront pas bien loin un Etat. Sans doute il ne faut jamais faire une guerre impie; il ne faut jamais acheter la gloire au prix d'une injustice: mais ne savoir pas profiter de sa position pour honorer, agrandir, fortifier sa patrie, c'est plutôt dans un peuple un défaut de génie, que le sentiment d'une vertu.

Qu'arriva-t-il de cette conduite des Spartiates? La Macédoine domina bientôt la Grèce; Philippe dicta des lois à l'assemblée des Amphyctions. D'une autre part, ce foible Empire de la Laconie, qui ne tenoit qu'à la renommée des armes, et que ne soutenoit point une force réelle, s'évanouit. Epaminondas parut: les Lacédémoniens battus à Leuctres, furent obligés de venir se justifier longuement devant leur vainqueur; ils entendirent ce mot cruel : « Nous avons mis fin à votre courte éloquence ! » *Nos brevi eloquentiæ vestræ finem imposuimus.* Les Spartiates durent s'apercevoir alors combien il eût été avantageux pour eux de n'avoir fait qu'un Etat de toutes les villes grecques, d'avoir compté Epaminondas au nombre de leurs généraux et de leurs citoyens. Le secret de leur foiblesse une fois connu, tout fut perdu sans retour; et Philopœmen acheva ce qu'Epaminondas avoit commencé.

C'est ici qu'il faut remarquer un mémorable exemple de la supériorité que les lettres donnent à un peuple sur un autre, quand ce peuple a d'ailleurs montré les vertus guerrières. On peut dire que les batailles de Leuctres et de Mantinée effacèrent le nom de Sparte de la terre; tandis qu'Athènes prise par les Lacédémoniens et ravagée par Sylla, n'en conserva pas moins l'empire. Elle vit accourir dans son sein ces grands Romains qui l'avoient vaincue, et qui se firent une gloire de passer pour ses fils : l'un prenoit le surnom d'Atticus ; l'autre se disoit le disciple de Platon et de Démosthènes. Les Muses latines, Lucrèce, Horace et Virgile chantent incessamment la Reine de la Grèce. « J'accorde aux morts le salut des vivans, » s'écrie le plus grand des Césars, pardonnant à Athènes coupable. Adrien veut joindre à son titre d'empereur, le titre d'archonte d'Athènes, et multiplie les chefs-d'œuvre dans la patrie de Périclès ; Constantin-le-Grand est si flatté que les Athéniens lui eussent élevé une statue, qu'il comble la ville de largesses ; Julien verse des larmes en quittant l'Académie ; et quand il triomphe, il croit devoir sa victoire à la Minerve de Phidias. Les Chrysostôme, les Basile, les Cyrille viennent comme les Cicéron et les Atticus, étudier l'éloquence à sa source ; jusque dans le moyen âge Athènes est appelée l'Ecole des sciences et du génie. Quand l'Europe se réveille de la barbarie, son premier cri est pour Athènes. « Qu'est-elle devenue, demande-t-on de toutes parts ? » Et, quand on apprend que ses ruines existent encore, on y court, comme si l'on avoit retrouvé les cendres d'une mère.

Quelle différence de cette renommée à celle qui ne tient qu'aux armes! Tandis que le nom d'Athènes est dans toutes les bouches, Sparte est entièrement oubliée; on la voit à peine, sous Tibère, plaider et perdre une petite cause contre les Messéniens : on relit deux fois le passage de Tacite, pour bien s'assurer qu'il parle de la célèbre Lacédémone. Quelques siècles après, on trouve une garde lacédémonienne auprès de Caracalla ; triste honneur qui semble annoncer que les enfans de Lycurgue avoient conservé leur férocité. Enfin, Sparte se transforme, sous le Bas-Empire, en une principauté ridicule, dont les chefs prennent le nom de Despotes: ce nom devenu le titre des tyrans, quelques pirates qui se disent les véritables descendans des Lacédémoniens, font aujourd'hui toute la gloire de Sparte.

Je n'ai point assez vu les Grecs modernes, pour oser avoir une opinion sur leur caractère. Je sais qu'il est très-facile de calomnier les malheureux ; rien n'est plus aisé que de dire, à l'abri de tout danger : « Que ne brisent-ils le joug sous lequel ils gémissent ? » Chacun peut avoir, au coin du feu, ces hauts sentimens et cette fière énergie. D'ailleurs, les opinions tranchantes abondent dans un siècle où l'on ne doute de rien, excepté de l'existence de Dieu. Mais, comme les jugemens généraux que l'on porte sur les peuples, sont assez souvent démentis par l'expérience, je n'aurai garde de prononcer. Je pense seulement qu'il y a encore beaucoup de génie dans la Grèce, je crois même que nos maîtres en tout genre sont encore là : comme je crois aussi que la nature humaine conserve à Rome sa supériorité ; ce qui ne veut pas dire que les hommes supérieurs soient maintenant à Rome.

Mais, en même temps, je crains que les Grecs ne soient pas sitôt disposés à rompre leurs chaînes. Quand ils seroient débarrassés de la tyrannie qui les opprime, ils ne perdront pas dans un instant la marque de leurs fers. Non-seulement ils ont été broyés sous le poids du despotisme, mais il y a deux mille ans qu'ils existent comme un peuple vieilli et dégradé. Ils n'ont point été renouvelés, ainsi que le reste de l'Europe, par des nations barbares : la nation même qui les a conquis a contribué à leur corruption. Cette nation n'a point apporté chez eux les mœurs rudes et sauvages des hommes du nord, mais les coutumes voluptueuses des hommes du midi. Sans parler du crime religieux que les Grecs auroient commis en abjurant leurs autels, ils n'auroient rien gagné à se soumettre au Coran. Il n'y a dans le livre de Mahomet ni principe de civilisation, ni précepte qui puisse élever le caractère : ce livre ne prêche ni la haine de la tyrannie, ni l'amour de la liberté. En suivant le culte de leurs maîtres, les Grecs auroient renoncé aux lettres et aux arts, pour devenir les soldats de la Destinée, et pour obéir aveuglément au caprice d'un chef absolu. Ils auroient passé leurs jours à ravager le monde, ou à dormir sur un tapis, au milieu des femmes et des parfums.

La même impartialité qui m'oblige à parler des Grecs avec le respect que l'on doit au malheur, m'auroit empêché de traiter les Turcs aussi sévèrement que je le fais, si je n'avois vu chez eux que les abus trop communs parmi les peuples vainqueurs : malheureusement, des soldats républicains ne sont pas des maîtres plus justes que les satellites d'un despote; et un proconsul n'étoit guère moins avide qu'un pacha (1). Mais les Turcs ne sont pas des oppresseurs ordinaires, quoiqu'ils aient trouvé des apologistes. Un proconsul pouvoit être un

---

(1) Les Romains comme les Turcs réduisoient souvent les vaincus en esclavage. Mais s'il faut dire tout ce que je pense, je crois que ce système d'esclavage est une des causes de la supériorité que les grands hommes d'Athènes et de Rome ont sur les grands hommes des temps modernes. Il est certain qu'on ne peut jouir de toutes les facultés de son esprit, que lorsqu'on est débarrassé des soins matériels de la vie; et l'on n'est totalement débarrassé de ces soins que dans les pays où les arts, les métiers et les occupations domestiques sont abandonnés à des esclaves. Le service de l'homme payé, qui vous quitte quand il lui plaît, et dont vous êtes obligé de supporter les négligences ou les vices, ne peut être comparé au service de l'homme dont la vie et la mort sont entre vos mains. Il est encore certain que l'habitude du commandement absolu donne à l'esprit une élévation, et aux manières une noblesse que l'on ne prend jamais dans l'égalité bourgeoise de nos villes. Mais ne regrettons point cette supériorité des anciens, puisqu'il falloit l'acheter aux dépens de la liberté de l'espèce humaine, et bénissons le Christianisme qui a brisé les fers de l'esclavage.

monstre d'impudicité, d'avarice, de cruauté ; mais tous les proconsuls ne se plaisoient pas par système et par esprit de religion, à renverser les monumens de la civilisation et des arts, à couper les arbres, à détruire les moissons même, et les générations entières; or, c'est ce que font les Turcs tous les jours de leur vie. Pourroit-on croire qu'il y ait au monde des tyrans assez absurdes pour s'opposer à toute amélioration dans les choses de première nécessité ? Un pont s'écroule, on ne le relève pas. Un homme répare sa maison ; on lui fait une avanie. J'ai vu des capitaines grecs s'exposer au naufrage avec des voiles déchirées, plutôt que de raccommoder ces voiles: tant ils craignoient de faire soupçonner leur aisance et leur industrie. Enfin, si j'avois reconnu dans les Turcs, des citoyens libres et vertueux au sein de leur patrie, quoique peu généreux envers les nations conquises, j'aurois gardé le silence, et je me serois contenté de gémir intérieurement sur l'imperfection de la nature humaine : mais retrouver à la fois, dans le même homme, le tyran des Grecs, et l'esclave du Grand - Seigneur; le bourreau d'un peuple sans défense, et la servile créature qu'un pacha peut dépouiller de ses biens, enfermer dans un sac de cuir, et jeter au fond de la mer : c'est trop aussi, et je ne connois point de bête brute que je ne préfère à un pareil homme.

On voit que je ne me livrois point, sur le cap Sunium, à des idées romanesques; idées que la beauté de la scène auroit pu cependant faire naître. Près de quitter la Grèce, je me retraçois naturellement l'histoire de ce pays; je cherchois à découvrir dans l'ancienne prospérité de Sparte et d'Athènes, la cause de leur malheur actuel, et dans leur sort présent, les germes de leur future destinée. Le brisement de la mer, qui augmentoit par degré contre le rocher, m'avertit que le vent s'étoit levé, et qu'il étoit temps de continuer mon voyage. Je réveillai Joseph et son compagnon. Nous descendîmes au bateau. Nos matelots avoient déjà fait les préparatifs du départ. Nous poussâmes au large; et la brise qui étoit de terre, nous emporta rapidement vers Zéa. A mesure que nous nous éloignions, les colonnes de Sunium paroissoient plus belles au-dessus des flots: on les apercevoit parfaitement sur l'azur du ciel, à cause de leur extrême blancheur et de la sérénité de la nuit. Nous étions déjà assez loin du cap, que notre oreille étoit encore frappée du bouillonnement des vagues au pied du roc, du murmure des vents dans les genévriers, et du chant des grillons qui habitent seuls aujourd'hui les ruines du Temple : ce furent les derniers bruits que j'entendis sur la terre de la Grèce.

FIN DU PREMIER VOLUME.

www.ingramcontent.com/pod-product-compliance
Lightning Source LLC
Chambersburg PA
CBHW060615170426
43201CB00009B/1027